Caminhos para transformação da escola 5

A formação de educadores do campo e a construção da Pedagogia Socialista

Caroline Bahniuk
Paulo Roberto de Sousa Silva
(Orgs.)

Caminhos para transformação da escola 5
A formação de educadores do campo e a construção da Pedagogia Socialista

1ª EDIÇÃO

EXPRESSÃO POPULAR

SÃO PAULO – 2024

Copyright © 2024 by Editora Expressão Popular

Produção editorial: Lia Urbini
Revisão: Letícia Bergamini Souto, Milena Varallo e Ana Garotti
Projeto gráfico: Krits Estúdio
Diagramação e capa: Mariana V. de Andrade
Impressão e acabamento: Paym

Dados Internacionais de Catalogação-na-Publicação (CIP)

C183   Caminhos para transformação da escola 5: a formação de educadores do campo e a construção da pedagogia socialista / Caroline Bahniuk, Paulo Roberto de Sousa Silva (Organizadores). –1. ed.-- São Paulo : Expressão Popular, 2024.
240 p. : il.

ISBN 978-65-5891-139-5
Vários autores.

1. Educação. 2. Educação em agroecologia. 3. Educação profissional. 4. Agroecologia. 5. Escolas de campo. 6. Educadores – Formação. 7. Pedagogia socialista. I. Bahniuk, Caroline. II. Silva, Paulo Roberto de Sousa. III. Título.

CDU 37(81)

Catalogação na Publicação: Eliane M. S. Jovanovich CRB 9/1250

Todos os direitos reservados.
Nenhuma parte desse livro pode ser utilizada ou reproduzida sem a autorização da editora.

1ª edição: julho de 2024

EDITORA EXPRESSÃO POPULAR
Alameda Nothmann, 806
CEP 01216-001, Campos Elíseos, São Paulo – SP
atendimento@expressaopopular.com.br
www.expressaopopular.com.br
 ed.expressaopopular
 editoraexpressaopopular

Sumário

Apresentação 7

A formação de educadores e a transformação da Escola do
Campo na perspectiva da Pedagogia Socialista 13
Paulo Roberto de Sousa Silva e Caroline Bahniuk

Os encontros de educadoras e educadores do MST no Espírito Santo:
trajetória de uma construção coletiva.. 29
*Maria de Fátima Miguel Ribeiro, Dalva Mendes de França, Marle Aparecida
Fideles de Oliveira Vieira, Maria Geovana Melim Ferreira e Edna Castro de Oliveira*

Educação de Jovens e Adultos e formação de educadoras(es)
em Pernambuco: a formação humana em disputa 43
Rubneuza Leandro de Souza, Paulo Henrique da Silva e Flávia Tereza da Silva

Curso Nacional de Pedagogia do MST: a educação que se faz em Movimento 55
Diana Daros, Janaína Ribeiro de Rezende e Luana Carvalho Aguiar

Curso básico de Agroecologia e Educação da região Nordeste 69
*Maria Cristina Vargas, Maria de Jesus dos Santos Gomes e Kamila Karine
dos Santos Wanderley*

Licenciatura em Educação do Campo da UnB: contribuições da Pedagogia Socialista
à formação de Educadores do Campo no Território Kalunga (GO) 83
*Mônica Castagna Molina, Marcelo Fabiano Rodrigues Pereira, Pedro Henrique
Gomes Xavier, Clarice Aparecida dos Santos e Eliene Novaes Rocha*

Há resistência em todos os cantos! Protagonismo de sujeitos coletivos
na Licenciatura em Educação do Campo da Unifesspa 109
*Ana Emília Borba Ferreira da Silva, Maria Raimunda César de Souza, Ailce Margarida
Negreiros Alves, Maura Pereira dos Anjos e Maria Célia Vieira da Silva*

Escrever a história a contrapelo: a experiência da turma Eduardo Galeano 123
   Diana Daros, Miguel Enrique Stédile e Simoni Sagaz

Professores indígenas e o acesso à universidade no Paraná:
formação para Atualidade e Bilinguismo 135
   Marcos Gehrke, Rosangela Celia Faustino, Danusa Korig Bernardo,
   Delmira de Almeida Peres e Elisandra Fygsãnh de Freitas

A concepção marxista na formação de educadores: a experiência do
Curso de Especialização Trabalho, Educação e Movimentos Sociais
(TEMS) – MST/EPSJV/Pronera 149
   Anakeila de Barros Stauffer, Caroline Bahniuk, Maria Cristina Vargas e Virgínia Fontes

Agroecologia, educação e trabalho no mestrado
profissional de Educação do Campo da UFRB 165
   Silvana Lúcia da Silva Lima e Maria Nalva Rodrigues de Araújo Bogo

O MST e a práxis educativa na formação de educadores(as)
da Escola Luana Carvalho 179
   Fabrício Ribeiro Caires Brito, Obede Guimarães de Souza, Viviane de Jesus Barbosa
   e Zuzanna Julia Jaegermann

Formação de docentes em nível médio no Colégio Estadual do Campo Iraci
Salete Strozak e na Escola Itinerante Herdeiros do Saber:
aproximações com a Pedagogia Socialista 195
   Jucelia Castelari, Alessandro Kominecki e Rudison Luiz Ladislau

As Semanas Pedagógicas das escolas de Ensino Médio dos assentamentos
de Reforma Agrária do Ceará e a disputa por hegemonia 209
   Maria de Jesus dos Santos Gomes, Maria de Lourdes Vicente da Silva e
   Paulo Roberto de Sousa Silva

A formação de educadores e educadoras na construção da Educação
do Campo no município de Açailândia (MA) 225
   Deuselina de Oliveira Silva, Francisco do Livramento Andrade, Luis Antonio Lima e Silva
   e Maria Divina Lopes

Apresentação

É com alegria que apresentamos o livro *Caminhos para transformação da escola: a formação de educadores do campo e a construção da Pedagogia Socialista*, quinto volume desta coleção e fruto de uma construção coletiva dos movimentos populares do campo, com a Editora Expressão Popular, na intenção de registrar, analisar e socializar as práticas formativas de educadores das Escolas do Campo na direção da transformação social. A referida coleção tem contribuído com a reflexão sobre os processos formativos que vêm sendo realizados e anunciam, mesmo com limites e contradições, a transformação da escola na perspectiva de construção da Pedagogia Socialista. A obra é composta por textos reflexivos das experiências educativas em curso – ou seja, descreve as ações desenvolvidas e, ao mesmo tempo, reflete sobre em que medida elas afirmam a concepção de educação em prol da emancipação humana.

Neste volume, o propósito se centra em abarcar experiências de formação inicial e continuada de educadores, institucionalizadas e/ou mais autônomas, vinculadas à Educação do Campo e analisadas a partir de seus fundamentos. O foco está nas experiências construídas pelos ou na relação com os movimentos populares. O quinto volume desta coleção busca somar esforços na tentativa de compreender qual formação de educadores (concepção, pressupostos, conteúdo e forma) compõe nosso projeto educativo na luta pela transformação social, além de refletir sobre como o desenvolvimento de ações de formação em espaços coletivos tem revelado contraposições, avanços e limites diante da Pedagogia do Capital e seu intenso desempenho sobre a formação de educadores na atualidade.

A escolha dos textos se deu de forma coletiva, tentando abarcar a diversidade de ações, estados e regiões, bem como a singularidade do processo formativo em questão – sua organização, seu formato, seus sujeitos, seu nível e sua modalidade de ensino envolvida, entre outros. Além do capítulo introdutório, intitulado "A formação de educadores e a transformação da Escola do Campo na perspectiva da Pedagogia Socialista", os 14 textos seguintes são uma pequena mostra da riqueza das experiências de formação de educadores em curso na Educação do Campo e, embora estejam expostos como um conjunto único, são representativos de três grupos de experiências, conforme apresentamos a seguir.

No primeiro grupo, reunimos os textos provenientes de processos da formação permanente, organizada pelo Setor de Educação do MST, e realizados no âmbito do estado ou da região, alguns deles em parceria com as secretarias de educação. O segundo texto do livro, intitulado "Os encontros de educadoras e educadores do MST no Espírito Santo: trajetória de uma construção coletiva", relata a experiência dos encontros de educadores do MST desse estado e o processo formativo por ele desencadeado. O encontro, realizado anualmente, estava em 2022 na sua 34ª edição e retrata uma bonita construção gestada pela organicidade dos educadores do MST/ES, os quais buscam preservar a autonomia de sua formação por meio do trabalho coletivo.

Em seguida, "Educação de Jovens e Adultos e a formação de educadoras(es) em Pernambuco: a formação humana em disputa", leva em conta as áreas de Reforma Agrária no estado de Pernambuco, por meio de diferentes programas voltados a essa modalidade de ensino. Em sua maioria, os referidos educadores não participam do MST e desconhecem o Movimento antes da sua inserção nas turmas, o que gera conflitos, ao mesmo tempo que a formação ancorada nos princípios filosóficos e pedagógicos do Movimento e na auto-organização provocam a construção de uma identificação desses(as) educadores(as) com o MST e sua proposta pedagógica.

Na sequência, o texto "Curso Nacional de Pedagogia do MST: a educação que se faz em Movimento" registra a trajetória desse curso realizado pelo Setor de Educação do MST, cuja primeira edição aconteceu em 2011, seguindo anualmente e de forma itinerante até o ano de 2020, quando foi interrompido pela pandemia. Segundo as autoras, o curso surge pela necessidade de aprofundar a Pedagogia do Movimento e sintonizar os educadores dos diferentes estados onde o MST está organizado, com suas ações, em especial as relacionadas com a educação, e conta com a participação de professores de universidades públicas, educadores populares e outros amigos do Movimento.

O último texto desse grupo, "Curso básico de Agroecologia e Educação da região Nordeste", registra a formação voltada para educadores, em seu sentido ampliado, construído pelo Setor de Educação do MST no Nordeste em diálogo com o setor de produção da região. Ao total, foram quatro edições realizadas entre 2016 e 2022, em diferentes estados nordestinos, as quais tiveram como foco central a discussão da Agroecologia no projeto de Reforma Agrária Popular do MST, e tiveram como objetivo ampliar as ações de educação e Agroecologia e aprofundar teórica e praticamente essa relação, que tem se mostrado central e estratégica para a pedagogia do MST na atualidade.

Em um segundo bloco, agrupamos os textos que versam sobre as experiências dos cursos em nível Superior: graduação, especialização e mestrado, cursos construídos em parceria com organizações populares e instituições públicas, incluindo uma licenciatura intercultural e bilíngue para a formação de indígenas. Convém registrar que grande parte desses cursos se efetiva com a celebração de convênios entre as instituições de ensino superior públicas e o Programa Nacional de Educação na Reforma Agrária (Pronera), importante programa que garante, desde a sua criação em 1998, o acesso e a permanência dos trabalhadores do campo, sobretudo das áreas de reforma agrária, à educação – da alfabetização à educação superior, principalmente na modalidade EJA.

O primeiro texto, intitulado "Licenciatura em Educação do Campo da UnB: contribuições da Pedagogia Socialista à formação de Educadores do Campo no território Kalunga (GO)", analisa o curso de formação de Educadores do Campo, realizado de forma permanente na UnB desde 2007, a partir de suas intencionalidades formativas relacionadas com as categorias "atualidade" e "auto-organização", centrais na pedagogia soviética russa, na interface com a práxis dos egressos do curso, em particular os sujeitos pertencentes ao Quilombo Kalunga, em Goiás. Para tanto, os autores trazem os resultados da pesquisa sobre a Licenciatura em Educação do Campo e sua conexão com esse território.

Na sequência, o texto intitulado: "Há resistência em todos os cantos! Protagonismo dos sujeitos coletivos na Licenciatura em Educação do Campo da Unifesspa", conta a trajetória do curso de Licenciatura do Sul e do Sudeste do Pará, realizado por meio de um diálogo intenso e contínuo entre a universidade e o MST. Por meio da Comissão Político-Pedagógica (CPP), sujeitos representantes dessas instituições o constroem coletivamente, com participação ativa de membros do MST no colegiado do curso. Outra dimensão colocada em relevo nessa formação são as vivências de arte e cultura, as quais atravessam diferentes espaços educativos, demarcando fortemente uma de suas intencionalidades formativas.

Em seguida, apresentamos o texto "Escrever a história a contrapelo: a experiência da turma Eduardo Galeano", que retrata a parceria firmada entre a Universidade Federal da Fronteira Sul (UFFS, *campus* Erechim), fruto da reivindicação dos movimentos sociais organizados, e o Instituto de Educação Josué de Castro (IEJC), escola gestada pelo MST e que tem no seu método pedagógico a gestão democrática, os Tempos Educativos, o trabalho, a vivência coletiva e o estudo. A Licenciatura em História tem como propósito a formação de historiadores da classe trabalhadora, comprometida com "a história dos de baixo", na expressão tomada de Hobsbawm, como também a identificação dos estudantes como latino-americanos, formação que se revela no método pedagógico, nos conteúdos e nas diversas ações realizadas nesse processo.

Outra experiência registrada nesta coletânea refere-se ao texto "Professores indígenas e o acesso à Universidade no Paraná: Formação para a Atualidade e o Bilinguismo", que traz a trajetória da licenciatura intercultural e bilíngue, voltada à formação de pedagogos indígenas, realizada desde 2008 na Universidade Estadual do Centro-Oeste do Paraná (Unicentro). O texto destaca a luta pelo acesso, ainda limitado, dos referidos sujeitos à universidade, como também o protagonismo indígena na construção do projeto político-pedagógico do curso. Os autores buscam aproximar a formação realizada à Pedagogia Socialista, colocando em relevo duas categorias para refletir sobre a formação construída nessa licenciatura: a Atualidade e o Bilinguismo.

Compõem esse grupo mais dois textos que especificam cursos em nível de pós-graduação. Um deles é o denominado "A concepção marxista na formação de educadores: a experiência do curso de especialização Trabalho, Educação e Movimentos Sociais (Tems) – MST/EPSJV/Pronera", o qual descreve as duas turmas de especialização, ocorridas no período de 2011 a 2015, voltadas à formação de educadores do MST, construída numa parceria entre a Escola Politécnica de Saúde Joaquim Venâncio (EPSJV) e o MST. A especialização teve como pressupostos centrais realizar uma formação sólida e profunda nas bases do marxismo, distinguindo-se de concepções dogmáticas e reducionistas, como também proporcionar aos educandos uma reflexão sobre o papel da universidade (escola pública) na formação da classe trabalhadora. O texto registra essa formação de elaboração singular e os desafios e aprendizados da apropriação ao marxismo (em suas diferentes linhagens) por educadores, tão necessário e urgente para a análise da hegemonia do capital em crise, bem como para a construção de ações educacionais na direção da Pedagogia Socialista.

Em seguida, o texto "Agroecologia, educação e trabalho no Mestrado Profissional de Educação do Campo da UFRB" analisa o curso de mestrado desenvolvido na Universidade Federal do Recôncavo Baiano (UFRB) a partir da criação do Programa de Pós-Graduação Educampo. O texto realiza uma reflexão sobre trabalho e Educação do Campo, no diálogo com a Agroecologia, e reafirma a importância desse debate na formação dos educadores. Analisa a Agroecologia no currículo do curso e nas dissertações produzidas nas diferentes linhas do programa, colocando em evidência os desafios e limites dessa formação.

No último bloco, englobamos textos oriundos de processos formativos realizados em escolas públicas em áreas de Reforma Agrária, como também uma experiência da construção de política pública municipal de Educação do Campo. Nessa direção, o texto "O MST e a práxis educativa na formação de educadores(as) da

Escola Luana de Carvalho" registra a formação dos educadores dessa escola localizada no assentamento Joseney Hipólito, na Bahia. Os autores destacam a relação da formação dos educadores com as lutas do MST, com o chão da escola e as comunidades envolvidas com ela. Para tanto, refletem sobre três elementos presentes nessa práxis formativa: a auto-organização do coletivo de educadores, os desafios da formação politécnica e a construção do projeto político pedagógico.

A experiência do curso de formação de docente, realizada em uma escola de assentamento e outra de acampamento no Paraná, encontra-se registrada no texto "Formação de docentes em nível médio no Colégio Estadual do Campo Iraci Salete Strozak e na Escola Itinerante Herdeiros do Saber: aproximações com a Pedagogia Socialista". Nele, os autores abordam a trajetória do curso de magistério e sua origem articulada a responder às necessidades de formação de educadores para Escolas Itinerantes, localizadas em acampamentos no Paraná. Eles registram as lutas e os desafios para a manutenção do curso, o trabalho pedagógico e as aproximações dos seus pressupostos teórico-metodológicos à Pedagogia Socialista, a partir das categorias trabalho, coletividade, auto-organização e atualidade.

O terceiro texto, intitulado "As semanas pedagógicas das escolas do Ensino Médio dos assentamentos de Reforma Agrária do Ceará e a disputa por hegemonia", apresenta as semanas pedagógicas, as quais vêm sendo realizadas em parceria com a Secretaria de Educação, desde 2011, a partir da conquista das primeiras escolas de Ensino Médio do MST do Ceará. De caráter anual, esse espaço reúne todos os educadores dessas escolas e o Setor de Educação do MST do estado, com vistas a refletir sobre o processo educativo nas escolas e construir estratégias político-pedagógicas coletivas para o enfrentamento à educação hegemônica, e, ao mesmo tempo, avançar no desenvolvimento da Pedagogia do Movimento.

O último texto reflete sobre "A formação de educadores e educadoras na construção da Educação do Campo no município de Açailândia (MA)". Em um esforço coletivo de análise sobre o seu percurso, os autores enfatizam a formação continuada no âmbito das escolas e na articulação com o sistema municipal de educação, apontando os avanços, os limites e as contradições na incorporação pelo Estado das reivindicações realizadas pelos movimentos sociais e os aspectos presentes na dinâmica das Escolas do Campo que sinalizam mudanças significativas nas práticas pedagógicas docentes.

Esta publicação teve como propósito registrar diversas experiências de formação dos Educadores do Campo, em especial articuladas à luta pela Reforma Agrária Popular e ao MST. As experiências apontam a possibilidade de realizar uma educação comprometida com a classe trabalhadora, na qual os sujeitos envolvidos constroem coletivamente e participam ativamente de seu processo formativo.

Revelam também os limites de realização, de continuidade e as contradições ao estarem inseridas nas relações capitalistas e sob a hegemonia da Pedagogia do Capital, voltada para formação do consenso social e a aceitação e naturalização, pelos trabalhadores(as), dos pressupostos da exploração e alienação do trabalho e, como consequência, a produção de desigualdades sociais profundas, cerne da sociedade do capital.

Estimamos que esta publicação possa contribuir para nos inspirar a seguir construindo, questionando e registrando coletivamente as experiências educativas na direção da construção de uma Pedagogia Socialista!

Boa leitura e boas reflexões!

Caroline Bahniuk e Paulo Roberto de Sousa Silva

A formação de educadores e a transformação da Escola do Campo na perspectiva da Pedagogia Socialista

Paulo Roberto de Sousa Silva[1]
Caroline Bahniuk[2]

Introdução

O final dos anos 1990 foi o cenário do nascedouro da Educação do Campo no Brasil, como um movimento dos camponeses organizados – em suas diversas expressões, lutas e organizações – em defesa do direito a políticas públicas de educação, a partir de suas necessidades humanas e sociais. Desde então, se constitui como prática social e como concepção, cujas raízes se encontram fincadas na luta pela terra e no projeto de campo e sociedade em disputa pela classe trabalhadora camponesa, em contraposição ao avanço da agricultura capitalista (Caldart *et al.*, 2012; Caldart, 2021).

Como um fenômeno da realidade brasileira atual, a Educação do Campo se situa como prática social implicada na atualidade do capitalismo contemporâneo, na qual o capital avança sobre o campo brasileiro, restringindo o território camponês; e no âmbito da educação, com a expansão da esfera privatista do mercado educacional em detrimento da educação como política social e na intensificação da ação dos aparelhos privados de hegemonia do capital na disputa dos projetos

---

[1] Militante do Setor de Educação do MST. Doutorando em Políticas Públicas pela Universidade Federal do Maranhão (UFMA). Professor do curso de Licenciatura em Educação do Campo da UFMA.
[2] Doutora em Educação pela Universidade Federal de Santa Catarina (UFSC), com pós-doutorado em Serviço Social pela mesma universidade. Professora da Faculdade de Educação da Universidade de Brasília (UnB).

de educação da classe trabalhadora, da qual é emblemática a reforma empresarial da educação (Freitas, 2018).

Em um contexto de acirramento da luta de classes no campo brasileiro e da intervenção organizada do capital com suas agências privadas de hegemonia sobre a educação da classe trabalhadora, a Educação do Campo, na atualidade, demarca um tensionamento no campo da educação, a partir do polo do trabalho, "somando-se ao conjunto de esforços teóricos e práticos de fazer a educação dos trabalhadores na direção de transformar radicalmente a sociedade capitalista e criar uma nova ordem social, socialista" (Caldart; Litvin Villas Bôas, 2017, p. 10), contribuindo para a construção da Pedagogia Socialista, ainda que no limite das condições históricas contemporâneas.

Herdeira da histórica construção prática e teórica dos diversos povos que vivem e trabalham no campo, a Educação do Campo recupera e articula as experiências educativas camponesas, dos indígenas, dos quilombolas, dos pequenos agricultores, dos Sem Terra e tantas outras; e as matrizes teóricas referenciadas em concepções educacionais contra-hegemônicas, como a Educação Popular, a Pedagogia do Movimento e a Pedagogia Socialista. A partir delas, constitui-se uma unidade como projeto de educação da classe trabalhadora, para a qual a produção destrutiva da sociabilidade capitalista coloca na ordem do dia a urgência de sua superação e, portanto, a necessidade de formação de lutadores e construtores de uma nova sociedade, para além do capital, situando a Educação do Campo para além da educação e para além do campo. Como parte da construção do futuro, esse movimento inclui a transformação da escola na perspectiva da Pedagogia Socialista.

O desafio da educação dos trabalhadores camponeses vinculada aos seus interesses traz também, desde suas origens, o desafio da formação dos Educadores do Campo, que é igualmente atravessada pelas disputas em torno do modelo de agricultura e da luta pela terra, que apontam o futuro do campo e da sociedade, de modo geral, e seus desdobramentos na defesa e construção da Educação do Campo.

Ela também se pauta nas lutas gerais em torno da Educação Básica e da formação de seus educadores – das quais fazem parte, protagonizadas pelas organizações dos trabalhadores da educação, entidades acadêmico-científicas e de defesa da educação pública – ante o projeto hegemônico, orientado pelas necessidades atuais de reprodução do capital, sob a ação organizada de suas agências de construção de hegemonia, representadas por diversas entidades empresariais que estão incidindo fortemente sobre a educação pública, de uma forma coordenada e intensiva. Em particular, nas últimas décadas no Brasil, podemos citar o Movimento Todos pela Educação, conglomerado de diversas entidades empresariais, fundado em 2006, a fim de incidir nos rumos da educação pública, com forte atuação na formação de educadores das escolas públicas brasileiras. Ambos os movimentos, no campo e na educação, são facetas da luta de classes na atualidade, em cujo horizonte está a manutenção da ordem capitalista ou a sua superação.

O conjunto de experiências reunidas nesta publicação conjuga um esforço para compreender qual formação de educadores – concepção, pressupostos, conteúdo e forma – compõe nosso projeto educativo na luta pela transformação social e como o desenvolvimento de ações de formação em espaços coletivos têm revelado contraposições, avanços e limites diante da Pedagogia do Capital e sua intensa atuação sobre a formação de educadores na atualidade, refletindo sobre como e quais aspectos da formação de Educadores do Campo acumula para a construção da Pedagogia Socialista nos dias atuais.

A título de introdução, procuramos aqui situar uma breve contextualização da formação de educadores no Brasil, no seio da qual, com limites e contradições, se constrói a resistência e a disputa por hegemonia na formação de Educadores do Campo. Destacamos também algumas categorias constitutivas da Pedagogia Socialista, a qual a referida formação de educadores se insere e cuja elaboração histórica colabora, acumulando na direção da superação da ordem atual.

Uma formação de educadores na contraditória hegemonia neoliberal

A formação de educadores tem sido uma necessidade de primeira ordem na Educação do Campo, sempre presente nas experiências educativas protagonizadas pelos camponeses e por suas organizações e destacada nas prioridades elencadas nos diversos espaços de proposição de políticas públicas que se instituíram desde o final dos anos 1990, se concretizando sobremaneira na sua relevância entre as ações do Programa Nacional de Educação na Reforma Agrária (Pronera) e na criação do curso de Licenciatura em Educação do Campo.

Desde a I Conferência Nacional por uma Educação Básica do Campo, em 1998, "formar educadores e educadoras do campo" está registrado entre os compromissos e desafios que, entre outras ações, inclui-se a proposição de criação de cursos em nível superior adequados à Educação Básica do Campo nas universidades públicas. Essa questão foi reiterada na II Conferência Nacional por uma Educação do Campo, em 2004, manifestada na Declaração Final como reivindicação pela "valorização e formação específica de Educadoras e Educadores do Campo por meio de uma política pública permanente", que teve como um de seus desdobramentos a criação do Programa de Apoio à Formação Superior em Licenciatura em Educação do Campo (Procampo), em 2006 (Santos, 2020).

Sobre a institucionalização da Educação do Campo como política pública no Brasil, Santos (2012) enfatiza a relevância dos movimentos sociais do campo, em especial no que se refere às políticas de formação de Educadores do Campo, cuja participação não se restringe ao papel de demandante, mas como sujeito formador, e procura incidir na sua direção político-pedagógica em prol dos interesses formativos da classe trabalhadora camponesa e das necessidades de concretização da Educação do Campo, sobretudo no que se refere à garantia do direito à Educação Básica e à transformação da forma escolar. Molina e Sá (2012) reconhecem esse protagonismo como movimento contra-hegemônico de transformação das políticas públicas de educação no Brasil, evidenciando a disputa por hegemonia no âmbito das universidades e da formação de professores.

A gestão compartilhada entre instituições de Ensino Superior, os movimentos sociais e sindicais do campo e o Instituto Nacional de Colonização e Reforma Agrária (Incra) no Pronera e as permanentes mobilizações necessárias para a garantia da continuidade do programa agregaram um elemento crítico e criativo pelo vínculo da formação às lutas sociais e pela incorporação de aprendizados construídos na Pedagogia do Movimento aos cursos de formação de Educadores do Campo, contribuindo, inclusive, na discussão mais ampla sobre formação de educadores. Esse acúmulo, construído sobretudo nos cursos de Pedagogia da Terra e em outras licenciaturas realizadas no âmbito do Pronera, dará a base para a elaboração do projeto orientador do curso de Licenciatura em Educação do Campo (Molina; Antunes-Rocha, 2014).

Tendo como objeto de estudo e de práticas as escolas de Educação Básica do campo, o curso de Licenciatura em Educação do Campo parte de uma concepção ampliada de formação de educadores e de atuação profissional, articulando a atuação pedagógica em sentido amplo com a docência multidisciplinar por área do conhecimento, a gestão de processos educativos escolares e comunitários com ênfase na pesquisa integrada aos componentes curriculares e em uma relação dialética entre a educação e o meio social (Brasil, 2011).

A organização multidisciplinar por área do conhecimento e do currículo por alternância possibilita compreender a realidade como totalidade complexa, cujos fenômenos da atualidade precisam ser estudados por meio de uma abordagem que dê conta de apreender a totalidade nas suas contradições, no seu movimento histórico, em uma relação de unidade entre teoria e prática, que pode ser efetivada na articulação intrínseca entre a educação e a realidade específica das populações do campo, viabilizada pela alternância entre "Tempo Escola" e "Tempo Comunidade" (Molina; Sá, 2012).

Vale destacar que esse movimento ocorre na contraditória conjuntura na qual as políticas neoliberais se hegemonizam no Estado brasileiro, a partir da década de 1990, que se caracterizou, simultânea e contraditoriamente, pela redemocratização e implantação da política neoliberal. E, no âmbito da educação, essa conjuntura é o terreno de uma grande disputa nos anos que precederam a Lei de Diretrizes e Bases da Educação Nacional (LDB), com destaque para o embate entre a defesa da educação pública e os interesses privados.

Nesse contexto, em contraposição à defesa do caráter sócio-histórico da formação de educadores e da "concepção de profissional de educação que tem na docência e no trabalho pedagógico a sua particularidade e especificidade" (Freitas, 2002), prevaleceu, nas políticas públicas educacionais e nas diretrizes curriculares instituídas no início dos anos 2000, a hegemonia neoliberal, com uma concepção reducionista de educação e formação de professores, tensionando a educação brasileira tanto no que se refere à sua adequação como mercadoria, gerida privativamente pela lógica empresarial, quanto na sua concepção pedagógica centrada em "competências", incidindo sobre os currículos da Educação Básica e na formação de professores a partir dos interesses contemporâneos de reprodução do capital.

Em 2002, foram instituídas as Diretrizes Curriculares Nacionais para a Formação de Professores da Educação Básica, por meio das Resoluções CNE/CP n. 1/2002 e n. 2/2002, que permaneceram até 2015, constituindo as diretrizes vigentes por ocasião da realização de muitos dos cursos de formação de professores por meio do Pronera e da instituição das Licenciaturas em Educação do Campo.

Com o governo Lula, no início da década de 2000, as políticas sociais e a participação popular alargaram o caráter democrático em relação ao período anterior. No entanto, a manutenção das políticas neoliberais explicitou as contradições existentes e intensificou as disputas. Nesse cenário, as Diretrizes Curriculares Nacionais para a Formação de Professores da Educação Básica, instituídas na conjuntura anterior, seguiram vigentes até 2015, no início do segundo mandato da presidenta Dilma Rousseff, quando a Resolução CNE/CP n. 2/2015 definiu novas diretrizes curriculares.

Tecidas num longo e disputado debate, as Diretrizes Curriculares Nacionais para a Formação Inicial em Nível Superior e para a Formação Continuada, de 2015, expressam em grande medida o projeto defendido por entidades acadêmico-científicas e outras organizações sociais que, historicamente, se alinham na luta em defesa da educação pública de qualidade, superando o reducionismo pragmático da formação de educadores norteada pelas competências do mercado neoliberal, que marcava as diretrizes anteriores.

Contudo, o contexto de instabilidade política que já se instaurava no país quando da aprovação da Resolução CNE/CP n. 2/2015, agravado com o golpe de 2016 e a escalada autoritária e de intensificação das medidas neoliberais no Estado brasileiro, de modo geral, e nas políticas educacionais, em particular, suprime os espaços de diálogo e participação social, em favor unilateral dos interesses privatistas e da sua lógica empresarial, posicionando as agências de construção de hegemonia do grande capital como únicos interlocutores, inclusive assumindo diretamente postos de deliberação e execução da política educacional.

Nessa conjuntura, a Resolução CNE/CP n. 2/2015, ainda em implantação na maioria dos cursos de licenciatura das instituições de Ensino Superior, é atropelada por novas diretrizes. A Resolução CNE/CP n. 2, de 20/12/2019, que define Diretrizes Curriculares Nacionais para a Formação Inicial de Professores para a Educação Básica e institui a Base Nacional Comum para a Formação Inicial de Professores da Educação Básica (BNC/Formação), foi prevista e elaborada a propósito da reforma na educação brasileira promovida principalmente pela instituição de uma Base Nacional Comum Curricular (BNCC) obrigatória a todos os níveis e modalidades da Educação Básica. Restritas, em sua forma e conteúdo, as diretrizes de 2019 retomam a perspectiva reducionista de docência das diretrizes de 2002, ignorando o acúmulo histórico em torno do caráter diverso e complexo do trabalho docente, e dissociam a formação inicial da formação continuada.

Ao se subordinar às competências gerais da BNCC e às aprendizagens essenciais como princípios da formação docente, a educação básica e a formação de seus educadores são lançadas de volta ao raso terreno de uma epistemologia pragmática que subordina a concepção de conhecimento à "competência", como expressão das "aprendizagens essenciais" do mercado globalizado, associado a uma vaga noção de educação integral. O direito à educação é reduzido ao direito a aprendizagens essenciais nos termos citados, e a docência e sua formação são falsamente simplificados à dimensão do aprender a fazer (Freitas, 2018; Silva, 2018).

É nessa contraditória conjuntura que a formação de Educadores do Campo se constitui, a partir das experiências concretas de educação, organizadas, sobretudo, pelos movimentos sociais camponeses, e das necessidades colocadas pela tarefa cotidiana de disputa da formação da classe trabalhadora, a partir do território camponês em sua diversidade. Isso seja como educação popular, concebida e conduzida pelos próprios sujeitos organizados autonomamente em seus espaços educativos, a exemplo dos encontros de educadoras(es) do MST, dos cursos do Instituto de Educação Josué de Castro e da Escola Nacional Florestan Fernandes; seja como ação institucional de política pública de Educação do Campo, como as Licenciaturas em Educação do Campo e os diversos cursos do Pronera; ou como formação permanente construída no chão do cotidiano escolar.

Essa formação de educadores para uma Escola do Campo é tecida nos limites da atualidade do capitalismo contemporâneo. Mas, como não se restringe à reprodução do presente e é alimentada na rebeldia histórica da inspiração socialista, teima em semear o futuro.

Contribuições da Pedagogia Socialista para a transformação da escola e formação de Educadores do Campo

Situados nesse pano de fundo e considerando algumas práticas sociais concretas, nos propomos refletir sobre a transformação da escola e a formação de Educadores do Campo na direção da Pedagogia Socialista. Como dissemos anteriormente, a Educação do Campo, aqui defendida, é herdeira e incorpora alguns de seus pressupostos. A Pedagogia Socialista se refere a "um espaço de associação e teorização de práticas educativas protagonizadas pelos trabalhadores ao redor do mundo, e conduzidas (na teoria e na prática), desde seus objetivos de classe, para a construção de novas relações sociais de caráter socialista" (Freitas, 2015, p. 7). Assim, essa concepção educacional não se realiza desarticulada das lutas sociais nem sem a presença ativa dos diversos sujeitos da escola.

Em especial, este número da coleção *Caminhos para transformação da escola* coloca em destaque os educadores e sua formação. É importante ressaltar que não há uma receita pronta para fazer a escola na direção proposta; ela precisa ser construída na luta por novas relações sociais de produção da existência, ou seja, na construção da vida social sob outras bases, e envolver todos os sujeitos da escola.

A partir de uma concepção marxista, partimos do pressuposto que não há uma transformação, de fato, da escola sem a transformação da forma social. No entanto, a escola, assim como a sociedade em geral, é permeada por contradições e pela luta entre classes antagônicas, de maneira que a transformação social, em geral, e da escola, em específico, não consiste em um projeto de futuro, mas acontece desde agora. A escola capitalista é funcional ao capital e tem por objetivo a formação da força de trabalho e a subordinação dos trabalhadores para atender a valorização do valor.

Há em curso, de forma mais incisiva nas duas últimas décadas, uma intensificação do controle do processo pedagógico da escola, por meio da mercantilização e do empresariamento da educação, conforme assinalamos anteriormente, somados à intensa precarização do trabalho docente. Essas condições evidenciam o avanço da Pedagogia do Capital sobre a formação e a escolarização dos filhos da classe trabalhadora. No entanto, contraditoriamente, isso tudo coloca as escolas e seus sujeitos em situações-limite, podendo intensificar e gerar novas ações coletivas de resistência e proposições no sentido de uma nova formação no que se refere à emancipação humana.

Neste momento do texto, trazemos algumas sínteses, com intenção de articular aspectos gerais revelados pela leitura e reflexão das experiências apresentadas neste livro, como os fundamentos da Pedagogia Socialista, considerando sua constituição a partir do referencial teórico marxista e das experiências educacionais realizadas pelos trabalhadores ao longo da história. Para tanto, lançamos mão das categorias trabalho, atualidade e auto-organização, sistematizadas inicialmente na formulação da Escola Única do Trabalho pelos pioneiros da educação soviética, em particular a partir da nossa apropriação dos livros de Pistrak, Shulgin e Krupskaya, traduzidos pela Editora Expressão Popular (Krupskaya, 2017; Pistrak, 2000, 2009, 2015; Shulgin, 2013, 2022).

Essa formulação pedagógica foi elaborada no contexto dos primeiros anos após a Revolução Russa de 1917, porém, as categorias centrais da Pedagogia Socialista seguem sendo construídas e ressignificadas, partindo da materialidade de cada tempo histórico. Convém assinalar que as experiências relatadas neste livro revelam a continuidade da elaboração teórico-prática da Pedagogia Socialista na Educação do Campo e se referenciam e se ancoram nas teorias educacionais críticas, como a concepção marxista de educação e a Educação Popular, as quais são bases da Educação do Campo. Tanto os autores da Pedagogia Socialista Soviética como Paulo Freire aparecem de maneira recorrente nos textos, além das referências contemporâneas da Educação do Campo.

O diálogo dessas práticas formativas atuais com o legado da Pedagogia Socialista foi realizado abarcando um duplo movimento de reflexões: como as categorias da Pedagogia Socialista ajudam a pensar e a construir as experiências de formação de educadores e, ao mesmo tempo, como essa formação de educadores contribui para a construção da Pedagogia Socialista e a transformação da escola em nossos dias.

De uma forma geral, os referidos processos de formação de educadores aqui registrados abarcam em seus programas diversos conteúdos, que podem ser organizados em quatro grupos: 1) Análise da sociedade e a luta de classes em geral, e em particular no campo e na educação; 2) Concepção educacional: fundamentos e pressupostos das pedagogias críticas e da Pedagogia Socialista, e a concepção e a forma de atuação da Pedagogia do Capital; 3) Socialização e reflexão coletiva das práticas pedagógicas e/ou experiências desenvolvidas pelos(as) educadores(as)/sujeitos da formação; 4) Construção de estratégias coletivas de luta, atuação e formação de educadores(as).

O trabalho é uma categoria central na perspectiva socialista, elo entre as demais categorias. É compreendido em sua dupla dimensão de ser ao mesmo tempo ontológico e histórico. A primeira se refere à própria especificidade e à constituição do ser humano, e a segunda diz respeito à mudança do trabalho ao longo do tempo, assumindo características específicas a depender do modo de produção existente.

Ao mesmo tempo, o trabalho humaniza e desumaniza. No entanto, sob as relações sociais capitalistas, há uma subsunção do trabalho à alienação e uma desumanização, ao apartar a maioria da classe trabalhadora da riqueza produzida por ela. O trabalhador não conhece nem domina o processo do seu trabalho, nem se reconhece enquanto classe trabalhadora. Essa condição do trabalho sob o capital, de ocultar a face de exploração e alienação, não é revelada imediatamente (Marx, 2006 [1867]; Manacorda, 2010).

Os processos formativos de educadores registrados neste livro buscam desvelar a concentração de riquezas e as distintas formas de exploração do trabalho sob o capital, e o fazem tanto pelo estudo teórico como por meio de vivências na realidade, bem como a articulação entre ambas. Nessa direção, são registradas diversas formas para o conhecimento mais profundo do território nas quais os educadores vivem e/ou trabalham, evidenciando, em diferentes textos, a sua participação na construção do Inventário da Realidade – que consiste em uma descrição detalhada da escola e de seu entorno, e engloba o levantamento das diferentes atividades de produção da existência no território e como elas dialogam com o modo de produção da vida em sociedade, com a escola e os conteúdos escolares.

O trabalho na Pedagogia Socialista pressupõe a superação de sua marca sob o capitalismo – a exploração. Não restringe, porém engloba os estudos dos fundamentos do trabalho, e não deve ficar circunscrito à escola – ele é o elo entre a escola e a vida social, entre a teoria e a prática. Não é um meio de ilustrar o conhecimento escolar, mas é o fundamento basilar do processo educativo. A Escola Única do Trabalho – termo cunhado a partir da experiência soviética – carregava o trabalho no nome e tinha como objetivo formar os lutadores e construtores da nova sociedade, na intenção de superar o trabalho explorado e alienado. Para tal, a escola se coloca como parte integrante da atualidade e do contexto social por meio do trabalho útil (Pistrak, 2009), e/ou o trabalho socialmente necessário (Shulgin, 2013). O trabalho se conecta com a comunidade e o seu entorno, com as dimensões pedagógicas, com os conteúdos de ensino escolar. O trabalho é real na escola, mas não é um mero fazer pelo fazer; pressupõe a compreensão do processo do trabalho e de seus fundamentos científicos.

Nos processos de formação aqui registrados, também aparece a tentativa de conectar a escola e a formação de educadores aos processos mais expansivos e coletivos de trabalho. Destacamos a questão da Agroecologia, a qual, na perspectiva aqui assumida, pressupõe a negação da ordem do capital e tem se afirmado como ciência, como prática social e como luta política. Ela orienta a construção de agroecossistemas produtivos de alimentos saudáveis; o respeito e a potencialização da biodiversidade ecológica e da diversidade sociocultural; e advoga a apreensão ecológica da vida como um pilar fundamental para a emancipação humana (Guhur; Silva, 2021). A Agroecologia é um conteúdo presente nos cursos de formação em tela – em alguns deles, é a temática central – na direção de construir a relação da escola com o trabalho por meio de vínculos concretos com a produção da vida em seu entorno, ressignificando a relação metabólica ser humano-natureza.

A centralidade do trabalho na educação, na contraposição à Pedagogia do Capital, pressupõe o reconhecimento dos trabalhadores enquanto tal, e como pertencente à classe trabalhadora. Alguns textos revelam a articulação entre diferentes movimentos sociais, especialmente do campo, para a elaboração e o desenvolvimento dos cursos de formação, mas também com trabalhadores da educação da cidade, ou até mesmo do campo, mas distanciados da luta social e de uma concepção educacional crítica, revelando como a inserção nesses processos educativos desperta em alguns a consciência de classe, logo, uma inserção mais efetiva nas lutas sociais e educacionais.

Outro ponto que chamou nossa atenção nessa leitura é a presença, em alguns cursos, do conteúdo da América Latina e da identificação dos estudantes/educadores(as) como latino-americanos (algo infelizmente raro na formação de educadores), bem como as questões de gênero e de raça, vinculadas às classes sociais, o que dá mais vivacidade e destaca a heterogeneidade e a especificidade da classe trabalhadora e do trabalho na atualidade.

A categoria da atualidade, na Pedagogia Socialista Soviética, refere-se às questões essenciais da vida desenvolvidas em determinado período histórico. Os Pioneiros traduziram a atualidade soviética como sendo a luta pela construção do socialismo contra o imperialismo capitalista. Conectada aos objetivos centrais da escola, que consistia na formação de jovens construtores e lutadores, e considerando as reais condições materiais existentes (Pistrak, 2009), a atualidade do nosso tempo diz respeito à luta de classes e à correlação entre as classes antagônicas no capitalismo contemporâneo.

Na particularidade da Educação Campo, são diversas as lutas existentes, incluindo a necessária luta contra o avanço do agronegócio e seu projeto de destruição da natureza e do ser humano, que engloba a apropriação das terras dos trabalhadores, quilombolas, indígenas, a expulsão das comunidades do campo, a produção com uso intenso de agrotóxicos, a propagação da ideologia cultural e educacional dominante – representada pela máxima "O agro é pop!" –, o fechamento de escolas e a precarização das condições das escolas existentes no campo.

As formações de educadores registradas colocam em relevo a luta pela própria escola e pela formação de educadores. Muitos se tornaram educadores participando das lutas para a construção da escola em suas comunidades, e, a partir daí, começaram a assumir a tarefa de educadores e se inseriram em processos institucionais de formação, acessando o Ensino Superior público e de forma coletiva. Convém registrar a importância do Pronera na garantia de acesso e da permanência desses estudantes em universidades.

Os cursos de graduação e pós-graduação presentes nesta publicação evidenciam a participação dos sujeitos coletivos na sua concepção, elaboração e execução. Ao mesmo tempo, os cursos tentam sintonizar o processo educativo desenvolvido com os territórios de origem dos estudantes, em alguns casos, conseguindo incidir coletivamente na vida social em que vivem, e aproximam a universidade aos problemas sociais por elas enfrentados.

Dessa forma, os referidos cursos se inserem na disputa pela formação da classe trabalhadora, a qual atravessa e se faz presente nas universidades públicas brasileiras. Em certo sentido, esses estudantes ajudam a provocar o próprio sentido da universidade e seu caráter elitista, no acesso e na permanência, mas também nos conteúdos, nas formas organizativas e nas relações pessoais. Em geral, eles também contribuem para desvelar a aparente neutralidade desse espaço educativo, demonstrando haver uma posição política nas formações e atuações profissionais – na direção da conservação ou da transformação social. Nesse sentido, há a necessidade de uma formação densa teoricamente, com o estudo de autores clássicos, na articulação com a realidade social, isto é, um movimento contrário às tendências dominantes no campo educacional, que rejeitam as concepções epistemológicas críticas, em particular, o marxismo e a Educação Popular. A hegemonia dessas tendências tem provocado um esvaziamento da formação de educadores, buscando reduzir ainda mais o papel intelectual, criativo e crítico do trabalho docente.

Outra luta intensa a ser destacada, presente nos cursos de nível superior, mas também nas formações continuadas dos professores da Educação Básica, é a disputa pela própria formação em si – a condução do processo formativo, o conteúdo, as pautas a serem discutidas, a organização, os assessores a serem convidados, entre outros. É a escola, ou um conjunto de escolas, buscando condições de realização da formação dos educadores junto ao Estado, nas redes de ensino em que as escolas se situam, mas lutando para realizar essa dimensão com autonomia, dando sua direção político-pedagógica. Um dos textos destaca as condições precárias da formação autônoma da escola e de seus educadores, porém nos parece um lugar-comum nas escolas públicas na atualidade que não se tenha tempo e espaço na carga horária regular de trabalho para realização dessa atividade, dificultando sua realização e/ou sobrecarregando os educadores.

No âmbito da luta com o Estado, aparecem também a conquista de espaços para Educação do Campo na estrutura organizativa do Estado – não sem contradições e recuos que reverberam, por vezes, na própria autonomia e no potencial crítico das escolas e da formação de educadores –, bem como a luta pela inclusão de disciplinas e tempos nos currículos das escolas, condizentes com a concepção e proposta anunciada.

A terceira categoria refere-se à auto-organização dos estudantes, em nosso caso, dos educadores. Para Pistrak (2009), a auto-organização busca romper com formas hierárquicas e passivas de atuação dos diferentes sujeitos na escola, em especial os estudantes. Almejam uma direção mais solidária, coletiva e participativa, que possui estreita relação com o trabalho útil e com as divisões do trabalho e responsabilidades na condução da escola.

A dimensão da auto-organização repercute na atuação do conjunto dos educadores na concepção, elaboração e execução dos seus processos formativos. É evidente a intencionalidade posta nesse âmbito e o caráter formativo da coletividade e da organicidade na formação de educadores. A auto-organização atravessa todos os tempos e espaços dos cursos, por meio da divisão de tarefas entre o conjunto de educadores envolvidos. Aprendem a coordenar e serem coordenados no trabalho, no estudo, entre outros.

A coletividade é muitas vezes a condição para a continuidade de estudos em nível superior. Os educadores que saem para realizar etapas dos cursos formais são substituídos por outros educadores da escola. E, em algumas experiências de escola, há uma troca dos conhecimentos aprendidos nos diferentes cursos acessados pelos(as) educadores(as). Nesse sentido, contribuem e somam na reflexão sobre o fazer a escola na direção pretendida, socializando seus processos formativos e suas trajetórias de vida e profissionais.

É importante destacar que os momentos de formação de educadores tentam se colocar em sintonia com as estratégias das lutas políticas dos movimentos sociais em que estão inseridos os(as) educadores(as) e/ou os espaços educativos em que atuam.

A omnilateralidade é outra dimensão presente nas formações em questão. Na esteira da perspectiva marxista, diz respeito a uma formação ampla, em contraposição à formação unilateral direcionada a responder às exigências da produção de valor na sociedade capitalista. Ela pressupõe uma formação mais rica que envolva a formação técnico-profissional, política, cultural, afetiva, corporal, entre outras, e as interligações entre elas (Manacorda, 2010).

A formação dos educadores não se efetiva somente em aulas e palestras, mas se realiza em tempos e espaços distintos, ou seja, na própria organização dos cursos em si, incluindo tarefas de trabalho; tarefas de autosserviço e de cunho solidário, voltados ao cuidado individual e com a coletividade; visitas que possibilitam o conhecimento do território onde o curso se realiza e seus arredores; no acesso a estruturas de cultura e lazer; entre outros. Nesse bojo, nos chama a atenção a dimensão da cultura nos cursos como espaço de formação, onde se realiza a rememoração da história de luta da classe trabalhadora e a construção de simbologias das turmas, nas quais se fazem presente a mística, a música, a literatura, a arte, o cinema, entre outros, pouco acessíveis ou, quando de acesso à classe trabalhadora, são formas ideológicas e simplistas da produção humana.

Em síntese, buscamos destacar nesta introdução algumas questões da trajetória da Educação do Campo e das questões político-pedagógicas que atravessam a formação de educadores das Escolas do Campo e incidem na possibilidade da transformação da escola. Como também, em um segundo momento, provocados pelos textos registrados nesta publicação, trouxemos algumas sínteses mediadas pelas categorias da Pedagogia Socialista, na intenção de reconhecer e problematizar as ações desenvolvidas pelo conjunto de educadores articulados à luta social, no que diz respeito aos limites e às possibilidades de transformação da escola na atualidade. Certamente não abarcamos toda a riqueza de questões presentes nos textos, mas fizemos um esforço analítico de juntar elementos comuns que nos ajudem a compreender e aprofundar teoricamente a formação dos educadores e a necessidade de transformação da escola que, em sua totalidade, não se realiza sem a transformação radical da sociedade atual. No entanto, as próprias experiências relatadas mostram que a transformação não se refere apenas ao projeto de futuro, mas acontece desde agora, em diversos territórios, e possui um potencial maior ao se atrelarem às formas mais expansivas de trabalho e luta social. Desejamos que as experiências aqui relatadas, assim como esta pequena síntese, siga nos animando na construção da Pedagogia Socialista.

Referências

BAHNIUK, Caroline. *Experiências escolares e estratégia política:* da Pedagogia Socialista à Atualidade do MST. Tese (Doutorado em Educação, Programa de Pós-graduação em Educação) – Universidade Federal de Santa Catarina, Florianópolis, 2015.

BAHNIUK, Caroline; DALMAGRO, Sandra. Pedagogia do Trabalho. Educação do Campo e Agroecologia. *In*: DIAS, Alexandre A. Pessoa *et al.* (orgs.). *Dicionário de Agroecologia e Educação*. São Paulo: Expressão Popular; Rio de Janeiro: Escola Politécnica de Saúde Joaquim Venâncio, 2021.

BRASIL. Resolução CNE/CP n. 2, de 1º de julho de 2015. Define as Diretrizes Curriculares Nacionais para a formação inicial em nível superior (cursos de licenciatura, cursos de formação pedagógica para graduados e cursos de segunda licenciatura) e para a formação continuada. Disponível em: http://portal.mec.gov.br/docman/agosto-2017-pdf/70431-res-cne-cp-002-03072015-pdf/file. Acesso em: 27 abr. 2024.

BRASIL. Resolução CNE/CP n. 2, de 20 de dezembro de 2019. Define as Diretrizes Curriculares Nacionais para a Formação Inicial de Professores para a Educação Básica e institui a Base Nacional Comum para a Formação Inicial de Professores da Educação

Básica (BNC-Formação). Disponível em: http://portal.mec.gov.br/docman/dezembro-2019-pdf/135951-rcp002-19/file. Acesso em: 27 abr. 2024.

BRASIL. Resolução CNE/CP n. 1, de 18 de fevereiro de 2002. Institui as Diretrizes Curriculares Nacionais para a Formação de Professores da Educação Básica, em nível superior, curso de licenciatura em graduação plena. Disponível em: http://portal.mec.gov.br/component/content/article?id=12991. Acesso em: 01 dez. 2023.

BRASIL. Resolução CNE/CP n. 2, de 19 de fevereiro de 2002. Institui a duração e a carga horária dos cursos de licenciatura, de graduação plena e de formação de professores da Educação Básica em nível superior. Disponível em: http://portal.mec.gov.br/component/content/article?id=12991. Acesso em: 01 dez. 2023.

BRASIL. Ministério da Educação (MEC). Minuta do Projeto da Licenciatura Plena em Educação do Campo. *In:* MOLINA, Mônica Castagna; SÁ, Laís Mourão (orgs.) *Licenciaturas em Educação do Campo:* registros e reflexões a partir das experiências piloto. Belo Horizonte: Autêntica, 2011.

CALDART, Roseli Salete *et al.* (orgs.) *Dicionário da Educação do Campo.* Rio de Janeiro: Escola Politécnica de Saúde Joaquim Venâncio; São Paulo: Expressão Popular, 2012.

CALDART, Roseli Salete. Educação do Campo e Agroecologia. *In:* DIAS, Alexandre Pessoa. *et al.* (orgs.) *Dicionário de Agroecologia e Educação.* São Paulo: Expressão Popular; Rio de Janeiro: Escola Politécnica de Saúde Joaquim Venâncio, 2021, p. 355-361.

CALDART, Roseli Salete; VILLAS BÔAS, Rafael Litvin. *Pedagogia Socialista:* legado da revolução de 1917 e desafios atuais. São Paulo: Expressão Popular, 2017.

FREITAS, Helena Costa Lopes de. Formação de professores no Brasil: 10 anos de embate entre projetos de formação. *Educ. Soc.*, Campinas, v. 23, n. 80, setembro/2002, p. 136-167. Disponível em: www.scielo.br/j/es/a/hH5LZRBbrDFKLX7RJvXKbrH/?lang=pt&format=pdf. Acesso em: 27 abr. 2024.

FREITAS, Luiz Carlos. *A reforma empresarial da educação:* nova direita, velhas ideias. São Paulo: Expressão Popular, 2018.

FREITAS, Luiz Carlos. Apresentação. *In: Ensaios sobre a escola politécnica.* São Paulo: Expressão Popular, 2015.

GUHUR, Dominique; SILVA, Nivea Regina. Educação do Campo e Agroecologia. *In*: DIAS, Alexandre Pessoa. *et al.* (orgs.) *Dicionário de Agroecologia e Educação.* São Paulo: Expressão Popular; Rio de Janeiro: Escola Politécnica de Saúde Joaquim Venâncio, 2021.

KRUPSKAYA, Nadezhda. *A construção da Pedagogia Socialista*: escritos selecionados. São Paulo: Expressão Popular, 2017.

MANACORDA, Mario. *Marx e a Pedagogia Moderna.* 2ª edição. Campinas: Editora Alínea, 2010.

MARX, Karl. *O capital:* crítica da economia política. l. 1, v. II, 25ª edição. Rio de Janeiro: Brasiliense, 2006.

MOLINA, Mônica C.; SÁ, Laís Mourão. Licenciatura em Educação do Campo. *In*: CALDART, Roseli Salete *et al.* (org.) *Dicionário da Educação do Campo.* Rio de Janeiro: Escola Politécnica de Saúde Joaquim Venâncio; São Paulo: Expressão Popular, 2012, p. 468-474.

MOLINA, Mônica Castagna; ANTUNES-ROCHA, Isabel. Educação do Campo: história, práticas e desafios no âmbito das políticas de formação de educadores – reflexões sobre o Pronera e o Procampo. *Reflexão e Ação*, v. 22, n. 2, p. 220-253, 19 dez. 2014.

PISTRAK, Moisey. *A Escola-Comuna.* São Paulo: Expressão Popular, 2009.

PISTRAK, Moisey M. *Fundamentos da escola do trabalho.* São Paulo: Expressão Popular, 2000.

PISTRAK, Moisey M. *Ensaios sobre a escola politécnica.* São Paulo: Expressão Popular, 2015.

SANTOS, Clarice Aparecida dos. *Educação do Campo e políticas públicas no Brasil:* o protagonismo dos movimentos sociais do campo na instituição de políticas públicas e a licenciatura em Educação do Campo na UnB. Brasília: Líber Livro/Faculdade de Educação/Universidade de Brasília, 2012.

SANTOS, Clarice Aparecida dos *et al.* (orgs.) *Dossiê Educação do Campo:* documentos 1998--2018. Brasília: Editora Universidade de Brasília, 2020.

SAVIANI, Dermeval. Panorama histórico do processo de construção da Pedagogia Socialista no Brasil. *In:* CALDART, Roseli Salete; VILLAS BÔAS, Rafael Litvin. *Pedagogia Socialista:* legado da revolução de 1917 e desafios atuais. São Paulo: Expressão Popular, 2017.

SILVA, Kátia A. Pinheiro. Epistemologia da práxis na formação de professores: perspectiva crítica emancipadora. *Perspectiva. Revista do Centro de Ciências da Educação*. Florianópolis, v. 36, n. 1, p. 330-350, jan./mar. 2018.

SHULGIN, Viktor. *Rumo ao politecnismo*. São Paulo: Expressão Popular, 2013.

SHULGIN, Viktor Nikholaevich. *Fundamentos da educação social*. São Paulo: Expressão Popular, 2022.

Os encontros de educadoras e educadores do MST no Espírito Santo: trajetória de uma construção coletiva

Maria de Fátima Miguel Ribeiro[1]
Dalva Mendes de França[2]
Marle Aparecida Fideles de Oliveira Vieira[3]
Maria Geovana Melim Ferreira[4]
Edna Castro de Oliveira[5]

O MST no Espírito Santo e a luta por terra e educação

O desenvolvimento do capitalismo no Brasil se deu de forma excludente e desigual nas diversas regiões brasileiras. No Espírito Santo (ES) não foi diferente, tanto no que diz respeito à economia da agropecuária quanto aos complexos de produção da modernização da agricultura, sobretudo após os anos 1960. Essa modernização, de acordo com Pizetta (1999), foi racionalmente perversa e injus-

---

[1] Doutoranda em Educação pela Universidade Federal do Espírito Santo (Ufes), educadora em Assentamento e integrante do Setor de Educação do MST/ES.
[2] Doutoranda em Educação pela Universidade Federal do Espírito Santo (Ufes), educadora em Assentamento e integrante do Setor de Educação do MST/ES.
[3] Doutoranda em Educação pela Universidade Federal do Espírito Santo (Ufes), integrante do Setor de Educação do MST/ES.
[4] Doutoranda em Educação pela Universidade Federal do Espírito Santo (Ufes), integrante do Comitê Estadual de Educação do Campo no ES.
[5] Doutora em Educação pela Universidade Federal Fluminense (UFF), professora associada da Universidade Federal do Espírito Santo (Ufes), integrante do Núcleo de Educação de Jovens e Adultos (Neja), do Fórum EJA-ES, e do Programa de Pós-Graduação em Educação da Ufes.

ta, violenta em suas mais variadas formas de exploração humana e dos recursos naturais, resultando em uma terra devastada pela ganância do capital.

É difícil falar da luta pela terra sem se reportar à história dos primeiros habitantes capixabas, que foram barbaramente violentados, expulsos de seu próprio lar e, em muitos lugares, dizimados, implantando aqui um sistema de morte e de usura. Não satisfeitos com a exploração dos indígenas, foram à África e, a ferro e fogo, trouxeram os africanos na marra para as nossas terras, para o trabalho forçado.

A invasão portuguesa no território brasileiro e no ES trouxe a concentração de terra e dos bens da natureza, intensificando o desenvolvimento econômico, introduzindo grandes projetos econômicos baseados no monocultivo de cana-de--açúcar, café, eucalipto, fruticultura, pimenta-do-reino e na pecuária intensiva. Temos, nessa intensificação, um latifundiário violento e conservador, atualmente com uma nova roupagem: a do agronegócio. Muitas lutas aconteceram por direitos fundamentais à vida e à dignidade humana, na qual as resistências indígena, negra e popular, contra todas as formas de exploração, opressão e discriminação, vêm sendo forjadas em mais de 500 anos de história.

Herdeiro e continuador dessa história, o Movimento dos Trabalhadores Rurais Sem Terra (MST) retoma a luta pela terra no estado do ES, marcada pela primeira ocupação, na fazenda Georgina (km 41), município de São Mateus, no dia 25/10/1985, por 350 famílias organizadas por lideranças dos Sindicatos dos Trabalhadores Rurais (STR) de sete municípios do Norte do estado. Com intenso trabalho de base, alicerçado pelo apoio da Comissão Pastoral da Terra (CPT) e das Comunidades Eclesiais de Base (CEBs), os Sem Terra rompem as cercas do latifúndio, desafiando seus medos, mas seguros de conquistar a tão sonhada "terra prometida".

Foram longos os dias nos acampamentos, sob o teto de uma lona preta, enfrentando a força do latifúndio representada pela União Democrática Ruralista (UDR) – organização dos fazendeiros – que, aliada à Polícia Militar, patrocinava despejos violentos, ora levando os Sem Terra para seu local de origem, ora os despejando violentamente. Foram duros e intensos os momentos para a consolidação da luta pela terra no ES e a afirmação da organização social no campo.

Destacamos aqui várias fases desses momentos conjunturais que faziam a luta avançar ou recuar, dependendo dos governos e da organização dos trabalhadores: o período da gênese do MST (1983-1984) é marcado pelo trabalho de conscientização por meio da CPT, CEBs e STRs, no qual se podia falar em abaixo-assinados para negociar a terra; o período de sua implantação (1985-1988), com os lemas do MST que foram criados nesses períodos históricos; momentos de grande conflito, repressão e, por que não dizer, momento de recuo da luta pela terra (1992-1994) devido à intolerância do latifúndio. Houve momentos de busca de aliados, e novas lutas surgiram. Assim, pode-se dizer que o Movimento estava consolidado e se expandiu para outras regiões do estado, com um grande leque de aliados na luta pela Reforma Agrária (1995-1997).[6]

Com o avançar da luta por terra, percebeu-se que era necessário lutar também por educação. Muitas eram as famílias que chegavam aos acampamentos e traziam consigo crianças, jovens e idosos que demandavam por escola. Uma demanda que culminou em muitas lutas e tensionamentos com o poder público para, assim, iniciarem as primeiras articulações em torno da pauta da educação. Discutíamos qual educação queríamos para as escolas dos assentamentos (MST, 1999). Assim, os primeiros tijolos das escolas foram erguidos, com educadoras e educadores voluntários, materiais doados, intensa articulação política e constituição de coletivos que contagiavam todas e todos para ensinar e aprender a partir da realidade das camponesas e dos camponeses.

No Espírito Santo, já havia as escolas em sistema de alternância, organizadas pelo Movimento de Educação Promocional do Espírito Santo (Mepes), as Escolas Famílias Agrícolas (EFAs). Assim, no ano de 1986, foi articulada a demanda dos grupos de Sem Terra nas paróquias e grupos de amigos, até conseguirem assessoria das educadoras e educadores da Escola Agrícola de Jaguaré e da Universidade Federal do Espírito Santo (Ufes). A partir desses primeiros encontros, começaram a tecer a educação das acampadas e dos acampados, assentadas e assentados da Reforma Agrária. Partindo dessas experiências já existentes, estabeleceram-se os primeiros esboços da estrutura administrativa, da metodologia e, sobretudo, da equipe pedagógica que iria concretizar esse sonho nas escolas até então conquistadas – aproximadamente seis escolas em seis assentamentos.

A partir das várias mãos tecendo a escola das assentadas e dos assentados, realizaram-se reuniões, assembleias e encontros, espaços dialógicos que tomaram as decisões da formação das escolas dentro dos assentamentos. Com isso, docentes da rede oficial, ligados à Igreja Católica, articularam-se para trabalhar na Escola do Assentamento Jundiá, no município de Pedro Canário, no ano de 1986. Desse modo, os primeiros tijolos das escolas foram levantados e se constutuíram coletivos que trocavam experiências, afetos e metodologias de ensinar e aprender com a comunidade assentada (Pizetta, 1999).

Retomamos essa história para dizer que, em 2022, o MST no ES está organizado em 65 assentamentos, com aproximadamente 3.500 famílias, e em dez acampamentos,

---

[6] Esses períodos ou fases de gênese, implantação e consolidação do MST-ES estão no caderno "Questão Agrária e o MST no Espírito Santo" (Pizetta, 1999).

com 950 famílias, com uma cooperativa regional e várias associações, em uma estrutura organizativa que envolve as brigadas (organização por regiões) e os Setores de Produção, Educação, Formação, Frente de Massas e Juventude e Cultura.

O MST no ES também está estruturado em sete brigadas que, de acordo com Ribeiro (2020), são organizações nas regiões, com representação para facilitar a articulação de militantes com as famílias, e são assim denominadas: Saturnino Ribeiro dos Santos, Irmã Dorothy Stang, Quilombo dos Palmares, Valdício Barbosa dos Santos, Índio Galdino, José Marcos de Araújo e Francisco Domingos Ramos. Cada brigada tem representantes dos setores na sua coordenação, garantindo a participação de um homem e uma mulher.

O Setor de Educação acompanha a maioria das escolas, com exceção das que estão localizadas no Sul do estado (brigada José Marcos de Araújo) devido à localização geográfica e à dificuldade de recurso financeiro. Ao todo, são acompanhadas 26 escolas (25 estaduais e uma municipal) com as seguintes etapas e modalidades de ensino: Educação Infantil, Ensino Fundamental e EJA (1º e 2º Segmentos e EJA Médio, em algumas escolas).

Em cada escola, do 1º ao 9º ano do Ensino Fundamental, seguimos com uma organização curricular por área de conhecimento que inclui Agroecologia, Plano de Estudos a partir do Tema Gerador, Auto-organização e Projeto de Pesquisa. A partir das lutas realizadas, garantiu-se uma carga horária integradora de cinco horas semanais, na qual as equipes se reúnem para definir e deliberar sobre as questões pedagógicas, políticas e organizativas. É importante ressaltar que todos os integrantes do Setor de Educação são educadoras e educadores que atuam como regentes em sala de aula.

Diante da exposição acima, passamos ao próximo tópico, no qual focalizaremos a articulação do Setor de Educação na organicidade dos Encontros Estaduais de Educadoras e Educadores (EEE) do MST no ES.

O Encontro Estadual de Educadoras e Educadores do MST no Espírito Santo

Ao longo dos 37 anos de história no estado do Espírito Santo, o MST tem contribuído com a formação dos sujeitos Sem Terra, compreendendo que "a tarefa principal da formação é motivar [os sujeitos] para que os silenciados saiam de seu silêncio, que os dominados aceitem sair da dominação por meio da luta" (Pizetta, 2007, p. 93). Na compreensão de Oliveira (2005, p. 107), essa formação "tem sido reafirmada em suas diferentes ações, na busca de concretização de um projeto emancipatório que desafia os efeitos da globalização periférica e excludente".

Assim, abordaremos, nesta seção, as experiências exercidas nos EEE da Reforma Agrária do MST/ES, que podem ser rememoradas a partir de pesquisas desenvolvidas na academia e nos coletivos do MST, que buscam contribuir com as demandas do Movimento.

Na trajetória histórica do MST por terra, escola e educação, observa-se, no contexto capixaba, o esforço do coletivo do Setor de Educação de manter a unidade e fazer o acompanhamento das ações político-pedagógicas que acontecem nas escolas dos assentamentos.

Seguimos o percurso formativo que se materializa nos cursos formais promovidos pelo MST em parceria com instituições estaduais e federais, como os cursos de Habilitação para o Magistério e os cursos de Pedagogia da Terra. Uma trajetória que se inicia ainda nas áreas de acampamentos e assentamentos, com os encontros e cursos de formação do Movimento, com os planejamentos e as reuniões dos coletivos de educadoras e educadores, nos seminários e nas oficinas, nas reuniões do Setor de Educação do MST em âmbitos regional, estadual e nacional, em assembleias nos assentamentos e acampamentos, nos encontros da coordenação estadual, nas mobilizações conjuntas com outros movimentos sociais populares, dentre outras atividades realizadas nos processos de luta do MST. Toda essa práxis formativa antecede a realização do encontro.

Esse percurso educativo nos instiga a prosseguir potencializando esses processos, compreendendo que "o princípio do trabalho de educação por meio de coletivos pedagógicos está ligado a outro princípio que é igualmente importante: quem educa também precisa se educar continuamente" (MST, 2005, p. 175). Diante do elucidado, o coletivo do Setor de Educação do MST/ES segue construindo com as demais educadoras e educadores essa ousada marcha formativa, cultivando a cada ano o modo de ver, pensar e viver a educação vivenciada pelos sujeitos Sem Terra. A consolidação de coletivos de formação compreende que esse princípio da educação do MST nasce de um esforço coletivo e se amplia ao longo da caminhada do Movimento.

> Os coletivos pedagógicos podem ser os espaços privilegiados de *autoformação permanente, por meio da reflexão sobre a prática, do estudo, das discussões e da própria preparação para outras atividades de formação promovidas pelo MST* [...]. Além de qualificar o trabalho, o coletivo tem ainda outra dimensão formativa: ele mais facilmente alimenta o nosso direito de sonhar, de criar, de ousar. (MST, 2005, p. 175, destaque das autoras)

Na elaboração de cada EEE, o coletivo de educação considera o contexto histórico vivenciado e a escuta de todos os sujeitos que atuam nas escolas. Desse modo, segue cultivando, nas brigadas, cada ação formativa com os educadores do MST. Ao longo do ano de preparação do encontro, os caminhos vão sendo trilhados, desde a construção da temática, à organicidade e à autossustentação (França, 2013).

Nessa acepção, "esse processo organizativo precisa acontecer a partir da necessidade dos sujeitos, uma ação sentida e compreendida com responsabilidade, com uma intencionalidade pedagógica gradativa, que possibilite o envolvimento real dos sujeitos desse processo" (França, 2013, p. 201), que pode ser desenvolvida em múltiplos espaços e Tempos Educativos. Vejamos que Pistrak (2005) traz contribuições importantes nessa perspectiva ao defender a ideia de que a auto-organização seria uma grande transformação histórica que pode ser desenvolvida pela escola. O autor ressalta a importância da "participação autônoma, coletiva e criativa das crianças e dos jovens, de acordo com as condições de desenvolvimento de cada idade, nos processos de estudo, de trabalho e de gestão da escola" (p. 13).

Nessa rota, a feitura e a preparação do EEE se constituem na auto-organização, práxis que se efetiva em cada tarefa pautada, por exemplo: os responsáveis pelo transporte coletivo de cada brigada, pela infraestrutura, pela organização dos NBs, pela Ciranda Infantil, pela mística, pela coordenação, pela relatoria, pela alimentação, pela noite cultural e animação. Além dessas tarefas, temos os responsáveis também pela produção das lembranças e dos agradecimentos às assessorias convidadas e aos demais envolvidos, como as(os) educadoras(es) infantis e as(os) companheiras(os) que preparam as nossas refeições.

Vieira (2016) demonstra a força do coletivo de educadoras(es) do MST do ES, destacando a auto-organização desse processo coletivo de formação. Essa é uma força que se materializa desde a chegada ao Centro de Formação Maria Olinda (Ceforma), local onde geralmente acontecem os encontros. Seja de carona, de ônibus, moto e até mesmo de condução própria, cada um chega levando seu *kit* militante – colchão, materiais de higiene pessoal e talheres – e tece coletivamente esse momento formativo e organizativo. Quando chegam, são credenciados e logo integram um NB, que certamente leva o nome de um educador ou educadora do povo, como Paulo Freire, Maria Olinda, Makarenko, entre outros.

Essa organicidade permite ao coletivo manter um encontro forjado com todos os sujeitos participantes, ou seja, a responsabilidade é partilhada. Responsabilidade que se materializa desde a contribuição financeira de cada educador e educadora para manter as ações coletivas do Setor de Educação, os custos com os encontros (materiais didáticos, estrutura de som, aluguel de cadeiras etc.), além das viagens, audiências e reuniões nacionais. Educadoras e educadores trazem em suas bagagens alimentos cultivados em suas hortas e quintais produtivos, como aipim, couve, alface, frutas, polpas de frutas, farinha de mandioca, café, entre outros produtos.

Assim, nesse itinerário, colhemos muitos frutos em todas as estações, uma ceifa diversa e bastante vigorosa se materializa no ecoar do EEE. Esse espaço/tempo formativo inicia-se para muitos educadores-militantes alguns dias antes, uma vez que um grupo se compromete a organizar e embelezar os espaços para acolher os(as) demais educadores(as), educandos(as), os Sem Terrinha, a comunidade, os(as) pesquisadores(as) e outras organizações sociais, entidades e amigos(as) do Movimento.

No raiar do EEE, quanta alegria! Partilham, com muita emoção, abraços calorosos e experiências que traduzem a práxis que alicerça a Pedagogia do Movimento. É perceptível que nos processos de formação desenvolvidos na relação teoria e prática as "educadoras e educadores militantes carregam em si as características da educação que imprime em sua trajetória uma dimensão política e que se evidencia e concretiza em pensamentos e ações de resistência" (Sánchez, 2011, p. 32).

Os EEE da Reforma Agrária do MST/ES estão em sua XXXIV edição neste ano de 2022, incluindo as duas últimas edições, que se mantiveram, no período pandêmico, de forma virtual. São 34 anos de esforço coletivo a fim de materializar as ações que acontecem no chão das nossas escolas e para além delas. O encontro é um espaço de estudo, formação e socialização das nossas práticas, em um permanente esforço de "*estar sendo*, que envolve [uma] relação permanente com o mundo, envolve também [nossa] ação sobre ele" (Freire, 2013, p. 46, grifo do autor).

A mística é alimentada pelos sujeitos que se propõem a contribuir financeira, política e pedagogicamente com esse processo formativo. Como vimos, o encontro é pensado, organizado e realizado com as(os) educadoras(es) que estão atuando nas escolas dos assentamentos. Elas(es) são os sujeitos protagonistas, e não meros ouvintes ou participantes. Assim, regado de muita música, socialização das práticas das escolas, apresentações culturais pelas(os) educadoras(es) e educandos(as), o encontro se constrói e, com essa construção, vamos arquitetando a Pedagogia do Movimento, que é feita pelas pessoas que a compõem, e não em seu nome.

Alicerçados(as) em Paulo Freire, educadoras e educadores atuantes em assentamentos de Reforma Agrária no território capixaba (Vieira; Côco, 2018) ousaram, a partir das situações-limite impostas ao coletivo, lutar pelo inédito viável (Freire, 1992) e conquistaram, a partir de muitas lutas, a histórica construção dos encontros estaduais, garantindo-os no calendário da Secretaria de Estado da Educação do ES.

Como parte do processo formativo, realizamos em todos os encontros a avaliação coletiva acerca da formação organizada pelo Setor de Educação do MST no ES. Educadoras e educadores sinalizaram que o encontro favorece a troca de experiências entre eles(as), mobilizando discussões acerca da Educação do

Campo e desenvolvendo estudos relacionados à prática pedagógica, por meio das discussões específicas das escolas dos assentamentos. O encontro também estimula a apresentação das experiências inovadoras por parte dos(as) educadores(as), acolhendo, assim, as sugestões dos(as) participantes e mobilizando as discussões acerca da política educacional recente (Vieira, 2016, p. 117).

Ao longo da construção dos EEE, estudamos temáticas que corroboram a educação que defendemos e que nos propomos a realizar em nossas áreas. Os temas em questão demarcam geralmente a conjuntura política, social, econômica e educacional do período histórico em que vivemos. Revisitando nossas pautas, vimos que temos discutido temas relacionados à história da educação, à educação alienadora e libertadora, à escola como instrumento de manutenção da ordem capitalista, focalizando quais tarefas assumir para ajudar a construir a escola de assentamento e acampamento. As temáticas abordam a luta pela terra, a Reforma Agrária e a transformação social, bem como a formação da consciência política e ideológica das educadoras e dos educadores das escolas de assentamentos: os Princípios da Educação do MST. Nós nos questionamos sobre que assentamento queremos e qual é a identidade de nossas escolas.

Também buscamos relacionar tais temas às contribuições das famílias no projeto da Pedagogia da Alternância; realizamos análise de conjuntura social, política e educacional; refletimos sobre as experiências de ex-educandas e educandos dos cursos de Magistério e Pedagogia da Terra; fizemos avaliação político-pedagógica das escolas dos assentamentos; estudamos temas como a natureza do Estado, educação e luta de classe, políticas públicas de Educação e movimentos sociais, fundamentos e paradigmas da Educação do Campo, os desafios encontrados na implementação da Educação do Campo; e fizemos discussões em torno do resgate social, cultural e político no campo.

É importante destacar que as temáticas abordadas nos EEE emergiram da necessidade de reinventar e construir a Pedagogia do Movimento. Na última década, perseguimos nossa caminhada formativa e, em diálogo com os sujeitos Sem Terra no seio dessa pedagogia, buscamos experienciá-la e fortalecê-la permanentemente. Com essa intencionalidade, neste período, utilizamos os seguintes temas: Reforma Agrária do MST no ES na Construção da Educação Popular; Reforma Agrária Popular e os 30 anos do MST na preparação para o Enera; Meio Ambiente e Soberania Alimentar no Contexto da Educação Pública e Popular; os 30 anos do Setor de Educação; a Reforma Agrária no contexto do golpe e a conjuntura da educação brasileira: situação, contradições e tendências do período atual (2016); memória e desafios no XXX EEE. Posteriormente, nossas atividades focalizaram as celebrações em torno do centenário de Paulo Freire. Em 2022, celebramos nosso XXXIV Encontro, com o tema

"Educação em Movimento: resistindo na escola da vida, fortalecendo a Reforma Agrária Popular".

No processo histórico dessa construção e diante dos desafios formativos, pautamos as práticas político-pedagógicas das escolas, discutimos e elaboramos coletivamente as diretrizes das escolas de assentamento, fizemos a contextualização da Pedagogia do Movimento dentro do processo de formação das camponesas e dos camponeses, tematizamos a educação no contexto histórico dos 30 anos do MST e a Reforma Agrária Popular, fazendo análise, balanço e perspectivando novas ações de luta. Pautamos a mercantilização da natureza, a soberania alimentar, a apropriação dos recursos naturais, discutimos a questão agrária, direitos trabalhistas e política no contexto atual de destruição de direitos, compreendendo o momento de reflexão, pertença e autoestima. Tematizamos a Agroecologia e aprofundamos sobre a importância do fortalecimento do plano de estudo na vida social e política das educandas e dos educandos e na relação com as famílias. Nos últimos EEE, dada a atual conjuntura, rememoramos o legado de Paulo Freire na Educação Popular, a fim de continuarmos firmes na luta em defesa da educação pública, popular e libertadora.

Reafirmamos que nossos encontros também são espaços de socialização das experiências, do resgate da nossa cultura, espaço de confraternização, de poesia e de articulações em torno do projeto de educação que defendemos. Assim, o Setor de Educação do MST no ES segue com o compromisso ético-político de contribuir com esses processos, buscando fortalecer as experiências alternativas de desenvolvimento do/no campo, tendo como base a formação e emancipação humanas. Essa dinâmica de formação vai ao encontro do pensamento de Freire (1987, p. 43) ao afirmar que "a libertação autêntica, que é a humanização em processo, não é uma coisa que se deposita nos homens. Não é uma palavra a mais, oca, mitificante. É práxis, que implica na ação e na reflexão dos homens sobre o mundo para transformá-lo".

A realização dos EEE nos move a seguir adiante e nos mostra os desafios que temos que perquirir em busca do inédito viável (Freire, 1992). Assim, passamos ao próximo tópico elencando alguns deles na construção permanente da nossa pedagogia.

Desafios presentes a partir dos encontros permanentes na construção da pedagogia do movimento no ES

Na construção dos EEE, temos a prática de coletivamente demarcar nossas pautas de ações e elencar os desafios impostos à nossa luta cotidiana. Assim, constitui-se como primeiro desafio a realização permanente e sistemática da análise da conjuntura política, econômica, agrária e educacional, bem como a percepção de como o capital se comporta em cada momento histórico, o que nos permite pensar estratégias e táticas na construção da educação libertadora.

Para nós, os EEE possibilitam estudar a realidade concreta, indicando caminhos a seguir, característica basilar do MST, procurando identificar os detentores do capital, como agem e quais são as suas táticas para se manterem no poder. Desse modo, as organizações da classe trabalhadora, sobretudo os povos do campo, têm a tarefa de não apenas interpretar essas estratégias, mas também compreendê-las, e procurar saídas coletivas para confrontar a proposta educacional da burguesia empresarial, buscando fortalecer uma educação crítica e de qualidade social, na perspectiva de promover a emancipação e humanização.

Um segundo desafio sempre presente nos EEE, que acreditamos ser de extrema importância, é manter viva a chama da organicidade das escolas dos assentamentos para consolidarmos uma proposta de Reforma Agrária Popular, firmando a unidade das educadoras e educadores na ação concreta, na práxis pedagógica, que inova os elementos da Pedagogia da Alternância e que alimenta a Pedagogia do Movimento.

Preservar a organização do Setor de Educação, das educadoras e dos educadores de cada escola, é uma tarefa imprescindível, garantindo organicidade às escolas, à brigada e à coordenação estadual, fortalecendo a composição e o funcionamento dos diferentes coletivos e seus compromissos na realização das tarefas. Considerando que cada tarefa, desde uma preparação de mística, um plantio de árvores, até a preparação de uma reunião ou um encontro estadual, demanda trabalho e organização. O exercício dessas ações implica um nível de disciplina, pois além de um conceito, é uma prática da "maneira natural de agir e proceder [de uma] expressão da própria consciência e da própria vontade. Uma forma de integração voluntária e consciência do trabalho coletivo" (Cunhal, 2002, p. 232). Dessa forma, um trabalho pedagógico unificado é a garantia da manutenção do projeto de educação das escolas dos assentamentos da Reforma Agrária, que aos poucos se constitui, com muitas mãos, uma proposta para o campo.

Nesse sentido, um terceiro grande desafio é tentar garantir a participação das famílias na escola, para renovar a esperança e impulsionar a construção do novo mundo possível. A relação da escola com as famílias se é um alicerce para essa transformação, que determina a continuidade desse trabalho pelo fortalecimento dos objetivos, da funcionalidade da organização, da coesão, do espírito coletivo e das ações de solidariedade. O trabalho com as famílias foi e continua sendo a base fundante do MST. À medida que ocorre a conquista do assentamento e da escola, faz-se necessária a continuação desse trabalho, pois tem-se aqui a base de sustentação do movimento e da escola que queremos.

O comprometimento das famílias assentadas é fundamental para alcançarmos a educação libertadora, pois elas são parte desse processo de conquista e parte integrante do processo de busca permanente, enfrentando todas as barreiras impostas pelas elites, dando respostas aos desafios da realidade, problematizando-os e tecendo as transformações. É importante ressaltar que todas as conquistas e todos os embates estabelecidos para a manutenção da Pedagogia do Movimento só foram possíveis com a participação efetiva das famílias em todas as lutas e mobilizações existentes pela escola da vida nos assentamentos.

Nessa dinâmica, a participação das famílias é fundamental para que se tornem sujeitos desse processo de tecimento da educação libertadora e da Reforma Agrária Popular. Trata-se de um ato de comunhão, um gesto decisivo para a transformação do que "era uma decisão espontânea e algo lírica, em uma força de distinto valor e mais serena" (Freire, 1987, p. 169). Passa a ser um papel imprescindível para a práxis revolucionária. Uma tarefa permanente e sistemática para as educadoras e os educadores é a de estarem presentes nas atividades do assentamento, e para as famílias, de estarem presentes nas atividades da escola, construindo coletivamente gestos, ações e reflexões para seguirem como construtores(as) do futuro. Mais do que apenas ações de solidariedade ou ações em favor da luta por direitos, o(a) educador(a) revolucionário(a) "[...] tem um compromisso com a liberdade [...] com as massas oprimidas, para que se libertem, não pode pretender conquistá-las, mas conseguir sua adesão à libertação" (Freire, 1987, p. 166-167).

Conforme Molina e Jesus (2004, p. 28), "trata-se de uma educação dos e não para os sujeitos do campo. Feita, sim, por meio de políticas públicas, mas construídas com os próprios sujeitos dos direitos que as exigem". Todo esse envolvimento, essa comunhão, afirma a identidade camponesa e um fazer pedagógico que vai ao encontro do projeto de campo, por meio de uma metodologia própria e que capacita as famílias para serem, de fato, protagonistas desse processo de construção e de formação enquanto sujeitos pensantes de uma sociedade solidária.

Como um outro desafio, a formação política e pedagógica das educadoras e dos educadores requer que, organizados coletivamente, elas e eles consigam forjar outra lógica de organização escolar e de trabalho pedagógico, estabelecendo um "vínculo mais orgânico entre o estudo que se faz dentro da escola e as questões da vida dos seus sujeitos concretos" (Caldart, 2010, p. 131).

Nos últimos anos, o Setor de Educação do MST no ES tem protagonizado o debate com a Secretaria Estadual de Educação sobre a organização curricular das escolas de assentamento, sobretudo o currículo por área de conhecimento. Assim, ousou conquistar, em 2020, a organização curricular por área de conhecimento no Ensino Fundamental, incluindo a Agroecologia – ponto referencial para os assentamentos e acampamentos – a partir do trabalho de busca permanente de nos relacionarmos melhor com a vida e a natureza, o Projeto de Pesquisa, o Plano de Estudos e a Auto-organização, restabelecendo uma cultura pedagógica interligada com os ideais de educação do MST. Conforme Ferreira e França (2021), o MST/ES reconhece como basilar o debate da Agroecologia nos espaços formativos, procurando qualificar as práticas pedagógicas que possam contribuir com a luta na construção da Reforma Agrária Popular.

Embora tenhamos "situações-limite" (Freire, 1992) nesse processo, o que nos faz sonhar com o currículo por área do conhecimento é a mediatização da realidade problematizadora, para não criarmos as caixinhas dentro das áreas do conhecimento. Estamos dando um testemunho de que é possível fazer de modo diferente e dinâmico, instaurando, assim, outro jeito de enxergar o mundo e pronunciá-lo.

Contudo, garantir a estrutura do currículo e da proposta pedagógica, por área do conhecimento, passa por uma práxis sistemática de aperfeiçoamento e embasamento teórico que possibilite a cada educadora e educador dar conta do ensinar articulando as disciplinas na sua área e entre as áreas, tendo como base a nossa pedagogia. Esse jeito de experienciar a educação no MST possibilita vislumbrar novas formas de pensar e de ler o mundo, apontando para as transformações necessárias a partir do seu protagonismo em cada ação realizada nos espaços escolares e na comunidade.

Conclusões em movimento

Buscando consolidar uma proposta de Educação Popular a partir de uma luta concreta proveniente da luta pela terra, foi-se abrindo o horizonte para perceber que não bastava apenas a terra para trabalhar e sustentar a família, mas uma pátria a cuidar e um ser humano novo a ser constituído, que poderá ser lançado em uma busca permanente e sistemática de uma sociedade melhor, na qual a vida esteja em primeiro lugar e em harmonia com a natureza. Assim, a educação se consolida como mediadora e como meio de colaboração para as transformações sociais.

Nos processos de conquistas ocorridos no interior de nossas escolas, podemos dizer, sem dúvida, da grande importância que tem a realização dos EEE, que promovem o ânimo das educadoras e educadores, possibilitam elaborar táticas de lutas e ações concretas. São momentos de reafirmação da unidade pedagógica, política e organizativa, nos quais sinalizamos o que fazemos, o que é necessário fazer, nosso percurso formativo e o horizonte que almejamos alcançar.

E por que não dizer que, nesses momentos, também afloram questões de contradições internas ao mesmo tempo que se busca apontar formas de como lidar com essas contradições. No decorrer de mais uma caminhada, tanto na escola como na sociedade, as contradições serão enfrentadas com sabedoria, diálogo e nas relações de camaradagem e companheirismo, nas quais processos de conscientização são apontados como caminho para a superação.

Ressaltamos que o fervor da mística revolucionária transcende todas as barreiras e chega às brigadas e às escolas, buscando superar os desafios do cotidiano escolar a partir das equipes que se reúnem semanalmente na expectativa de refletir coletivamente, com criatividade e ousadia, problemas pedagógicos, organizativos e ideológicos que surgem ao longo da caminhada formativa. Esse ato criativo é o que revigora e eleva a magia de estar na Escola do Campo, plantando nossas sementes de processos vindouros, resistindo ao raiar de cada dia, dentro e fora da escola, esperançando em cada gesto de aprendizado das educandas e educandos, que vibram ao compreender cada palavra, ensaiando o enxergar a realidade com os olhos da organização social que espraia para territórios livres germinados em cada práxis educativa. Nessa perspectiva, podemos nos perguntar: será que realmente estamos dando conta de germinar essa práxis libertadora?

Assim, encerramos aqui a escrita dessa trajetória formativa forjada com educadoras e educadores, com as famílias e com educandas e educandos, frutos da luta do MST no Espírito Santo. Ousamos continuar essa escrita que se alicerça diuturnamente no chão das nossas escolas e nos demais espaços de formação e luta permanente por transformação social.

Referências

CALDART, Roseli Salete. Licenciatura em Educação do Campo e projeto formativo: qual o lugar da docência por área? *In*: CALDART, Roseli Salete *et al.* (orgs.) *Caminhos para a transformação da escola:* reflexões desde práticas da Licenciatura em Educação do Campo. São Paulo: Expressão Popular, 2010, p. 127-134.

CUNHAL, Álvaro. *O partido com paredes de vidro.* Série: Documentos Políticos do Partido Comunista Português. Lisboa: Edições Avante! – SA, 2002. Disponível em: www.marxists.org/portugues/cunhal/1985/08/partido.pdf. Acesso em: 21 mar. 2022.

FERREIRA, Maria Geovana Melim; FRANÇA, Dalva Mendes de. A Educação Popular na formação de educadoras e educadores do MST/ES: tecidos de luta e resistência na perspectiva da agroecologia. *In*: 40ª REUNIÃO NACIONAL DA ANPED, 2021, Belém. *Anais* [...]. Belém: UFPA, 2021, p. 1-4. (Resumo Expandido/Pôster). Disponível em: http://anais.anped.org.br/p/40reuniao/trabalhos?field_prog_gt_target _id_entityreference_filter=31. Acesso em: 30 mar. 2022.

FRANÇA, Dalva Mendes de. *Vivências da Pedagogia do Movimento em escolas de assentamentos MST/ES.* Dissertação (Mestrado em Educação) – Programa de Pós-Graduação em Educação, Universidade Federal do Espírito Santo, Vitória, 2013.

FREIRE, Paulo. *Pedagogia do Oprimido.* 17ª edição. Rio de Janeiro: Paz e Terra, 1987.

FREIRE, Paulo. *Pedagogia da Esperança:* um reencontro com a Pedagogia do Oprimido. Notas de Ana Maria Araújo Freire. Rio de Janeiro: Paz e Terra, 1992.

FREIRE, Paulo. *Extensão ou comunicação?* 16ª edição. Rio de Janeiro: Paz e Terra, 2013.

MOLINA, Mônica Castagna; JESUS, Sonia Meire Santos de Azevedo de (orgs.) *Por uma*

Educação do Campo: contribuições para a construção de um projeto de Educação do Campo. Brasília: Articulação Nacional por uma Educação do Campo, 2004. (Coleção por uma Educação do Campo, n. 5).

MST. *Caderno de Formação n. 18:* O que queremos com as escolas dos assentamentos. [*S.l.*]: Setor de Educação do MST, 1999. Disponível em: http://forumeja.org.br/sites/forumeja.org.br/files/Caderno-de-Forma%C3%A7%C3%A3o-n18.pdf. Acesso em: 21 mar. 2022.

MST. *Dossiê MST Escola:* Documentos e estudos 1990-2001. Rio Grande do Sul: MST, 2005. Disponível em: https://mst.org.br/download/mst-caderno-da-educacao-no-13-dossie-mst-escola-documentos-e-estudos-1990-2001/. Acesso em: 21 mar. 2022.

OLIVEIRA, Edna Castro. *Os processos de formação na educação de jovens e adultos:* a "panha" dos girassóis na experiência do Pronera MST/ES. Tese (Doutorado em Educação) – Universidade Federal Fluminense, Centro de Estudos Sociais Aplicados, Niterói, 2005.

PISTRAK, Moisey Mikhailovich. *Fundamentos da escola do trabalho.* 4ª edição. São Paulo: Expressão Popular, 2005.

PIZETTA, Adelar João. *Formação e práxis dos professores de Escolas de assentamentos*: a experiência do MST no Espírito Santo. Dissertação (Mestrado em Educação) – Programa de Pós-Graduação em Educação, Universidade Federal do Espírito Santo, Vitória, 1999.

RIBEIRO, Maria de Fátima Miguel. *Resistência inventiva da Escola do Campo frente a ofensiva do estado.* Dissertação (Mestrado em Psicologia Institucional) – Programa de Pós-Graduação em Psicologia Institucional, Universidade Federal do Espírito Santo, Vitória, 2020.

SÁNCHEZ, Damian. *Resistência e Formação na Produção do Comum:* o curso de Pedagogia da Terra na UFES. Tese (Doutorado em Educação) – Programa de Pós-Graduação em Educação, Universidade Federal do Espírito Santo, Vitória, 2011.

VIEIRA, Marle Aparecida Fidéles de Oliveira. *Educação infantil do campo e formação continuada dos educadores que atuam em assentamentos.* Dissertação (Mestrado em Educação) – Programa de Pós-Graduação em Educação, Universidade Federal do Espírito Santo, Vitória, 2016.

VIEIRA, Marle Aparecida Fidéles de Oliveira; CÔCO, Valdete. "O pensamento de Paulo Freire no contexto da formação de educadores do MST". *Educação em Perspectiva*, v. 9, n. 1, p. 159-173, 2018. Disponível em: https://periodicos.ufv.br/educacaoemperspectiva/article/view/7012. Acesso em: 21 mar. 2022.

Educação de Jovens e Adultos e formação de educadoras(es) em Pernambuco: a formação humana em disputa

Rubneuza Leandro de Souza[1]
Paulo Henrique da Silva[2]
Flávia Tereza da Silva[3]

Introdução

Este texto tem como objetivo refletir sobre o processo de formação das educadoras e educadores da Educação de Jovens e Adultos (EJA) no estado de Pernambuco, buscando resgatar o processo de como o Movimento Sem Terra (MST) disputa, na relação com o Estado, a formação dessas trabalhadoras e desses trabalhadores da educação como atividade estratégica na formação de sua base acampada e assentada. Por conceber a educação como formação humana, como um processo fundamental para desenvolver as relações sociais entre os seres humanos, sem opressores e oprimidos e fundamentado nos valores humanistas e socialistas (MST, 1999, p. 6), o MST entende que as(os) educadoras(es), como mediadores desse processo, precisam conhecer e realizar uma educação na direção da transformação social.

As formações são espaços de aproximação das(os) educadoras(es) à proposta educativa do MST. Como tal, não contemplam apenas os elementos técnicos e me-

---

[1] Pedagoga, mestre e doutoranda em Educação, coordenadora do Setor de Educação e da Frente de Educação de Jovens e Adultos do MST/PE.
[2] Técnico em Agroecologia e licenciado em História, coordenador do Setor de Educação e da Frente de Escolas do MST/PE.
[3] Pedagoga, especialista em Trabalho, Educação e Movimentos Sociais, coordenadora do Setor de Educação e da Frente da Educação Infantil do MST.

todológicos relacionados à EJA, mas também os princípios filosóficos e pedagógicos do MST que articulam o trabalho e a educação como práxis da formação humana. Ou seja, as educadoras(es) são inseridas(os) na dinâmica organizativa dos cursos, por meio dos processos de auto-organização, os quais envolvem preparar a mística, coordenar o dia, coordenar os Núcleos de Base (NBs). Também são inseridos na dinâmica de funcionamento do Centro de Formação e, a partir daí, no envolvimento de trabalhos necessários como lavar a louça, limpar o refeitório e lavar os banheiros, partindo do entendimento do "trabalho como princípio educativo".

Nesse sentido, vamos analisar como as formações de educadoras(es) da EJA se constituem nesse espaço de aproximação com o MST, observando as formações que ocorrem, desde 2006 de forma mais sistemática, com o programa federal Saberes da Terra (2006 a 2013), que se voltava para os anos finais do Ensino Fundamental e foi progressivamente incorporado ao programa estadual denominado EJA Campo, o qual atende, desde 2013, a EJA da Educação Básica – dos anos iniciais do Ensino Fundamental ao Ensino Médio.

O processo formativo está vinculado ao projeto histórico da classe trabalhadora e, nesse sentido, leva em consideração a perspectiva histórica, o aprofundamento teórico e conceitual dos temas e as categorias que compõem o currículo do programa. Estrutura-se a partir de um eixo curricular articulador, denominado de Trabalho e Educação do Campo, que dialoga com os seguintes eixos temáticos: Trabalho, Produção e suas formas de Organização no Campo; Políticas e Emancipação; Estado e Sociedade; Questão Agrária e Organizações Sociais do Campo; e Cultura e Territorialidade.

Nesse processo formativo, organizamos também atividades culturais, por exemplo, noites culturais com ida ao teatro, confraternização da turma, projeção de filmes e visitas a centros culturais e a feiras. A intenção é possibilitar às(aos) educadoras(es) a compreensão de que o aprendizado não está restrito apenas às estruturas físicas da sala de aula, mas que esses espaços distintos podem ser espaços educativos e proporcionar aprendizados a partir das manifestações socioculturais produzidas pelo conjunto da humanidade.

O presente texto se estrutura em duas seções. A primeira, intitulada "A formação de educadoras(es) do MST e a construção da identidade Sem Terra", busca recuperar a trajetória histórica da formação das(os) educadoras(es), como base para as formações das(os) educadoras(es) da EJA em Pernambuco, e sua identificação com o MST. Na segunda seção, sob o título "Os programas de EJA e a disputa pela formação das(os) educadoras(es)", buscamos descrever as formações das(os) educadoras(es) da EJA e os seus fundamentos, analisando a disputa da formação da classe trabalhadora no programa Saberes da Terra e no programa EJA Campo. Ao final, na conclusão, tecemos algumas considerações da experiência analisada.

A formação de educadoras(es) do MST e a construção da identidade Sem Terra

A formação de educadoras(es) em Pernambuco começa no ano de 1992, quando iniciamos a organização do Setor de Educação do MST no estado, tanto das(os) educadoras(es) que atuam na educação das crianças quanto as da EJA, as quais se dão de forma dialética: as experiências construídas em um alimentavam o jeito de fazer do outro. No caso da EJA, as formações mais específicas começaram no ano de 1996, quando iniciamos o trabalho de forma institucionalizada com 123 turmas de anos iniciais do Ensino Fundamental por meio do programa Semeando Letras no Campo. A partir dessa experiência, pudemos ampliar o coletivo do Setor de Educação no estado de Pernambuco.

Em 1998, com a criação do Programa Nacional de Educação na Reforma Agrária (Pronera), ampliamos o número de atendimento a EJA em Pernambuco por meio de uma parceria firmada com a Universidade Federal (UFPE) com 50 turmas e com a Universidade Estadual (UPE) com 180 turmas, ambas em alfabetização de jovens e adultos. Esses programas liberaram 23 coordenadoras(es) pedagógicas(os) vinculadas(os) organicamente ao MST, o que possibilitou qualificarmos dois elementos: a formação e o acompanhamento das(os) educadoras(es), bem como as experiências na organização da sala de aula e do ambiente alfabetizador.

Para tanto, fomos estruturando o que denominamos, no campo pedagógico, um percurso formativo de educadoras(es), que está no jeito de formar, organizar e colocar em movimento a construção do que concebemos como "professor militante" ou, tomando emprestado um termo gramsciano, "o intelectual orgânico", que é um tipo de intelectual que se mantém ligado a sua classe social originária, atuando como seu porta-voz (Liguori; Voza, 2017).

Foi no processo de construção vertido de muitas contradições carregadas pela história de cada educador(a) que empenhamos muita energia política para garantir a participação nas formações, porque percebemos que não bastava apenas que essas(es) profissionais estivessem atuando em uma escola de nossas áreas para se identificar como educadoras(es) do MST. Por isso, desde o início, já demarcávamos no próprio convite para as formações o elemento de identidade: "Educadores do MST". No início, percebemos algumas resistências na participação nos encontros de formação de educadoras(es) do MST. Essas questões foram analisadas por Souza (2001) e classificadas em três dimensões: o medo, o choque cultural e o desvelamento da realidade.

A primeira, o medo, consiste no que fomos entendendo como "medo do MST", ou seja, das ações realizadas pelo MST, como ocupações e marchas, e percebemos isso a partir de depoimentos das(os) educadoras(es), a exemplo de uma que justificou não participar do encontro dizendo: "não vou, o MST quer nos levar para fazer saque". Contudo, aquelas(es) que chegavam aos encontros manifestavam outro elemento analítico, que é o "choque cultural". Esse momento consiste em deparar-se com uma realidade distinta das apresentadas pelos meios de comunicação de massa. Muitas acreditavam que ficariam em barracos de lona, e ao encontrar o Centro de Formação bem estruturado se surpreendiam.

Para o MST, o processo formativo precisa envolvê-los na organicidade da formação, o que compreendemos por ambiente educativo.[4] A forma de organização provoca um impacto significativo nas educadoras(es), pelo fato de terem que estruturar-se em núcleos ou grupos de trabalho, exercitar a escuta, a fala, a delegação e a responsabilidade também por tarefas práticas. Como revela o depoimento abaixo:

> Trabalhei na EJA no assentamento Normandia – Caruaru (PE), no período de 2006-2009. No começo foi um trabalho cruciante, muitos medos, pois se tratava de trabalhar com o grupo do MST. [Eu estava] muito assustada, parecia que estava me sentindo pisando em uma mina prestes a explodir, e mesmo assim aceitei a me desafiar comigo mesma, pois já tinha dois filhos trabalhando no MST. Eu sempre pedia a Deus e a eles todos os dias que deixassem esse trabalho, porque a impressão que eu tinha do MST era bem diferente, era de violência, de pessoas brutais que só tinha coisas ruins. Tudo bem, entrei. Comecei a trabalhar, pois já tinha 28 anos de magistério, achei que iria tirar de letra, porém foi completamente diferente. Fui aprendendo que o MST não era aquilo que eu pensava, não era feito só de coisas negativas, existiam muitas coisas boas e positivas, muitas formações em hotéis maravilhosos, um órgão disciplinado onde só não estuda quem não quer; [há] facilidade até para ingressar em estudos superiores. Encontrei pessoas excepcionais, pessoas de formação pedagógicas como professores, dirigentes, técnicos agrícolas e fui me aprofundando e me encantando. Minha primeira impressão foi desaparecendo, e foi criando em mim uma nova realidade diferente daquilo que eu tinha criado. (Educadora do Saberes da Terra, 2022)[5]

A inserção das(os) educadoras(es) na prática real das formações provocava incômodos, conforme expressa na fala: "Estou me sentindo robotizada, tem que fazer isso, tem que fazer aquilo, e o meu tempo de descanso meio-dia" (Souza, 2001). Tal dinâmica proporciona às(aos) educadoras(es) compreenderem, no processo

---

[4] Entendemos por ambiente educativo tudo o que acontece na escola, dentro e fora dela, desde que tenha uma intencionalidade educativa, ou seja, foi planejada para permitir certos relacionamentos e novas interações. Não é apenas o dito, mas o visto, o vivido, o sentido, o participado, o produzido (MST, 1999b).

[5] Relato concedido para este artigo.

da formação, que as atividades são parte da metodologia do MST. No entanto, essa compreensão leva um tempo para ser apreendida, como nos relatou a mesma educadora que disse se sentir robotizada:

> Quando cheguei aqui estava muito desinformada, achando que não iria me adaptar com esse trabalho maravilhoso. Achando que era tarefa demais; não dava para mim organizar quanto ao tempo que vocês davam para concluir. Mas no terceiro dia já estava campeã. Porque estava aquela expectativa. (Souza, 2001)

É nesse movimento dialético entre o medo e o choque cultural que ocorre o que chamamos de desvelamento da realidade: o momento de compreensão do processo metodológico da formação. Esse momento é quando as(os) educadoras(es) passam a assimilar a forma organizativa da formação e a se incorporar, com consciência do que estão fazendo, e tomam para si a metodologia da formação. Isso, em si, não é ainda a tomada de consciência, como diferencia e explica Freire:

> Uma crítica que a mim mesmo me faço pelo fato de, em educação para a prática da liberdade, ao considerar o processo de conscientização, ter tomado o momento do desvelamento da realidade social como se fosse uma espécie de motivador psicológico de sua transformação. O meu equívoco não estava, obviamente, a reconhecer a fundamental importância do conhecimento da realidade, em processo de sua transformação. O meu equívoco consistiu em não ter tomado estes pólos – conhecimento da realidade e transformação da realidade – em sua dialeticidade. Era como se desvelar a realidade já significasse sua transformação. (Freire, 1985, p. 145)

A partir dessa chave de compreensão, percebemos que a tomada de consciência, diferente do desvelamento da realidade – que pensávamos ser suficiente para uma transformação da prática pedagógica – requer mais do que participação em encontros para assumirem a prática da Pedagogia do Movimento no cotidiano do trabalho educativo. Como nos ensina Freire (1985, p. 145): "A conscientização não pode parar na etapa do desvelamento da realidade. A sua autenticidade se dá quando a prática do desvelamento da realidade constitui uma unidade dinâmica e dialética com a prática da transformação da realidade".

Isso significa possibilitar ao educador(a) uma leitura de mundo na qual se perceba como parte de uma determinada classe social e que está inserido nela enquanto sujeito político, e que precisa ajudar cada educando(a), no ato educativo, a ter essa compreensão. O que requer um trabalho mais permanente de acompanhamento e formação. Assim, entende-se que estamos pautando uma pedagogia que tem intencionalidade política no ato de educar, pois sabemos que nenhum ato educativo é neutro, e se articula com determinado projeto de sociedade.

Os programas de EJA e a disputa na formação das(os) educadoras(es)

A formação no MST sempre teve um papel central tanto para sua base acampada e assentada quanto para seus dirigentes nacionais, com vistas a possibilitar a unidade política e ideológica, o desenvolvimento da consciência político-organizativa e a superação dos desafios impostos pela realidade. Essa dimensão se estende também aos profissionais, que trabalham com as bases, por meio das políticas públicas, como é o caso das(os) professoras(es).

Fazem parte dos princípios organizativos do MST o estudo e o profissionalismo (MST, 2016). Nas formações das(os) educadoras(es), buscamos realizar a síntese desses dois princípios, por entendermos que a formação é a combinação, como dizia Pistrak (2009), da instrução e da educação ou que, na compreensão de Freire (1989), "a leitura de mundo precede a leitura da palavra". Não se trata apenas da qualificação técnica; é fundamental refletir e ampliar a visão de mundo dos sujeitos envolvidos.

Esses dois pensadores, Freire e Pistrak, fundamentam a Pedagogia do MST. O primeiro, por vincular as lutas por transformação no Brasil e na América Latina, qual seja, a contribuição da Educação Popular, fundamentada na Pedagogia do Oprimido e na Teologia da Libertação (Paludo, 2012). O segundo, por colocar o trabalho como eixo articulador da formação, como princípio educativo – caráter fundante do ser humano, ontocriativo, fundamentada na Pedagogia Socialista (Pistrak, 2009). Por isso, quando iniciamos os projetos de escolarização – no qual havia a necessidade de educadoras(es) com formação em Magistério, Pedagogia ou licenciaturas, e a maioria desses profissionais são externos ao Movimento –, não abrimos mão da formação.

Nos projetos de escolarização, as(os) educadoras(es) passaram a ser contratadas(os) pela Secretaria de Educação do Estado (Seduc), participando de um processo seletivo. Isso nos colocou em uma relação direta com o Estado na construção da política pública. Ao nos depararmos com a institucionalidade e os limites que dela decorrem, buscamos disputar a gestão dos programas, o que envolve a formação das(os) educadoras(es) como um dos elementos fundamentais. E é nesse movimento contraditório que se disputa e se constrói o conhecimento, adequando a nossa estratégia de formação e de luta política.

De todas as experiências que tivemos na formação, que tem início com educadoras(es) do ensino regular e das vivências com a alfabetização de jovens e adultos, podemos dizer que o programa Saberes da Terra foi o que nos proporcionou melhores condições de experimentarmos nossa proposta metodológica de formação das(os) educadoras(es). Primeiro, porque a primeira versão foi organizada em regime de alternância, com todas as turmas concentradas no Centro de Formação Paulo Freire, em Caruru, espaço do MST, o que possibilitou que essas(es) educadoras(es) ficassem presencialmente e durante todo o Tempo Escola e, com isso, construíssem ali uma experiência de formação humana pautada na unidade trabalho, estudo e auto-organização. Segundo, porque o projeto filosófico e pedagógico do programa continha elementos da Pedagogia do MST.

O programa previa três educadoras(es) que respondiam pelas áreas do conhecimento: Linguagens, Ciências Humanas e Ciências da Natureza, e um(a) Educador(a) Social, responsável pela Qualificação Social e Profissional, totalizando quatro por turma. Na primeira versão do programa, de 2006 a 2009, o MST teve 12 turmas. As(os) educadoras(es) foram selecionadas(os) por edital na condição de contrato temporário. Embora não tenha sido garantido o quantitativo de educadoras(es) por turma, isso não foi um problema, pois como as turmas foram realizadas todas no mesmo espaço foi possível o remanejamento entre elas, garantindo as aulas de todas as áreas.

Também fazia parte do contrato a disponibilidade de tempo para participarem das formações. Apesar de todas(os) elas(es) serem graduadas(os), grande parte das temáticas propostas no programa não faziam parte de suas formações acadêmicas. Por isso, a formação ganhou centralidade no processo de implementação, sendo planejada para acontecer em dois momentos diferenciados: a geral, na qual participavam todas(os) as(os) educadoras(es) de todas as organizações que compunham o programa, e as formações específicas. Na formação geral, era construída a unidade do programa, planejada pela comissão pedagógica, composta pela Secretaria de Educação e por representantes dos movimentos sociais que tinham turmas organizadas.

No caso do MST, as formações específicas se davam no intervalo das etapas do Tempo Escola e seguiam os procedimentos de *avaliação, estudo* e *planejamento.* Na *avaliação,* buscava-se apreender o trabalho pedagógico desenvolvido junto aos estudantes e destacar os limites apresentados para serem retomados na etapa do Planejamento. Cada educador(a) avaliava o(a) educando(a) na sua área de conhecimento, o que possibilitava identificar qual era o conteúdo que (as)os estudantes tinham mais dificuldades de compreensão. Esses apontamentos eram retomados nas aulas do próximo Tempo Escola.

No *estudo,* realizava-se o aprofundamento da temática que seria trabalhada na etapa seguinte, como forma de subsidiar as(os) educadoras(es) no Planejamento. Um elemento a considerar é que o eixo temático era o aprofundamento teórico, buscando a maior compreensão possível do(a) educador(a) quanto à concepção e aos fundamentos, de forma a subsidiá-los na sua execução.

O *planejamento* compunha uma unidade articulada com a avaliação e pautava-se em intervir nos limites avaliados na aprendizagem dos educandos. Como procedimento metodológico, era solicitado que as(os) educadoras(es) individualmente escrevessem a avaliação da etapa, resgatando os conteúdos trabalhados, a percepção no aprendizado das(os) estudantes, os procedimentos metodológicos utilizados. O planejamento era realizado em três momentos. No primeiro momento, construíam-se coletivamente os conceitos que abarcariam os eixos temáticos; no segundo, as(os) educadoras(es) se dividiam por área do conhecimento (Humanas, Exatas, Linguagem e Técnico-agrícola) para organizarem os conteúdos de suas respectivas áreas que estariam relacionados com o eixo temático, bem como as atividades que seriam trabalhadas; e por último, em plenária, socializavam os planejamentos, buscando pontos de interseção, de forma a dar coesão a eles.

Além dessas formações, passamos a fazer estudo com as(os) educadoras(es) durante o Tempo Escola, no contraturno de suas atividades, junto aos estudantes. Organizarmos estudos temáticos sobre, por exemplo, os fundamentos da Educação Popular, metodologias participativas, concepção de Educação de Jovens e Adultos, entre outros.

Outro elemento importante a destacar é que passamos a organizar com as(os) educadoras(es) o acompanhamento das(os) estudantes durante o Tempo Comunidade e a realização de trabalho de campo durante o Tempo Escola, com intervenção na comunidade. Esse acompanhamento durante o Tempo Comunidade partia do mapeamento das(os) estudantes nas suas regionais do MST, e por aproximação geográfica foram formadas duplas de educadoras(es) para fazer o acompanhamento. Esse procedimento foi de fundamental importância, primeiro porque colocou as(os) educadoras(es) em contato direto com a base do MST, conhecendo as diversas realidades das(os) estudantes, segundo porque também as famílias dessas(es) jovens e adultos puderam conhecer as(os) educadoras(es), o que permitiu o reconhecimento da seriedade e do compromisso com o qual o curso estava sendo realizado. Para as(os) educadoras(es), tornou-se um espaço de crescimento pessoal e aproximação com a realidade do MST, o que ajudou na reflexão sobre a realidade, as contradições e as possibilidades dos assentamentos e da Reforma Agrária e a perceberem o papel da educação no projeto defendido pelo MST.

Após a conclusão desse curso, houve ampliação da oferta de turmas. O MST optou em descentralizá-las, e passaram a acontecer nos assentamentos e acampamentos do MST/PE. Com a ampliação, aumentou também a quantidade de educadoras(es) contratados; assim, as(os) que estiveram nessa primeira versão acabaram, na sua maioria, assumindo a coordenação das novas turmas. Também passaram a contribuir com a formação das(os) novas(os) educadoras(es) que ingressaram nesse momento. Foi perceptível o crescimento, não só do ponto de vista pedagógico, o que também merece reconhecimento, mas, sobretudo, o nível de identidade com as causas do povo e com o projeto de Reforma Agrária. Passaram a se reconhecerem e serem reconhecidas(os) como educadoras(es) do MST.

Até 2013, tivemos as turmas organizadas pelo Projovem Campo – Saberes da Terra atendendo os anos finais do Ensino Fundamental. A partir daquele ano, conseguimos, depois de muita luta e negociação com o governo do estado, um programa de EJA da Educação Básica, que passa a atender dos anos iniciais do Ensino Fundamental ao Ensino Médio. Denominado de EJA Campo, o programa possibilitou a elevação da escolaridade da nossa base acampada e assentada.

O projeto da EJA Campo foi formulado pelo MST, pela Seduc, pelas universidades federal e estadual de Pernambuco, pela Federação dos Trabalhadores na Agricultura (Fetape), a Comissão Pastoral da Terra (CPT) e a Escola Estadual Luiz Ignacio Pessoa de Melo, que vinha sendo responsável pela certificação. A formulação do projeto político-pedagógico da EJA Campo tomou como referência a minuta construída pela frente de EJA do MST, o processo metodológico do Projovem Campo – Saberes da Terra (a organização curricular por eixo temático, o regime de alternância) e a experiência da EJA Manguinhos – realizada pela Escola Politécnica de Saúde Joaquim Venâncio EPSJV/Fiocruz no Rio de Janeiro, a qual trabalhava com uma proposta curricular por eixo temático para o Ensino Fundamental e Médio.

Aprovada nossa reivindicação, as turmas passaram a ser formadas em 2013. Como ainda estava em curso o programa Projovem Campo – Saberes da Terra, que supria a demanda dos anos finais do Ensino Fundamental, não apresentamos turmas para esse nível. De 2013 a 2021, conforme quadro abaixo, atendendo os níveis do Ensino Fundamental e Médio, tivemos elevação de escolaridade de 5.905 educandos e educandas jovens e adultos.

Tabela 1 – Demonstrativo de turmas e educandos do EJA Campo entre os anos de 2013 a 2021

N.	Níveis	Número de turmas	Número de alunos
1.	Anos iniciais	159	2.649
2.	Anos finais	65	1.081
3.	Ensino Médio	124	2.175
Total		348	5.905

Fonte: Souza (2021).

Quando iniciamos o processo de escolarização com a EJA Campo, o MST já era referência na formação das(os) educadoras(es), embora esse reconhecimento não seja isento de conflitos. Tanto que, nas primeiras formações nas quais o Estado se fez presente, chegamos a ter vários embates a respeito da concepção pedagógica dos eixos temáticos. Por exemplo, a inversão do eixo de Trabalho e Educação no Campo para Educação e Trabalho no Campo. No período, fizemos o enfrentamento, porque entendemos que essa inversão tinha uma intencionalidade e pretendia alterar a concepção de trabalho como uma categoria ampla e reduzi-la a formas de organização da realização do trabalho no campo. Dessa forma, na ação direta, disputamos a formação e os corações e mentes das(os) educadoras(es).

No EJA Campo, mantivemos nosso processo metodológico de formação das(os) educadoras(es), com algumas alterações. As formações se dividem em formações estaduais, uma por semestre, e as formações quinzenais ou mensais, nas quais os coordenadores dos territórios e suas respectivas turmas realizam as formações de planejamento. Como a maioria das(os) coordenadoras(es) vivenciou anteriormente esse processo como educadoras(es), elas(es) levam consigo o método do MST de organizar as formações. Porém, nos últimos dois anos pandêmicos, esse trabalho foi interrompido, com raras formações acontecendo por via remota. Nesse período, muitos problemas surgiram e retomamos as formações presenciais no mês de junho de 2022; estamos realizando um balanço dos prejuízos causados nesse intervalo de tempo para que possamos reconduzir, com a mesma seriedade e compromisso, a formação das(os) nossas(os) professoras(es) e da nossa base.

Conclusão

Nesses 30 anos de trabalho com a Educação de Jovens e Adultos no estado de Pernambuco e 26 disputando a formação das(os) educadoras(es) junto ao Estado, podemos dizer que avançamos significativamente, embora essa seja uma disputa permanente. Ao longo desse período, alteramos a visão que essas(es) profissionais tinham do MST; muitos passaram a se identificar com a causa da Reforma Agrária e a se denominar como educadores do Movimento, inclusive com a palavra de ordem: "Agora, agora é pra valer, nós somos educadores do MST".

Podemos afirmar que esse processo alterou a visão dessas(es) profissionais sobre o MST, ampliando sua percepção política diante da realidade. Esse salto foi possível porque elas(es) vivenciaram uma imersão real dentro do Movimento, que educa por meio da convivência social, do estudo coletivo, da democracia e da participação, por meio da mística, da organização dos espaços e das vivências culturais.

O trabalho com a EJA também nos possibilitou fazer uma ampla parceria com outros movimentos sociais no estado e com as universidades públicas, para juntos termos força para consolidar uma política de formação dos educadores e disputar com o Estado a direção intelectual e moral na condução do processo.

Desde o primeiro momento, destacamos a formação como uma questão estratégica para o desenvolvimento da EJA. Assim, não deixamos que a condução do processo fosse dada somente pelo Estado e passamos a disputar a formação como espaço de pensar as concepções educacionais, as práticas pedagógicas, a organização do trabalho pedagógico, o projeto de formação humana. Isso possibilitou ampliarmos a visão de mundo dessas(es) educadoras(es) e tê-los como aliados na defesa e na construção da formação de jovens e adultos comprometidos com a transformação social. Muitos, inclusive, se colocam como articuladores das atividades do Setor de Educação junto aos assentamentos e acampamentos.

Podemos afirmar que conseguimos, em parte, romper com uma postura oportunista das(os) educadoras(es) da EJA, que viam os programas somente como forma de complemento de renda, sem necessariamente se dedicar e entender as especificidades dos sujeitos jovens e adultos envolvidos e suas comunidades. Esse fato resulta, dentre outros fatores, da forma marginal pela qual, historicamente, a EJA foi tratada como política pública no Brasil, de caráter fragmentado e assistencialista. Há um sentimento hoje, nas(os) educadoras(es), de estarem construindo uma política de Educação de Jovens e Adultos e, sobretudo, uma política de Educação do Campo.

Nesses anos, com seriedade e rigor na realização dessas formações, o MST garantiu notoriedade e reconhecimento na qualidade e no compromisso com a Educação do Campo. As(os) novas(os) educadoras(es) que entram nos programas já vêm para o MST sabendo que temos um rigor na formação. Isso imprime certo respeito e compromisso com o trabalho da Educação de Jovens e Adultos.

Referências

FREIRE, Paulo. *Ação cultural para a liberdade*. 6ª edição. Rio de Janeiro: Paz e Terra, 1982.
FREIRE, Paulo. *A importância do ato de ler:* em três artigos que se completam. v. 4 São Paulo: Autores Associados/Cortez, 1989 (Coleção polêmicas do nosso tempo).
LIGUORI, Guido; VOZA, Pasquale (orgs.) *Dicionário Gramsciano (1926-1937)*. 1ª edição. São Paulo: Boitempo, 2017.
MST. Princípios da educação do MST. *Caderno de educação*, n. 8, São Paulo, 1996.
MST. *Crianças em Movimento*: as mobilizações infantis no MST. n. 2. São Paulo, 1999a (Coleção Fazendo Escola).
MST. *Caderno de Educação n. 9*. MST, São Paulo, 1999b.
MST. *Cartilha. Normas gerais e princípios organizativos do MST*, 2016.
PISTRAK, Moisey. *A Escola-Comuna*. São Paulo: Expressão Popular, 2009.

PALUDO, Conceição. Educação Popular. *In*: CALDART, Roseli Salete; PEREIRA, Isabel Brasil; ALENTEJANO, Paulo; FRIGOTTO, Gaudêncio. *Dicionário da Educação do Campo*. Rio de Janeiro/São Paulo: Escola Politécnica de Saúde Joaquim Venâncio/Expressão Popular, 2012.

SOUZA, Rubneuza Leandro. *Revolvendo o Bagaço com a Pedagogia do Movimento:* formação das professoras das áreas de Reforma Agrária na Região Canavieira/Mata Sul de Pernambuco. (Monografia de conclusão de curso de Pedagogia) – Universidade Regional do Noroeste do Estado do Rio Grande Do Sul (Unijuí), 2001.

SOUZA, Rubneuza Leandro. *Projovem Campo – Saberes da Terra:* análise das reivindicações dos trabalhadores do campo e das propostas dos Governos de Luiz Inácio Lula da Silva e Dilma Rousseff. (Monografia de conclusão do curso de Especialização em Trabalho, Educação e Movimentos Sociais) – Escola Politécnica de Saúde Joaquim Venâncio/Fiocruz, 2013.

ZITKOSKI, José (org.) *Dicionário Paulo Freire*. Belo Horizonte: Autêntica Editora, 2008.

Curso Nacional de Pedagogia do MST: a educação que se faz em Movimento

Diana Daros[1]
Janaína Ribeiro de Rezende[2]
Luana Carvalho Aguiar[3]

Introdução

Se todo mundo tem direito ao conhecimento
Então a gente faz educação em Movimento
Formando coletivos ativos em ação
Escola que educa
Pra emancipação
Terra, trabalho e luta
Cultura e produção
A flor que gera o fruto
É liberdade em construção
(Zé Pinto)

---

[1] Militante do Setor de Educação do MST, da coordenação pedagógica do Instituto de Educação Josué de Castro (IEJC), mestranda em Educação da Universidade Federal do Rio Grande do Sul (UFRGS).
[2] Militante do Setor de Educação do MST e da Frente de Infância, professora do curso de Pedagogia do Centro de Educação, Humanidades e Saúde de Tocantinópolis da Universidade Federal do Norte do Tocantins (UFNT).
[3] Dirigente Nacional do MST do Rio de Janeiro, mestre em Educação pela Universidade Federal Fluminense (UFF).

O Curso Nacional de Pedagogia do Movimento Sem Terra surge da necessidade identificada pelo Setor de Educação do MST de incidir na formação introdutória de educadoras e educadores da Reforma Agrária, de modo a explicitar a concepção de educação construída ao longo dos 39 anos de luta do Movimento. A primeira turma do curso foi realizada em 2011. Desde então, foram realizadas outras sete edições, sendo que a última aconteceu em 2020.

O Setor de Educação observou que o Movimento tinha avançado na formação de professoras e professores em cursos superiores, resultado de parcerias dos movimentos sociais do campo com universidades públicas, conquistando políticas públicas como o Programa Nacional de Educação na Reforma Agrária (Pronera) e a criação das licenciaturas em Educação do Campo. Dessa forma, um número significativo de profissionais formados passou a atuar em escolas de acampamentos e assentamentos, sendo necessário dar mais unidade ao processo formativo com o foco na concepção de educação e de escola do Movimento, para além do que é oferecido nos cursos universitários. Nesse sentido, a formação sobre a Pedagogia do MST precisaria ser planejada com essa intenção pelo próprio Movimento, compreendendo que essa formação-reflexão não se esgota com a realização de um curso, mas que pode ser potencializada a partir dos encontros, das aulas e das vivências propostas.

O curso tem como objetivo elucidar o modo com que a Pedagogia do Movimento foi concebida e segue sendo construída ao longo da trajetória do MST. A formação é realizada em uma etapa única, que dura cerca de 20 dias, no mês de janeiro, envolvendo momentos de estudo e vivência da Pedagogia forjada na luta pela terra. A tarefa de divulgação e de articulação dos participantes é feita pelo Setor de Educação em conjunto com as instâncias de direção do MST dos estados.

As turmas são compostas por educadores e educadoras de escolas de assentamentos e acampamentos, estudantes do Ensino Médio e de cursos universitários vinculados ao MST, militantes da Educação e de outros setores do Movimento, bem como aliados de outras organizações populares. Cerca de 800 educandos e educandas já participaram das oito turmas realizadas no Rio Grande do Sul, Pernambuco, Paraná, Mato Grosso, Espírito Santo, Distrito Federal, Pará e Piauí.

A possibilidade de realizar turmas em diferentes regiões reforça o caráter nacional do curso, que permite que a diversidade cultural dos diferentes territórios em que o MST se insere seja contemplada. Em geral, o curso é organizado em centros de formação ou escolas de assentamento, o que favorece a vivência da organicidade do Movimento.

A convivência entre diferentes experiências, sotaques e costumes também contribui para o processo de formação. A dimensão cultural é uma marca permanente das turmas. Nas programações, sempre está previsto tempo para atividades artísticas, místicas, Jornada Socialista, exibição de filmes, apresentações musicais, noites culturais, passeios e trabalhos solidários. Com o curso, o MST socializa as experiências e elaborações teóricas que acumulou sobre a sua pedagogia, que segue em um processo de construção permanente, compreendendo que a luta educa e que a educação se dá em movimento.

O curso tem como objetivo aprofundar a Pedagogia do Movimento e seus fundamentos, além de ajudar a desenvolvê-la, a fim de colocar em prática essa concepção pedagógica na elaboração e na execução do curso, incluindo ativamente os sujeitos envolvidos. A seguir, apresentaremos brevemente os aspectos gerais do Curso Nacional de Pedagogia do MST, destacando sua estrutura e organicidade e recuperando a memória das turmas até aqui realizadas.

A estrutura do curso e a organização das turmas

O MST tem uma pedagogia, quer dizer, tem uma práxis (prática e teoria combinadas) de como se educam as pessoas, de como se faz a formação humana. A Pedagogia do Movimento Sem Terra é o jeito por meio do qual o Movimento vem, historicamente, formando o sujeito social de nome Sem Terra, e educando no dia a dia as pessoas que dele fazem parte. E o princípio educativo principal desta pedagogia é o próprio movimento, movimento que junta diversas pedagogias, e de modo especial junta a pedagogia da luta social com a pedagogia da terra e a pedagogia da história, cada uma ajudando a produzir traços em nossa identidade, mística, projeto.
(Caldart, 2003, p. 51-52)

O Curso Nacional de Pedagogia do MST tem como característica central promover a atualização e o aprofundamento da compreensão da Pedagogia do Movimento Sem Terra e de seus fundamentos, o que é feito por meio do estudo dos principais textos produzidos pelo MST no seu percurso de trabalho com educação e em diálogo com teorias de base materialista-histórico-dialéticas e as experiências educativas realizadas nos espaços do MST. Dessa maneira, a formação proporciona uma imersão reflexiva em um ambiente educativo inspirado nessa pedagogia, a fim de estabelecer a relação entre teoria e prática.

De acordo com a minuta do projeto político-pedagógico do Curso Nacional (MST, 2010, p. 1), seus objetivos são:

1. Participar/inserir-se na construção de um ambiente educativo organizado e intencionalizado desde a concepção de educação, que é objeto de estudo no curso.

2. Apropriar-se da elaboração/posição atual do MST sobre Reforma Agrária na relação com a análise do período histórico e da situação da luta de classes.

3. Compreender ou aprofundar a compreensão dos fundamentos teórico-metodológicos e das categorias básicas de constituição da Pedagogia do Movimento.

4. Analisar o desenvolvimento prático e teórico do trabalho de educação do MST.

5. Discutir os desafios do trabalho de educação no/do MST no período atual e em suas diferentes frentes de atuação.

6. Vivenciar e refletir sobre convicções e valores que sustentam sua militância no MST e sua prática de educadores.

7. Exercitar habilidades de expressão oral, de tomada de posição para decisões, de organização de registros, de análise, de síntese.

O programa de estudo se estrutura a partir das seguintes temáticas: a) base geral de compreensão metodológica, a fim de debater concepções de projeto de sociedade, formação do ser humano, educação, educação escolar; b) Pedagogia do Movimento Sem Terra: percurso de elaboração, categorias básicas, fundamentos e questões atuais, a partir dos referenciais teóricos constitutivos da elaboração do MST: a Pedagogia Socialista, de base marxista, e a Pedagogia do Oprimido; c) Educação no/do MST, que traz um panorama de atuação e análise de práticas, de modo que os participantes do curso compreendam o acúmulo produzido pelo Movimento na Educação Básica, Educação de Jovens e Adultos e infância Sem Terrinha, abordando também a Educação do Campo; d) Projeto de Reforma Agrária Popular elaborado pelo MST, tendo como elemento central a Agroecologia e a cooperação, em contraponto ao modelo capitalista de agricultura, cujo principal expoente é o agronegócio. Para tanto, o debate parte da análise do desenvolvimento do capitalismo na agricultura atualmente; e) História e organicidade do MST, com base nos princípios organizativos e valores do Movimento, além de discussões sobre as formas de organização de assentamentos e acampamentos, bem como sobre a massificação da luta pela Reforma Agrária.

A formação desenvolvida nas turmas do curso, além de socializar as concepções de educação elaboradas pelo Movimento, contribui para avançar na perspectiva de um projeto formativo articulado ao processo de emancipação humana. A assessoria que conduz as aulas durante o curso tem sido composta por quadros regionais do Movimento e docentes de universidades, amigas e amigos do MST. Desse modo, as relações com as instituições públicas são fortalecidas, seja a partir do convívio durante as aulas do curso, seja pela proposição de projetos de extensão – o que possibilitou a certificação da atividade em algumas edições. O diálogo com a militância local, com convidadas e convidados da região, também se mostrou um processo profícuo de fortalecimento das lutas.

A organização da dinâmica pedagógica do curso foi sempre realizada em Tempos Educativos, tanto para dar conta do que se propunha de estudo, mas também como exercício educativo prático. Para além de aulas, oficinas, leituras e NBs, os participantes do curso foram inseridos em processos de trabalho de acordo com as demandas de cada espaço onde o curso se realiza e das demandas específicas do próprio curso.

A organicidade e os Tempos Educativos são características fundamentais da Pedagogia do Movimento para a organização das turmas do Curso Nacional de Pedagogia, as quais são conduzidas pela Coordenação Político Pedagógica (CPP), composta por militantes do Setor de Educação, indicados pelo Coletivo Nacional, buscando, sempre que possível, garantir a representação das grandes regiões na equipe. Essa instância organizativa é responsável por apresentar a proposta de organização do curso, de modo a atender aos seus objetivos gerais e contemplar os aspectos regionais de onde a edição será realizada. Além disso, a CPP planeja a proposta metodológica, as ementas das aulas, convida as assessorias, envia as convocatórias e mantém contato com os estados para garantir a ida das educandas e dos educandos até o local de realização do curso.

Após a chegada e acolhida das(os) participantes, uma das primeiras ações realizadas é a construção da organicidade da turma, por meio dos NBs, instância de participação dos educandos e das educandas no curso. A CPP propõe uma intencionalidade na composição dos núcleos, visando garantir que participantes de diferentes estados e com experiências distintas se conheçam e convivam no grupo. Cada NB escolhe um nome para se identificar a um processo de luta ou a ideais que o grupo almeja, e que pode ser em homenagem a um lutador ou lutadora do povo. Após definir o nome, criam uma palavra de ordem, como forma de elaborar poeticamente o que o grupo acredita. O NB escolhe um coordenador e uma coordenadora para compor a coordenação da turma e indica pessoas para participar das equipes de trabalho necessárias para a realização do curso.

O conjunto de coordenadoras e coordenadores dos NB indicam um educando e uma educanda dentre eles para serem os coordenadores gerais da turma, sendo que essa dupla acompanha as reuniões da CPP, possibilitando o diálogo entre as diferentes instâncias do curso. O exercício da auto-organização é importante na condução do processo, além de ser um recurso pedagógico que garante que todas e todos façam parte da construção do curso. Dessa maneira, as decisões, os encaminhamentos e as tarefas são realizadas de forma coletiva. Caso haja algum problema, ele é discutido e resolvido pelas instâncias, uma vez que todas e todos os participantes são responsáveis pelo curso.

A Pedagogia do Movimento é o que inspira a prática pedagógica desse processo formativo. Dessa maneira, o princípio educativo do trabalho orienta a organização da turma (MST, 2005). A proposta metodológica prevê que o trabalho necessário será executado pelos participantes, sejam atividades de limpeza e ornamentação do espaço, lavagem das panelas e dos banheiros, realização da mística e da coordenação do dia e o que for preciso na turma. O trabalho é importante para a organização da vida durante a estadia no espaço coletivo e reforça sua dimensão educativa, pois é a ação coletiva que mantém o curso funcionando.

Nesse sentido, é possível estabelecer uma relação entre trabalho intelectual e manual, o que favorece que o processo formativo contemple a integralidade dos sujeitos envolvidos. Além do trabalho necessário, também se realizam mutirões de trabalho solidário em acampamentos e assentamentos, de modo a fortalecer os vínculos comunitários por meio da contribuição da turma com a organização local.

Para realizar todas essas demandas, os Tempos Educativos são essenciais e são organizados de acordo com a realidade em que a turma se insere. Eles são os momentos previstos no planejamento diário que apresentam intencionalidade pedagógica visando a formação integral do sujeito, ou seja, parte da compreensão de que o estudo não se restringe ao período das aulas, e considera a limpeza e organização do espaço, a mística e a animação, a auto-organização da turma, as atividades físicas e o trabalho também como elementos imprescindíveis no processo formativo.

Embora possa haver variações entre as diferentes edições, em geral, as turmas dispõem dos seguintes Tempos Educativos:

- Tempo Leitura: consiste na leitura dos textos teóricos ou literários indicados pela assessoria ou pela CPP. A leitura é feita em NB, o que possibilita que pessoas com diferentes graus de escolaridade e com inserções distintas no Movimento se auxiliem na compreensão dos textos e debates.

- Tempo Formatura: é realizado diariamente no início das atividades. A turma é reunida em um espaço coletivo, o NB responsável pela mística faz a condução, há a conferência dos NB em que cada um fala sua palavra de ordem, o Hino do Movimento é entoado, e são dados os informes gerais para a turma. Esse tempo consiste em reforçar as utopias, homenagear os lutadores e as lutadoras que tombaram e reforçar os compromissos com a luta, por meio de músicas, poesias e outros recursos estéticos.

- Tempo Estudo: reúne os momentos de aula em que as assessoras e os assessores trabalham um tema definido previamente.

- Tempo Trabalho: é destinado à realização do trabalho necessário para a manutenção do curso e pode ser executado em diferentes momentos.

- Tempo Auto-organização: representa o tempo destinado às reuniões de NB, de coordenação da turma, das equipes de trabalho e para as assembleias da turma.

- Tempo Atividades Culturais: ocorre das mais variadas maneiras, podendo acontecer nas noites culturais, nos passeios, em lançamento de livros, na exibição de filmes, na vivência literária e nos saraus, na Jornada Socialista,[4] no Domingo Comunista.[5] Os símbolos da luta são reforçados nas atividades culturais, entendendo que as "noites, pedras e poemas", parafraseando o poeta Paulo Leminski, são armas imprescindíveis na luta de classes e que é preciso ocupar o latifúndio da cultura, uma dimensão da resistência popular.

A partir dos Tempos Educativos, espera-se exercitar, não sem limites e contradições sob as relações sociais capitalistas, as condições para a formação integral dos sujeitos, por meio do estudo, do trabalho enquanto princípio educativo e do desenvolvimento de diferentes linguagens artístico-culturais.

As edições do curso assumiram a defesa do direito à literatura, estimulando a vivência literária, seja durante o Tempo Leitura, seja por meio de poemas durante as místicas, noites culturais ou Jornadas Socialistas. Além disso, quando é possível, livros da editora Expressão Popular são distribuídos aos participantes e uma banca de vendas das publicações é organizada, a fim de ampliar o acesso ao material literário, político e teórico.

---

[4] As Jornadas Socialistas são momentos místicos nos quais a utopia é celebrada por meio da arte, instalações e intervenções, a fim de cultivar os valores socialistas, a memória dos processos revolucionários e o legado de lutadores e lutadoras que inspiram a classe trabalhadora.

[5] O nome Domingo Comunista tem inspiração em uma prática de prestação gratuita de trabalho por grande quantidade de pessoas na União Soviética. No curso, adotamos esse termo para nos referir à realização de uma ação solidária de forma coletiva em uma comunidade, como a realização de mutirões de limpeza e embelezamento em escolas de assentamentos, acampamentos e centros de formação.

O estudo, o trabalho, a organicidade, a cultura e a luta são elementos fundamentais na construção das turmas do Curso Nacional de Pedagogia do Movimento, de modo a buscar que a experiência do curso consista na vivência dialética entre teoria e prática, materializada na reflexão que só faz sentido em sua relação com a ação, em aulas que aprofundam os conhecimentos teóricos, mas partem da realidade concreta da luta pela terra, de uma turma que se coloca em movimento à medida que constrói o processo formativo enquanto ele acontece: os educandos e as educandas estão inseridos nas diversas atividades de educação do MST, em diferentes espaços.

As memórias das turmas: Lisete Arelaro, presente, presente, presente!

É impossível falar das turmas do curso sem lembrar da contribuição valiosa da professora doutora Lisete Arelaro,[6] grande lutadora, companheira e amiga do MST. Ela, incansável defensora da educação pública, laica e de qualidade, participou de quatro das turmas realizadas, respectivamente, no Paraná, Espírito Santo, Distrito Federal e Piauí, nas quais trabalhou, sempre com muito entusiasmo e profundidade, os temas da Educação Popular e da Pedagogia do Oprimido.

Como dissemos anteriormente, desde 2011 já realizamos oito turmas nas cinco regiões do Brasil, e cada uma delas contou com a participação de militantes de diferentes estados, de modo a caracterizar o curso como uma ação nacional. A fim de apresentar aspectos gerais de cada uma das edições do curso, descreveremos as turmas realizadas a seguir.

A primeira turma foi realizada em 2011, no Instituto de Educação Josué de Castro (IEJC), em Veranópolis (RS). Essa edição contou com a participação de 60 militantes de 11 estados, sendo eles, em sua maioria, educadoras e educadores de escolas de assentamentos e acampamentos. Nessa edição, foi possível vivenciar o processo organizativo e a dinâmica pedagógica do IEJC. Os participantes foram inseridos nos processos de trabalho, de gestão e de convivência da escola, experimentando a intencionalidade educativa de seus respectivos espaços e tempos, juntamente com um estudo teórico específico sobre os objetivos do IEJC e a sua forma pedagógica, contribuindo para a reflexão que a escola do assentamento e acampamento pode ser organizada de forma a superar a centralidade da sala de aula.

Nesta edição, foram organizadas quatro oficinas: artesanato, teatro, canto e oratória, nas quais os participantes se inscreveram de acordo com seus interesses. Duran-

---

[6] A professora Lisete Arelaro, educadora popular e professora emérita da Universidade de São Paulo (USP), faleceu no dia 12 de março de 2022. O seu legado de defesa da educação pública, pela Reforma Agrária e pela transformação social segue nos inspirando.

te o curso, a turma realizou um estudo e debateu o *Caderno da Infância n. 1* (MST, 2011). Assim, cada participante voltou para suas bases com a tarefa de pautar a discussão sobre o trabalho da infância e organizar a discussão coletiva do caderno.

A segunda turma foi realizada em janeiro de 2013, no Centro de Formação Paulo Freire, localizado no Assentamento Normandia, em Caruaru (PE), e reuniu 105 participantes, de 13 estados, com presença expressiva da região Nordeste. Durante o curso, a turma efetuou o trabalho voluntário de organização e embelezamento no centro de formação, visitou o Assentamento Normandia, a Feira de Sulanca, em Caruaru, e fez o passeio cultural em Olinda. As noites culturais foram muito animadas e carregadas de representação da cultura nordestina, incluindo a apresentação de uma banda de pífano.[7] Nessa turma, o estudo da relação da Pedagogia do MST com a Pedagogia do Oprimido e a apropriação sobre a Educação Popular tiveram grande ênfase.

O Assentamento Contestado, na Lapa (PR), foi a sede da terceira edição do curso, realizada de 13 a 31 de janeiro de 2015. A turma foi composta por 65 participantes de nove estados. O cotidiano organizativo do assentamento pôde ser vivenciado pela turma e a dinâmica local permitiu a experiência, na prática, da Reforma Agrária Popular. A produção agroecológica, desenvolvida pelas famílias assentadas, possibilitou ao curso uma alimentação quase totalmente produzida no assentamento.

Como uma das atividades do curso, os educandos e as educandas contribuíram com um dia de trabalho de produção agroecológica com as famílias assentadas, de forma a colaborar com o plantio, o roçado e a colheita. Outro elemento importante, vindo das práticas do assentamento, foram as oficinas desenvolvidas por um grupo de assentadas e assentados para o cuidado com a saúde e o bem-estar com técnicas de bioenergia, fitoterápicos, *reiki* e auriculoterapia.

Nesse mesmo curso, dois temas foram centrais para estudo e debate: a Educação de Jovens e Adultos no MST e a preparação do II Encontro Nacional de Educadores e Educadoras da Reforma Agrária (Enera),[8] e a turma assumiu o compromisso de contribuir na articulação dos educadores e das educadoras para participar do encontro, bem como se somar na preparação regional. Houve também muitos intercâmbios culturais com grupos artísticos de teatro, de palhaçaria,

---

[7] Bandas de pífano são grupos instrumentais de percussão e de sopro. O pífano é um instrumento tradicional da região Nordeste do Brasil, presente em festas cívicas, cortejos religiosos, novenas e procissões.

[8] O II Enera foi realizado de 21 a 25 de setembro de 2015, reunindo mais de 1.500 educadoras e educadores da Reforma Agrária, em Luziânia (GO), que debateram os desafios da educação pública após 18 anos do primeiro encontro, realizado em 1997.

apoiadores do MST do estado do Paraná. A turma também conheceu o Jardim Botânico e o Museu Oscar Niemeyer, em Curitiba.

De 13 a 30 de janeiro de 2016, aconteceu a quarta edição do curso no Centro de Formação Olga Benário Prestes, no Assentamento Dorcelina Folador, em Várzea Grande (MT), composta por 68 participantes de oito estados e Distrito Federal. A turma se responsabilizou pela realização do trabalho necessário, organizado em equipes, manutenção e limpeza do espaço, produção na horta, e também cortaram lenha para abastecer o fogão. Essa turma teve sua composição majoritária de educadores e educadoras da região Centro-Oeste do país.

A ênfase do estudo foi a educação e a Agroecologia, refletindo sobre como a escola deve avançar na organização do seu currículo e no projeto político-pedagógico em torno dessa temática. Além disso, foi debatida a necessidade da formação de coletivos de educadores para fortalecer a Escola do Campo, a partir da compreensão das disputas de projeto de sociedade antagônicos presentes nas políticas públicas de educação e na escola. Outro assunto bastante abordado foi a importância da auto-organização da juventude na escola e na comunidade. A turma realizou trabalho voluntário no Acampamento Padre José Tencate e visitou o Assentamento Egídio Brunetto, além de conhecer as belezas naturais do Mato Grosso, na Serra de São Vicente e em cachoeiras da região.

A quinta turma ocorreu de 16 a 30 de janeiro de 2017, no Centro de Formação Maria Olinda (Ceforma), em São Mateus (ES). A edição envolveu 224 participantes, de 15 estados e Distrito Federal, e pela proximidade do local da Bahia, além da participação capixaba, houve bastante adesão dos estados do Nordeste, especialmente das regiões do sul e extremo sul da Bahia. Na ocasião, foi possível comemorar os 30 anos do Setor de Educação do MST, criado durante o 1º Encontro de Educadores e Educadoras de Escolas de Assentamento, realizado no Espírito Santo em 1987. Assim, houve uma homenagem às educadoras e aos educadores que participaram desse momento, em um ato político com a presença de militantes históricos do setor.

Além disso, em função dos 100 anos da Revolução Russa, a turma organizou uma Jornada Socialista. Para tanto, assumiram o estudo sobre o legado soviético a partir de poemas, músicas e intervenções artísticas e celebraram a relação entre educação e revolução. O Domingo Comunista foi realizado em um mutirão de embelezamento no Ceforma, no qual os NBs se envolveram para deixar uma marca da turma no espaço.

A sexta turma do curso ocorreu de 8 a 21 de janeiro de 2018, na Universidade de Brasília (UnB), *campus* de Planaltina (DF). Essa edição contou com a participação de 58 pessoas, de dez estados, com a predominância da juventude, incluindo estudantes do curso de Licenciatura em Educação do Campo da instituição, o que marcou a turma com a sua animação.

Essa foi a primeira vez em que o curso foi realizado em um *campus* universitário, ressaltando a relação entre as instituições públicas de Ensino Superior e o processo de formação de educadoras e educadores empreendido pelos movimentos sociais. Expressões culturais estiveram presentes ao longo dessa edição, que recebeu uma apresentação teatral, além de visitar pontos turísticos da capital federal, como museus, a Torre da TV e a Catedral de Brasília.

A região Amazônica foi sede da sétima turma, realizada de 7 a 19 de janeiro de 2019, na Escola Municipal de Educação Infantil Salete Moreno, no Assentamento Palmares II, em Parauapebas (PA). A turma reuniu cerca de 120 participantes de nove estados. A escola dispunha de instalações de áudio, o que possibilitou que a turma organizasse a Rádio Rebelde nos intervalos das atividades do curso. Na rádio, além de músicas, recados e animação, foi transmitida a radionovela "Rosa Luxemburgo".[9] A Jornada Socialista homenageou os 60 anos da Revolução Cubana, refletindo sobre as suas contribuições para a luta da classe trabalhadora em todo o mundo.

Outro momento marcante do curso foi a visita à Floresta Nacional e à maior mina de ferro a céu aberto do mundo, cujos direitos de extração são detidos pela Vale S.A. A turma pôde observar as contradições desse modelo de superexploração mineral, em que o lucro prevalece acima dos interesses coletivos.

Durante o curso, foi possível conhecer um pouco da realidade da luta pela terra no estado, na visita ao Acampamento Frei Henri, em Curionópolis (PA), no Domingo Comunista, no qual toda a turma se envolveu na reforma e no embelezamento da escola da comunidade. No trajeto, visitou-se a Curva do S, local do Massacre de Eldorado dos Carajás, no qual 21 militantes do MST foram assassinados pela polícia, em 1997. Lá, os participantes conheceram o Monumento das Castanheiras e a Casa da Memória, mantida pelo Movimento, para que esse triste episódio não seja esquecido e o legado de todas as lutadoras e todos os lutadores que tombaram na luta persista nas ações da classe trabalhadora.

A oitava turma do curso aconteceu entre os dias 7 e 20 de janeiro de 2020, no Centro de Formação do Instituto de Assistência Técnica e Extensão Rural (Emater), em Teresina (PI). O espaço foi ocupado por 123 participantes, vindos de 14

---

[9] A radionovela "Rosa Luxemburgo: vida e obra de uma lutadora pelo socialismo democrático" é resultado de uma parceria entre a Fundação Rosa Luxemburgo, o MST e a Rádio Brasil de Fato. A produção foi lançada em outubro de 2017 e consiste em dez episódios que contam a história dessa importante lutadora. A obra está disponível em: https://rosalux.org.br/radionovela/. Acesso em: 06 jun. 2022.

estados. A turma contou com a participação de gestores e gestoras, professores e professoras, bem como de estudantes de Escolas do Campo, que contribuíram com a reflexão sobre os desafios da realização da Pedagogia do Movimento nas instituições de ensino. A parceria com a Universidade Federal do Piauí também foi importante para a realização do curso.

O professor Roberto Leher, da Universidade Federal do Rio de Janeiro (UFRJ), contribuiu com a aula sobre Pedagogia Socialista e participou do lançamento do livro de sua autoria: *Autoritarismo contra a universidade*: *o desafio de popularizar a defesa da educação pública* (Leher, 2019). A presença da juventude marcou a animação da turma, que garantiu muita mística e belas noites culturais durante o curso. O Domingo Comunista foi realizado em uma escola de assentamento, onde os NB se organizaram para contribuir na organização da biblioteca, pintura das salas, trabalhos na horta, entre outras tarefas.

Ao longo desses anos de realização do curso, pudemos perceber que embora a estrutura pedagógica se mantivesse, cada edição teve características únicas, pois partiu da realidade na qual estava inserida. A diversidade de composição das turmas, envolvendo professoras e professores de Escolas do Campo, militantes da educação e de outros setores, pessoas jovens e com mais idade, com inserção recente e mais antiga no Movimento, possibilitou experiências formativas ricas, de trocas de saberes e de fortalecimento dos vínculos da coletividade. Em cada edição, foram destacadas as ênfases dadas aos processos educativos no MST como um todo, em sintonia com as principais ações e os debates realizados naquele período.

A continuidade de realização de turmas foi interrompida em função da pandemia de covid-19, que chegou ao Brasil em março de 2020. Dessa maneira, nos últimos dois anos, não houve curso, mas o Movimento se desafiou a ocupar as redes e organizou processos formativos com as educadoras e os educadores de forma *online*. Desse modo, o MST espera dar sequência a esse rico processo de formação de educadores e educadoras assim que forem restabelecidas as condições sanitárias.[10]

Considerações finais

Ser educador do MST é conseguir apreender a dimensão educativa das ações do Movimento, fazendo delas um espelho para suas práticas de educação.
(Caldart, 2003, p. 52)

---

[10] O artigo foi escrito no primeiro semestre de 2022, quando a pandemia de covid-19 chegava ao final, com o avanço da vacinação no Brasil.

O Curso Nacional de Pedagogia do Movimento Sem Terra tornou-se um espaço de reflexão coletiva, de convivência e socialização de experiência, contribuindo para qualificar a atuação das diversas educadoras e dos diversos educadores em escolas de assentamentos e em diferentes frentes de educação do Movimento. É certo que a formação desses militantes não começa, tampouco termina, com a sua participação no Curso de Pedagogia do Movimento, mas este é um espaço fundamental de apropriação do legado teórico-prático do projeto educativo do MST, que visa a formação de sujeitos capazes de organizar e transformar a realidade.

A proposta do curso foi sempre concebida e conduzida pelo Movimento, que detém autonomia política e pedagógica de definição do processo formativo, já que sua realização depende da articulação do próprio MST. O Coletivo Nacional de Educação debateu, ao longo das oito edições, a sua proposta metodológica; portanto, os cursos foram sempre pensados e organizados coletivamente.

O curso surgiu da necessidade de formação introdutória da Pedagogia do Movimento e do estudo sistemático das produções sobre educação elaboradas pelo MST. À medida que as turmas eram realizadas, o programa básico se ajustou conforme o perfil dos participantes. Como o público frequente das turmas eram professoras e professores de Escolas do Campo, o debate sobre a escola ganhou outra dimensão ao longo das edições.

Os estados que receberam as turmas assumiram essa responsabilidade de forma intersetorial, envolvendo grande parte da militância e fortalecendo a organicidade do setor de educação. Cada espaço que sediou uma turma trouxe elementos organizativos importantes para o processo pedagógico, como a questão do trabalho, a articulação cultural regional e a relação com as comunidades assentadas.

Os locais onde ocorreram as edições estavam inseridos nas contradições entre projetos de sociedade – por exemplo, um assentamento agroecológico em uma região de monocultivo da soja ou ao lado de grandes projetos predatórios de mineração. O contato com a realidade do espaço permite que a turma vivencie os desafios da luta pela terra e as conquistas de cada região, o que reforça a compreensão do caráter nacional da atuação do Movimento.

Em todas as edições, as turmas se responsabilizaram pelas tarefas de manutenção do curso e realizaram ações solidárias nas comunidades, exercitando o princípio educativo do trabalho. A cultura também é uma marca presente no curso, sendo expressa a partir das mais diferentes formas artístico-culturais.

Ao longo das oito turmas, o processo formativo não se limitou aos educandos e educandas, mas envolveu o coletivo de coordenação das turmas, visto que houve participantes que eram educandos em uma edição e contribuíram com a CPP do curso. Nesse sentido, alguns estados indicavam militantes para o curso, para que assumissem tarefas específicas no setor posteriormente.

A estrutura do curso, garantida nas oito edições, potencializou a perspectiva da organização do cotidiano pedagógico das escolas e da atuação nas diferentes frentes do setor de educação do Movimento. A possibilidade de vivenciar diferentes Tempos Educativos, aprofundar o conhecimento sobre os fundamentos da Pedagogia do Movimento e de inserir-se na dinâmica dos assentamentos e conhecer a cultura regional contribuiu com o debate sobre os desafios das escolas dos assentamentos e acampamentos em assumir a dinâmica pedagógica do projeto educativo do MST. Por fim, também aponta para as potencialidades de construção a partir de experiências exitosas nesse sentido.

Referências

CALDART, Roseli Salete. "Movimento Sem Terra: lições de pedagogia". *Currículo sem fronteiras*, v. 3, n. 1, 2003. p. 50-59.

LEHER, Roberto. *Autoritarismo contra a universidade:* o desafio de popularizar a defesa da educação pública. São Paulo: Fundação Rosa Luxemburgo/Expressão Popular, 2019.

MST. *Minuta do Projeto Político-Pedagógico do Curso Nacional de Pedagogia do Movimento Sem Terra*, 2010 (documento não publicado).

MST. Princípios de Educação no MST. Caderno de Educação n. 08, 1996. *In*: MST. *Dossiê MST Escola*: documentos e estudos 1990-2001. Veranópolis, 2005.

MST. Educação da Infância Sem Terra: orientações para o trabalho de base. *Caderno da Infância*, n. 1, 2011.

Curso básico de Agroecologia e Educação da região Nordeste

Maria Cristina Vargas[1]
Maria de Jesus dos Santos Gomes[2]
Kamila Karine dos Santos Wanderley [3]

Nossa construção parte de uma reflexão coletiva do processo formativo que visa fortalecer a Agroecologia como um elemento do Projeto Político Pedagógico do MST na perspectiva da Reforma Agrária Popular de maneira geral e, em particular, como esse elemento pode adentrar nas escolas de acampamentos e assentamentos. Para isso, é necessário compreendermos que a luta e a construção do projeto educativo da classe trabalhadora camponesa, em nosso país, tem se constituído como: projeto de campo da agricultura camponesa e de Reforma Agrária Popular e pelas lutas pelo acesso ao direito à educação pública de qualidade social referenciada na formação humana.

Neste texto, registramos a experiência do Curso Básico de Agroecologia e Educação, organizado pelo Setor de Educação e em diálogo com o Setor de Produção do MST/Nordeste, que tem o objetivo de realizar a formação dos educadores e educadoras a partir do projeto de campo do campesinato mundial e nacional em construção, que ocorreu nos marcos da Plataforma de Lutas da Via Campesina

---

[1] Mestranda em Educação pela PGE/UFRJ. Especialista em Educação do Campo pela UnB. Graduada em Pedagogia pela Unemat e educadora militante do Movimento dos Trabalhadores Rurais Sem Terra.

[2] Graduada em Pedagogia da Terra pela Unijuí. Educadora militante do Movimento dos Trabalhadores Rurais Sem Terra.

[3] Doutoranda em Educação pela PPGE/UFPB. Integrante do grupo de pesquisa "Educação Popular, memórias e saberes" na GPEP/UFPB. Educadora militante do Movimento dos Trabalhadores Rurais Sem Terra.

e do Programa de Reforma Agrária Popular do MST. No total, foram realizadas quatro edições, que aconteceram, respectivamente, na Bahia (2016), na Paraíba (2017), no Ceará (2018) e em Pernambuco (2019).

A necessidade da realização de formação das(os) educadoras(es) do campo vinculadas(os) às escolas das áreas de Reforma Agrária da região Nordeste foi amplamente assumida no ano de 2016, quando o Setor de Educação da região definiu, em suas linhas políticas, o planejamento e a organização de um conjunto de ações voltadas à formação de educadoras(es) e o acompanhamento das experiências educativas realizadas na região. Dessa forma, é fortalecida a compreensão de que a Agroecologia está diretamente ligada à construção de um novo projeto de campo que afirma a identidade camponesa, acreditando que a chave para esse processo está na construção do conhecimento, considerando os saberes populares e os conhecimentos científicos e envolvendo a participação dos sujeitos do campo. Desse modo, o Curso Básico deixa de ser apenas para a educação e se amplia para os outros setores do Movimento, abrangendo o aspecto de preparação de formadores para trabalhar a multiplicação das ações de educação e Agroecologia.

O curso integra o processo organizativo do MST. Por isso, propõe-se a inserir os educandos(as) no debate sobre a Agroecologia e sua importância nas práticas educativas, por meio do estudo e do compartilhamento de experiências que vêm a partir da realidade da região e que contêm uma ampla reflexão do conjunto dos setores e das instâncias do Movimento, tornando orgânica essa tarefa, que é de longo prazo (MST, 2016).

Nesse sentido, este texto é um esforço de sistematização e compartilhamento dessa experiência e está organizado em três seções: iniciaremos apresentando o curso e os desafios históricos da classe trabalhadora; na sequência, traremos a organicidade das turmas, a conjuntura e a itinerância nos diversos territórios do Nordeste; e, por fim, apontaremos os desafios para a realização dos próximos cursos e para o aprofundamento da relação entre Agroecologia e educação no MST.

Educação do Campo e Agroecologia: o curso e os desafios históricos da classe trabalhadora

Compreendemos a relação entre Agroecologia e Educação do Campo em uma perspectiva histórica e estratégica da classe trabalhadora, radicalizando seu vínculo de origem com as lutas contra o projeto do capital no campo e com o fortalecimento dos processos de trabalho da agricultura de base agroecológica e camponesa.

Nesse sentido, vale ressaltar que se compreende "o encontro entre a Educação do Campo e a Agroecologia como necessário, mas não óbvio nem dado" (Caldart,

2022, p. 1). Para a autora, esse fenômeno é resultado da resistência ativa das comunidades camponesas. Assim, diferentes práticas podem contribuir no avanço quantitativo e qualitativo da Agroecologia, como práxis social, considerando o quadro das contradições da produção capitalista (Caldart, 2022).

O Curso Básico de Agroecologia e Educação percorre o território nordestino em sua realização itinerante e tem como centro do seu projeto político pedagógico: a luta de classes; a questão agrária; e o estudo da Agroecologia e seu papel na cooperação agrícola e na Reforma Agrária Popular. Para a organização, utiliza-se a metodologia do trabalho de base com a intenção de contribuir para a territorialização da Agroecologia em nossos acampamentos e assentamentos.

Os objetivos de cada turma são concebidos a partir de questões que permeiam as necessidades da classe trabalhadora em seus desafios históricos e têm como centralidade o estudo do sistema agrário agroecológico na construção do Projeto Educativo e do programa de Reforma Agrária Popular do MST. Eles também orientam as formas metodológicas a serem trabalhadas durante cada edição.

Em síntese, busca-se analisar a conjuntura da luta de classe e a Questão Agrária e a movimentação do capital na agricultura em âmbito global, no Brasil e no Nordeste; estudar os conceitos básicos da Agroecologia com ênfase nos sistemas agrários agroecológicos no semiárido, nos biomas da Caatinga e da Mata Atlântica; fortalecer as práticas educativas das Escolas do Campo a partir das experiências agroecológicas; construir linhas políticas e pedagógicas para as ações intersetoriais de educação e Agroecologia; e sistematizar metodologias de trabalho de base com ênfase na Agroecologia para envolver o conjunto do MST (MST, 2016, 2017, 2018, 2019).

É também por esses aspectos que o curso deixa de ser direcionado exclusivamente para o Setor de Educação e se amplia a outros setores e à preparação de formadores empenhados na multiplicação na base, considerando o esforço de envolvimento da militância que atua em processos formativos em cada lugar onde o curso é realizado. Assim, como processo de preparação, é realizado um seminário intersetorial com representação da região Nordeste, com o objetivo de debater os desafios da Agroecologia no conjunto do Movimento e na sociedade. Atualmente, quatro setores estão envolvidos mais diretamente na construção e na participação no curso: gênero, saúde, educação e produção.

O curso possui uma metodologia diversificada, composta inicialmente por aulas expositivas com debates em grupos; visita de campo a experiências em assentamentos, acampamentos, universidades e comunidades de produção agroecológica; seminários públicos; momentos de arte e cultura, como a noite cultural e a noite literária; construção coletiva do Inventário da Realidade. Todos os espaços possuem objetivos alinhados com a intenção do curso e são organizados e construídos coletivamente pela Coordenação Político-Pedagógica, composta em geral por educadoras e educadores do Movimento.

As turmas também contam com a auto-organização dos educandos(as) construída a partir da leitura e da avaliação do Projeto Metodológico do curso (Promet). O Promet é uma prática constante nos nossos cursos de formação e escolarização do Movimento. Esse instrumento permite ter a dimensão da totalidade do processo de formação que acontece nos momentos de aula, nos momentos culturais, de mística, de leitura e de participação de cada educanda(o) no processo organizativo.

Nessa direção, as turmas estão estruturadas em: NBs, Coordenação da Turma, CPP e Equipes de Trabalho. Os Tempos Educativos seguem uma organicidade em cinco tempos: 1) Tempo Mística; 2) Tempo Aula; 3) Tempo Núcleo de Base; 4) Tempo Atividades Culturais; e 5) Tempo Trabalho. Podemos perceber que o curso é um reflexo da organicidade do MST, o qual desenvolve "[...] uma intrínseca relação entre educação e trabalho, priorizando um envolvimento direto do educando com seus estudos e a realidade da qual faz parte" (Bauer, 2009, p. 93).

O exercício da *organicidade* é o condutor do curso, desde sua condução regional, na qual se leva em conta a construção coletiva da região em torno do que se espera com a sua realização. A *organicidade* é um dos princípios centrais da Pedagogia do Movimento e visa contribuir com o processo organizativo em que as(os) educandas(os) podem realizar diversas atividades educativas. Para o Movimento, é um exercício de aprender a organizar o tempo pessoal e o tempo coletivo em relação às tarefas necessárias aos objetivos do processo formativo e às metas de aprendizagem (Caldart, 1997).

Compreende-se que a construção do Curso Básico de Agroecologia e Educação deve promover a integração entre teoria e prática e, para isso, considerar os conhecimentos ancestrais, populares e científicos como elementos primordiais. Nesse sentido, os caminhos em direção à construção de uma proposta pedagógica para a Agroecologia iniciaram-se das práticas vivenciadas nos assentamentos da Reforma Agrária e em algumas escolas localizadas nesses espaços. Também foram utilizadas como fonte de enriquecimento e fortalecimento desse debate as campanhas, os seminários de formação e as ações promovidas pelas escolas da região Nordeste e pelo Setor de Educação do MST.

Assim, pois, considerando a declaração da Via Campesina (2015) no Fórum de Mali, segundo a qual "a auto-organização e a ação coletiva são os meios que permitem o crescimento da Agroecologia", exercitamos coletivamente no curso um processo formativo das(os) educadoras(es) das escolas de assentamentos e acampamentos, de militantes e dirigentes dos setores de Educação, Produção, Juventude, Gênero e Saúde com a intenção de formar em Educação e Agroecologia com a compreensão política, organizativa e técnica.

Com o intuito de multiplicar e promover a Agroecologia nas escolas e com nossa base assentada e acampada, apresentamos na Figura 1 os três fundamentos organizativos dos espaços formativos:

Figura 1 – Fundamentos organizativos dos espaços formativos

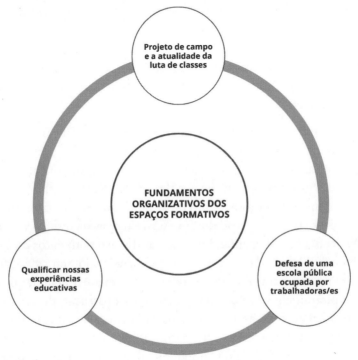

Fonte: Elaboração das autoras.

Nosso primeiro fundamento é o projeto de campo e a atualidade da luta de classes no enfrentamento à devastação realizada pelo capital financeiro no campo brasileiro. A crise do capitalismo, que se iniciou em 2008, consolidou o Brasil como fornecedor de matéria-prima. Por meio do agro-minero-hidro-bio-negócio das empresas nacionais e estrangeiras, a espoliação da natureza foi intensificada, como forma de materializar o capital fictício, colocando as(os) camponesas(es), indígenas e quilombolas em um processo violento de expropriação.

Essa expropriação envolve uma aliança entre o Estado brasileiro e o capital financeiro oligopolizado com ações de retirada de direitos e de políticas públicas para a agricultura familiar camponesa e para a Reforma Agrária. Ao mesmo tempo, adequa a legislação brasileira aos interesses da produção de capital, colocando milhões de camponesas(es) na inviabilidade. É necessário contrapor esse modelo no campo brasileiro. As(os) educadoras(es) das Escolas do Campo precisam ter consciência dessa disputa de projetos antagônicos e fortalecer a classe trabalhadora camponesa.

O segundo fundamento está na defesa de uma escola pública ocupada por trabalhadoras(es) e alinhada ao projeto de campo e de educação. Temos construído sua implementação e lutado por ela, inspirados no legado das experiências educativas: nas revoluções socialistas, na Educação Popular e em outras experiências educacionais progressistas da história recente do Brasil, presentes em alguns municípios e estados. A referência de concepção educativa está na Pedagogia do MST, a qual tem como fontes basilares as experiências elencadas ao longo da história das(os) trabalhadoras(es) em luta. Essa pedagogia encontra-se referenciada nas matrizes da formação humana, da luta, da história, do trabalho, da cultura e da organização coletiva.

O terceiro fundamento tem origem na necessidade de qualificar nossas experiências educativas em três sentidos: a) fortalecer as experiências existentes; b) iniciar novas experiências; e c) construir com o conjunto da organização do MST a massificação da Agroecologia em nossos territórios. Nesse sentido, consideramos algumas experiências impulsionadoras desse processo, como a construção, na Escola Egídio Brunetto, do currículo em Agroecologia da Educação Infantil ao Ensino Médio, a ser implementado nas escolas dos assentamentos do extremo sul da Bahia. Somam-se, ainda, duas outras experiências do Setor de Educação do MST/CE: o Projeto Crianças Construindo a Soberania Alimentar, que trabalhou o estudo da pirâmide alimentar com a análise e construção de cardápios nutritivos, a implementação de hortas e a formação no aproveitamento dos alimentos produzidos nas comunidades, por meio da realização de oficinas; e a experiência das escolas de Ensino Médio do Campo, que desde 2010 implementam os campos experimentais da Agricultura Camponesa e da Reforma Agrária Popular com áreas de dez hectares para a construção de um Sistema Agroecológico. Há ainda a Jornada Cultural Nacional "Alimentação saudável: um direito de todos!", organizada em 2015, uma ação trabalhada em todas as escolas do MST nos estados.

Os referidos fundamentos pretendem contribuir com o fortalecimento da estratégia do MST de territorializar a Agroecologia e construí-la como uma das matrizes de formação humana no projeto educativo. Nessa direção, a Agroecologia tem a força motriz para fazer a contraofensiva ao capital financeiro e às suas estratégias de subordinação, com a integração das(os) camponesas(es). Além disso, pode conduzir a construção e a luta por um projeto de campo autônomo e popular que possibilite aos nossos territórios a defesa de nossos biomas na direção das soberanias alimentar, energética, econômica, das sementes, entre outras.

Um curso em movimento: as turmas, a conjuntura e a itinerância nos diversos territórios do Nordeste

Como relatado anteriormente, o Curso Básico de Agroecologia e Educação do Nordeste acontece de forma itinerante e, até o momento, foram realizadas quatro edições em estados diferentes. A Tabela 1 apresenta uma síntese de cada edição do curso:

Tabela 1 – Curso Básico de Agroecologia e Educação da Região Nordeste

Estado	Ano	Turma	Participantes
Bahia	2016	Paulo Kageyama	64
Paraíba	2017	Revolta dos Quebra Quilos	70
Ceará	2018	Caldeirão	100
Pernambuco	2019	Luiza Ferreira	100
Total			334

Fonte: MST (2016, 2017, 2018, 2019)

O I Curso Básico de Agroecologia e Educação da região Nordeste aconteceu no período de 5 a 11 de setembro de 2016, na Escola Popular de Agroecologia e Agrofloresta Egídio Brunetto, localizada em Prado (BA). A turma teve o nome em homenagem ao intelectual da Agroecologia, referência no Brasil e no mundo, Paulo Kageyama, que colocou seu conhecimento a serviço da classe trabalhadora na construção da Escola Popular de Agroecologia e Agrofloresta Egídio Brunetto, no Extremo Sul da Bahia.

Nessa turma, as(os) participantes tiveram a oportunidade de aprofundar temas como o estudo da agricultura e de seus sistemas agrários, bem como conhecer experiências agroecológicas de outros países, a exemplo do "Método Camponês a Camponês". Para além do período de estudo, foram realizados trabalhos nos vários espaços produtivos da escola como forma de apreender as práticas agroecológicas e, assim, desenvolver metodologias de trabalho nas Escolas do Campo.

A segunda edição do curso foi realizada no Centro de Formação João Pedro e Elizabeth Teixeira, localizado em Lagoa Seca (PB), no período de 3 a 11 de julho de 2017. Na perspectiva de Emília Moreira, professora doutora em Geografia da Universidade Federal da Paraíba (UFPB), que contribuiu no curso, o semiárido segue sendo uma região de exceção dentro do Nordeste, apresentando contribuições para práticas pedagógicas transformadoras. Em entrevista veiculada no portal do MST, intitulada "II Turma de Educação em Agroecologia da Região Nordeste", publicada no dia 5 de julho de 2017, a docente fala sobre a Educação do Campo e a educação no semiárido. Vejamos:

> O que eu deixo bem claro para quem trabalha com Educação do Campo é que a educação no semiárido é fundamental para possibilitar que o desenvolvimento rural para a vida se estabeleça, uma vez que em uma sociedade dominada pelo capital como a nossa e com a situação atual em que estamos vivendo, de retomada do capital mais agressiva, é importantíssimo a educação no campo para a formação de jovens comprometidos em transformar a realidade social, hoje, mais do que nunca, precisamos de uma educação formativa e que se inicie no pré-escolar. As crianças já possuem capacidade de entender que nossa sociedade não é uma sociedade de iguais e que nela alguém tem que lutar para que ela se transforme. (II Turma de Educação em Agroecologia da Região Nordeste, 2017)

A terceira turma aconteceu no Ceará entre os dias 12 e 22 de agosto de 2018, com o intuito de aprofundar o estudo do sistema agrário agroecológico. As(os) participantes homenagearam a luta pela terra histórica do Caldeirão, a qual se refere à construção da comunidade do Caldeirão de Santa Cruz do Deserto, no município do Crato, também na região do Cariri, em 1926. No ano de 1991, famílias de seis municípios da região, organizadas pelo MST, ocuparam a região do Caldeirão.

Nessa turma, o curso ocorreu no Centro de Formação Frei Humberto, em Fortaleza, e na Escola de Ensino Médio do Campo Florestan Fernandes, no Assentamento Santana, em Monsenhor Tabosa. As(os) educadoras(es) vivenciaram as experiências do Horto Florestal e do projeto Farmácia Viva da Universidade Federal do Ceará (UFC), participaram de Seminário na Universidade da Integração Internacional da Lusofonia Afro-Brasileira (Unilab). Nele, a turma discutiu as experiências em Agroecologia no Brasil e nos países africanos e conheceu a Escola Família Agrícola Dom Fragoso e o Assentamento Santana, com a experiência do campo experimental da Escola do Assentamento.

A programação reuniu momentos de mística, reflexão teórica e política, discussões em grupos, socialização e reflexão crítica sobre as experiências, oficinas, confraternização, e de elaboração e encaminhamentos de compromissos pedagógicos para o próximo período, contribuindo para o avanço da luta por Educação do Campo nas áreas de Reforma Agrária na região.

E a quarta turma aconteceu no Centro de Formação Paulo Freire, em Caruaru (PE), no período de 27 de junho a 8 de julho de 2019. As(os) participantes homenagearam Luiza Ferreira, em referência à militante que foi coordenadora de um dos assentamentos do MST na Mata Norte de Pernambuco e membro da direção estadual do Movimento. Luiza Ferreira foi assassinada no dia 11 de março de

2010, no assentamento Margarida Alves, localizado no município de Aliança (PE), durante uma assembleia da comunidade, por seu ex-companheiro – caracterizando um crime de feminicídio.

No que se refere à programação do curso, a turma contou com a realização de um sarau literário – Arte e Literatura da Mata Atlântica e Caatinga –, espaço de construção de conhecimento pautado pela arte literária e musical, com o intuito de conhecer os biomas. A programação também contou com oficina sobre Inventário da Realidade e visitas nas unidades de produção do Centro de Formação Paulo Freire e no Assentamento Normandia.

Nas turmas da Bahia, da Paraíba e de Pernambuco foi possível transmitir a resistência dos povos do campo e a preservação e o resgate das sementes crioulas nas simbologias presentes nos quadros "Germinando Arte", obra coletiva construída com sementes de diversas variedades. Os quadros foram produzidos pelos participantes das turmas, e as oficinas foram mediadas pela educadora Maritania Andrade Riso, do Coletivo de Cultura MST. Sobre essa atividade, a Promet indica que:

> A proposta de trabalho com sementes surge como um projeto inserido no debate sobre as sementes crioulas e, dessa forma, trabalha o contexto da cultura Sem Terra e camponesa como parte da organização, a qual busca reafirmar a identidade camponesa a partir da retomada e fortalecimento do território, bem como segue as linhas de ações organizadas internamente no Movimento. Esse debate traz contribuições para o desenvolvimento do trabalho com sementes, o qual busca fortalecer a proposta de trabalhar com a produção orgânica e agroecológica em nossas áreas conquistadas. (Promet, 2019, p. 4)

Importante destacar que os três quadros homenageiam lutadoras(es) e questões ligadas à Agroecologia, resistência social e humana, bem como as simbologias do evento. Desse modo, a proposta de trabalho com sementes surge como um projeto inserido no debate sobre as sementes crioulas, articulado ao contexto da cultura Sem Terra e camponesa, a fim de reafirmar sua identidade, seguindo as linhas de ações organizadas internamente no Movimento e contribuindo para o fortalecimento da produção orgânica e agroecológica em nossas áreas conquistadas.

A partir dessas experiências, é possível indicar que o processo de construção/organização/realização tem trazido a reflexão em torno da formação de educadoras(es), especialmente dos sujeitos que estão nas Escolas do Campo e que precisam se apropriar do debate da Agroecologia, na perspectiva que o Movimento tem construído, de forma coletiva, a partir das necessidades do povo do campo e da natureza (Wanderley; Chaves; Silva, 2020).

Um curso em construção: desafios e perspectivas

Nesse momento, vamos refletir sobre os desafios e as perspectivas do Curso Básico de Agroecologia e Educação, que tem levantado provocações a respeito da elaboração teórica da relação entre educação e Agroecologia. Também refletiremos sobre a necessidade de aprofundamento das práticas agroecológicas no interior do Movimento. Além disso, identificamos que, mesmo com limites, o curso tem contribuído para a formação dos sujeitos envolvidos, mas, também, operado como espaço de elaboração em torno do debate sobre educação e Agroecologia, ainda em processo inicial no Movimento.

Como formação, temos possibilidades de construção de um percurso de longo prazo dividido em etapas ou de manter a estrutura de um curso básico. Nesse sentido, a reflexão realizada tem se inclinado para a primeira possibilidade, ou seja, o aprofundamento da relação educação, trabalho e Agroecologia. Ele deve ser voltado principalmente para as(os) educadoras(es) das escolas que precisam se apropriar do debate da Agroecologia na perspectiva do Movimento.

Para tanto, se faz necessário dar continuidade e aprofundar os elementos dos sistemas agrários e agroecológicos na Via Campesina e no MST, nas jornadas de Agroecologia, no currículo de Agroecologia na Educação Básica, e nas metodologias de territorialização da Agroecologia já exercitadas, por exemplo: "camponesa a camponês"; diálogo de saberes[4]; grupos de certificação orgânica; e Plano Nacional "Plantar Árvores, Produzir Alimentos Saudáveis". Recupera-se, a partir delas, o acúmulo de experiências existentes no Movimento.

O curso tem demonstrado que existe a possibilidade de avançarmos na reflexão dos desafios que o MST aponta para a construção da práxis agroecológica, inclusive por ser um espaço que envolve educadoras(es) das Escolas do Campo da região Nordeste, coordenadores pedagógicos, militantes dos setores de saúde, formação, produção e educação, membros de assistência técnica, parceiros do MST, educadoras(es) convidadas(os) de outras regiões, refletindo nossa prática e buscando evidenciar o que são nossos desafios. Por isso, enfatizamos a importância da construção, dentro da estratégia do Movimento, de um plano de formação em educação e Agroecologia do MST, de forma ampla, projetando a formação de formadores em Agroecologia no próximo período – envolvendo as(os) educadoras(es) como sujeitos na construção do que queremos do sistema agrário agroecológico.

---

[4] Sobre essas questões, ver o verbete "Educação Popular e Agroecologia" de autoria de Tardin, José Maria; Travassos, Ronaldo. *In:* Dias, Alexandre. *et al. Dicionário de Agroecologia e Educação.* São Paulo: Expressão Popular; Rio de Janeiro: Escola Politécnica de Saúde Joaquim Venâncio, 2021.

Precisamos ter clareza sobre a especificidade desse curso, para que a temática da Agroecologia seja incorporada de forma estruturante na escola. Para isso, é importante pensarmos o papel da educação na construção da Agroecologia e do trabalho. Nesse sentido, a Figura 2 aponta cinco questões estruturantes da organização dos processos formativos, com a intenção de contribuir para a incorporação da Agroecologia nas escolas.

Figura 2: Questões estruturantes para a organização dos processos formativos

Fonte: Elaboração das autoras.

1. Os fundamentos da Agroecologia: apropriação das diferentes concepções da Agroecologia e o papel do conhecimento ancestral, popular e científico, historicamente, na construção das práticas agroecológicas em nosso país e no continente latino-americano, afirmando a concepção de Agroecologia como ciência, como prática social e luta. É entendida como uma construção humana que precisa considerar os desafios de seu tempo histórico e que, portanto, está sendo elaborada e definida pela prática social refletida nos dias de hoje. Nesse contexto, entendemos que a educação é um processo estruturante na práxis agroecológica, pois é por meio do fazer pensado

que podemos avançar nessa elaboração e no seu potencial contra-hegemônico ao modo de produção capitalista.

Para isso, é fundamental entendermos o avanço do capital no campo e as suas implicações na dinâmica milenar da agricultura camponesa, e quais são os componentes desse projeto que a Agroecologia precisa enfrentar.

2. Agroecologia como parte de um projeto político: a Agroecologia ganha importância quando assumida como uma dimensão importante da disputa política dentro da Reforma Agrária Popular. E, nesse intuito, as(os) educadoras(es) podem contribuir para os processos de formação. Vale lembrar que sempre temos que afirmar que não é possível discutir a Agroecologia desconectada da luta pelo acesso à terra, da luta de classes e da organização dos movimentos sociais populares.

3. Práticas sociais agroecológicas: nos permitem conhecer e aprofundar os processos de desenvolvimento das experiências agroecológicas, considerando a especificidade do semiárido, dos diferentes territórios e biomas. Nessas particularidades, é importante destacar o trabalho, as relações sociais humanas e ambientais; os sistemas de produção; a soberania alimentar; e a organização da renda camponesa, a partir de elementos que nos ajudem a perceber as vivências e os saberes nos contextos social e ambiental, na direção da Agroecologia como práxis social camponesa, ou seja, que possui uma relação teórico-prática construída pelos sujeitos em seus territórios, articulando os conhecimentos popular e científico.

A práxis agroecológica se manifesta na linha de produção agrícola com bases ecológicas, na organização social do trabalho, visando formas não exploradoras de trabalho e não sexistas, assim como o banimento de qualquer forma de violência nas relações humanas. É também nas formas de circulação da produção que destacamos as principais referências de bases contra-hegemônicas ao capitalismo, pois entendemos que Agroecologia é uma forma de sobreviver e, principalmente, é uma necessidade humana, uma vez que cultiva alimentos, um item vital. Assim, as experiências se tornam base para reflexão e precisam ser perseguidas para responderem aos desafios de uma práxis agroecológica.

Por isso que as experiências são promovidas como leitura e prática do que estamos experimentando no projeto de Reforma Agrária Popular. Elas se tornam uma importante estratégia de construção do conhecimento e são uma espécie de "laboratório" de análise prática de nosso conteúdo nas escolas.

4. A educação e a Agroecologia: essa questão nos ajuda a refletir como nós, educadoras(es), traduzimos isso para nossas práticas educativas. Qual a relação da Agroecologia com a concepção de trabalho e com outros ele-

mentos da Pedagogia do Movimento? Como a Agroecologia compõe o currículo da escola? Essas problematizações colocam em evidência os desafios sistemáticos para podermos avançar na elaboração da matriz de formação humana do trabalho, mediada pela Agroecologia na Pedagogia do Movimento. Tomamos como ponto de partida as experiências realizadas dentro das escolas, mas também as que acontecem nas comunidades no seu entorno, as quais se constituíram como uma possibilidade de resistência na defesa do projeto de campo, que tem como base a defesa da vida e o equilíbrio da natureza. Essas reflexões apontam novas possibilidades e forjam um debate coletivo na escola e comunidade para avançar em novas experiências ou mesmo nas práticas já existentes.

5. Sistematização e elaboração sobre a Agroecologia e a Educação: articulada com a ideia acima, registramos a importância de socializar o acúmulo das práticas e elaborações do Movimento sobre Agroecologia e seus fundamentos. O curso de educação e Agroecologia pode ser um motivador desse processo de aprofundamento e elaboração, a partir da prática em construção.

Considerações e reflexões

São muitos os elementos que evidenciam ser possível um processo de formação de educadoras(es) levando em conta a forma como o MST tem buscado construir seu projeto educativo, considerando a sua base como espaço vivo de análise e potencial irradiador de uma nova sociabilidade, a partir de um rigor metodológico que envolve a totalidade dos conhecimentos que essa realidade exige.

O Curso Básico de Agroecologia e Educação da região Nordeste, assim como outros processos formativos que o MST desenvolve no conjunto da organização ao longo dos quase 40 anos, demonstra que o processo formativo é uma ação de reflexão e prática no contexto em que nos encontramos. O estudo e aprofundamento pelas(os) educadoras(es) do Movimento quanto aos desafios que precisamos enfrentar para construção da Reforma Agrária Popular se torna uma tarefa do conjunto do Movimento. As escolas são parte desse projeto e precisam elaborar e avançar junto aos seus territórios a construção de novos conhecimentos e de práticas que fortaleçam a perspectiva desse novo projeto de Reforma Agrária, ampliando assim a sua materialidade.

O curso, oferecido em quatro estados, procurou seguir os princípios formativos que correspondem à construção do Movimento. A intersetorialidade, a imersão na realidade concreta, o rigor no método de análise crítica da realidade, partindo da leitura da totalidade e propiciando a leitura da práxis no decorrer de todo processo, forjaram no curso um vínculo contínuo nas bases de quem participou da construção e quem fez o curso.

As direções e os setores que participaram da construção do curso sempre se referendaram pelas experiências acumuladas, assim como as(os) educadoras(es) das escolas que fizeram o curso também conseguiram estabelecer uma referência em suas práticas a partir do que puderam vivenciar.

Referências

BAUER, Carlos. *Educação, terra e liberdade:* princípios educacionais do MST em perspectiva histórica. São Paulo: Pulsar/Xamã, 2009.

CALDART, Roseli Salete. *Educação em movimento:* formação de educadoras e educadores no MST. Petrópolis: Vozes, 1997.

CALDART, Roseli Salete. *A Agroecologia na Formação de Educadores.* Texto de exposição: Mesa "Educação do Campo e Agroecologia: desafios na formação de educadores/educadoras". Universidade Federal de Roraima (UFRR). 24 maio 2022.

MST. *Projeto Metodológico do Curso Básico de Educação em Agroecologia da Região Nordeste.* Bahia, 2016.

MST. *Projeto Metodológico do Curso Básico de Educação em Agroecologia da Região Nordeste.* Paraíba, 2017.

MST. *Projeto Metodológico do Curso Básico de Educação em Agroecologia da Região Nordeste.* Ceará, 2018.

MST. *Projeto Metodológico do Curso Básico de Educação em Agroecologia da Região Nordeste.* Pernambuco, 2019.

RIBEIRO, Dionara Soares (org.). *Agroecologia na Educação Básica:* questões propositivas de conteúdos e metodologia. São Paulo: Expressão Popular, 2017. p. 163.

TARDIN, José Maria; TRAVASSOS, Ronaldo. *In*: DIAS, Alexandre (*et al.*) *Dicionário de Agroecologia e Educação.* São Paulo/Rio de Janeiro: Expressão Popular/Escola Politécnica de Saúde Joaquim Venâncio, 2021.

VIA CAMPESINA. *Declaração do Fórum Internacional de Agroecologia.* Selingué, Mali. 2015. Disponível em: https://regabrasil.wordpress.com/2018/10/11/agroecologia-origens-e-debates/ Acesso em: 3 mar. 2023.

II TURMA de Educação em Agroecologia da Região Nordeste. *In*: MST. 5 de jul set. 2017. Disponível em: https://mst.org.br/2017/07/05/ii-turma-do-curso-basico-de-educacao-em-agroecologia-da-regiao-nordeste/. Acesso em: 03 mar. 2023.

WANDERLEY, Kamila Karine dos Santos; CHAVES, Arilene Maria de Oliveira; SILVA, Luana Rêgo. Educação do Campo e Agroecologia: formação das/dos educadoras/es da reforma agrária da Região Nordeste. *Revista OKARA: Geografia em debate.* João Pessoa, v. 14, n. 2, p. 504-514, out. 2020. Disponível em: https://periodicos.ufpb.br/index.php/okara/article/view/54747/31680. Acesso em: 20 jun. 2021.

Licenciatura em Educação do Campo da UnB: contribuições da Pedagogia Socialista à formação de Educadores do Campo no Território Kalunga (GO)

Mônica Castagna Molina[1]
Marcelo Fabiano Rodrigues Pereira[2]
Pedro Henrique Gomes Xavier[3]
Clarice Aparecida dos Santos[4]
Eliene Novaes Rocha[5]

Introdução

Neste texto, discorremos sobre a Licenciatura em Educação do Campo da Universidade de Brasília (LEdoC-UnB) e apresentamos o desdobramento de suas intencionalidades formativas vinculadas aos princípios da Pedagogia Socialista, como nas categorias da *auto-organização* e da *atualidade* na práxis de sujeitos do Território Quilombola Kalunga (GO). Pretendemos situar o curso como uma

---

[1] Fez pós-doutorado em Educação na Unicamp. Professora associada da Universidade de Brasília (UnB), do programa de Pós-Graduação em Educação e do programa de Pós-Graduação em Meio Ambiente e Desenvolvimento Rural. Docente da Licenciatura em Educação do Campo da Universidade de Brasília.

[2] Doutor em Educação pela Universidade de Brasília. Docente da Secretaria de Estado de Educação do Distrito Federal.

[3] Doutor em Educação pela Universidade de Brasília. Docente do curso de Licenciatura em Educação do Campo da Universidade Federal do Maranhão (Ufma).

[4] Doutora em Políticas Públicas e Formação Humana (PPFH/UERJ). Docente da Licenciatura em Educação do Campo da Universidade de Brasília.

[5] Doutora em Educação pela Universidade de Brasília (UnB), com Doutorado Sanduíche na Universidade de Barcelona, na Espanha, como bolsista da CAPES, com estágio pós-doutoral pela Universidade de Barcelona. Professora adjunta da Universidade de Brasília e docente da Licenciatura em Educação do Campo da Universidade de Brasília.

graduação que atua de diversas maneiras para a concepção de educação na perspectiva da emancipação humana. Nessa intenção, discorremos sobre dados gerados por pesquisas realizadas sobre a LEdoC-UnB com egressos do território, vinculadas ao trabalho apoiado pelo CNPq,[6] e por revisão bibliográfica, realização de rodas de conversa, entrevistas semiestruturadas, observações participantes e análise de produções acadêmicas dos sujeitos envolvidos.

A Licenciatura em Educação do Campo é herdeira de um movimento social, histórico e político bastante amplo: a Educação do Campo – um fenômeno que precisa ser compreendido com base na tríade Campo/Educação/Política Pública (Caldart, 2012) e que debate os projetos e modelos de campo em disputa no cenário brasileiro, principalmente nas últimas décadas.

O modelo de campo ligado ao viés capitalista de produção na vertente do agronegócio significa a máxima exploração da natureza e do homem pelo homem, com vistas à ampliação incessante do capital e à obtenção sucessiva dos lucros; mercantilização da terra pelo uso extensivo de agrotóxicos e uso de sementes transgênicas; monocultura; internacionalização da agricultura e substituição do trabalhador pela hipertecnificação do trabalho (Alentejano, 2020). Esse modelo pressupõe a expulsão dos sujeitos camponeses e o fim das culturas e tradições locais. Para isso, na permanente disputa pelos fundos públicos para financiar essa destrutiva e perversa lógica de organizar a agricultura, o agronegócio faz intenso investimento pela conquista de legitimidade na sociedade civil, buscando capturar o imaginário das pessoas, sejam elas do campo ou da cidade, por seus "méritos" como modelo agrícola (Bruno, 2012).

O contraponto a essa lógica é a agricultura familiar camponesa (Alentejano, 2020), que se vincula à luta pela Reforma Agrária Popular, com alterações estruturais e relação com a terra e com projetos de produção intrinsecamente ligados à produção material da vida, à cultura e ao conhecimento no campo brasileiro. Um caminho em construção é a Agroecologia como modo de produção e meio de vida no campo, conforme expressam Tardin e Guhur (2017), e como uma possibilidade concreta para a consolidação de condições sociais, culturais e políticas do campesinato no Brasil.

Entre as conquistas históricas do Movimento da Educação do Campo, cabe destacar importantes políticas públicas, entre as quais se sobressai o Programa Nacional de Educação na Reforma Agrária (Pronera)[7]. De maneira indissociável das lutas

---

[6] A pesquisa do CNPq em questão intitula-se "Análise do Curso de Licenciatura em Educação do Campo da UnB e da práxis de seus egressos: contribuições para promoção de novas lógicas para a Organização do Trabalho Pedagógico".

[7] Considerando as limitações e o enfoque deste texto, não é possível apresentar o percurso histórico detalhado do processo de implementação do Pronera no Brasil, mas destacamos

e experiências acumuladas com os cursos desse programa (Molina; Santos; Brito, 2020), em 2007, o Movimento conquista a criação do Programa de Apoio à Formação Superior em Licenciatura em Educação do Campo (Procampo), voltado especificamente para a formação de educadores e educadoras do campo e para "que se constitua desde a especificidade do campo (que inclui uma estrita relação entre educação e processos de desenvolvimento comunitário)" (Caldart, 2011, p. 99).

Os compromissos assumidos pela Licenciatura em Educação do Campo são bem sistematizados por Caldart (2011), que ressalta a necessidade de formação de educadores para uma escola em construção, que não existe fisicamente ou, mesmo existindo, deve passar por um processo de reconstrução pedagógica, de transformação de forma e conteúdo. Tal transformação se faz necessária para que a educação escolar atenda aos anseios da classe trabalhadora, das famílias e comunidades, e seja condizente com os processos de produção material da vida dos povos do campo.

Agrega-se a esse compromisso a associação do foco da profissionalização docente à dimensão socioprofissional, ou seja, a necessária tomada de posição dos sujeitos em relação ao confronto, à luta de classes e aos dilemas e contradições que envolvem o mundo do trabalho (Caldart, 2010). A escola, vista dessa perspectiva, atua como ferramenta de luta, conquista de direitos e formação humana, sustentando o horizonte da transformação da organização social vigente na direção de um projeto emancipatório de sociedade.

Cientes desse compromisso, o projeto dos cursos de Licenciatura em Educação do Campo orbita em torno de elementos fundamentais, entre os quais cabe destacar: 1) a formação docente a partir das áreas do conhecimento, organizando os componentes curriculares em grandes áreas (Artes, Literatura e Linguagens; Ciências Humanas e Sociais; Ciências da Natureza e Matemática; Ciências Agrárias) articuladas simultaneamente à formação para a gestão de processos educativos escolares e para a gestão de processos comunitários, foco maior deste texto; 2) a formação estruturada em Alternância Pedagógica, com a intencionalidade de promover o vínculo entre a formação e a produção material da vida na perspectiva da práxis transformadora; 3) a humanização da docência e horizontalidade nas relações sociais estabelecidas nas interações pedagógicas.

Considerando o Projeto Político Pedagógico das LEdoCs, é possível perceber com clareza que há um perfil profissional idealizado para a formação docente, que extrapola a docência em si. Isso significa que, além de uma formação

---

estudos que já têm registrado esse acúmulo teórico e prático ao longo dos últimos anos e que podem ser consultados nas pesquisas de Santos (2012), Molina (2015, 2017), Moraes (2018), Molina, Santos e Brito (2021) e Molina e Hage (2015).

multidisciplinar em uma das áreas do conhecimento ofertadas pelo curso, há a intencionalidade de realizar uma formação que possibilite a inserção do egresso na gestão de processos educativos escolares e na gestão de processos educativos comunitários, cujos papéis serão explicitados adiante.

Neste texto, destacamos a atuação de egressos da LEdoC-UnB no contexto territorial Kalunga, que abrange parte dos municípios goianos de Cavalcante, Monte Alegre e Teresina de Goiás. Para tanto, organizamos o texto em dois momentos. No primeiro, serão apresentados os elementos estruturantes da Licenciatura em Educação do Campo da Universidade de Brasília, relacionando-os às categorias *atualidade* e *auto-organização*, herdadas da Pedagogia Socialista. Na sequência, serão discutidos os desdobramentos de como elas foram apreendidas e demonstradas nos sentidos e significados dos sujeitos egressos do curso que residem no território Kalunga, objetivando identificar as contribuições desse processo.

Principais elementos da Pedagogia Socialista que orientam a Licenciatura em Educação do Campo da Universidade de Brasília

A Licenciatura em Educação do Campo da UnB mantém o projeto originário projetado para esses cursos em relação ao perfil do docente a ser formado, com a intenção de constituir educadores camponeses capazes de atuar em diferentes instâncias, de maneira intrinsecamente relacionada ao papel das Escolas do Campo no atual contexto da luta de classes da sociedade brasileira, que exige profundas transformações em sua função social.

Ao olhar para a função social da escola com esse viés, há um estreito vínculo com a preocupação que orientava os intelectuais da Pedagogia Socialista Soviética. Para Krupskaya (2017), o principal desafio da escola orbita em torno de reflexões do tipo: qual é a tarefa formativa da escola e o que define sua alma? Para ela, há pelo menos três tarefas essenciais: 1) despertar a curiosidade e o interesse ativo pelos fenômenos e fatos presentes na atualidade, ou seja, a escola deve reagir aos eventos da vida; 2) ensinar a buscar, no conhecimento científico, respostas às questões da atualidade em relação à compreensão da realidade; e 3) desenvolver hábitos coletivos de vida, estudo e trabalho.

Com esses desafios, representantes da Pedagogia Socialista dedicaram-se a projetar os pilares pedagógicos da Escola-Comuna, ou Escola Única do Trabalho. Trata-se de uma proposta educativa na qual a escola é um instrumento ativo, impregnado da intenção de colocar a transformação social como pilar da ação escolar, projetando nela uma teoria pedagógica revolucionária (sociopedagogia) e resgatando seu papel nos processos emancipatórios da classe trabalhadora (Pistrak, 2018; Freitas, 2009).

A centralidade dessa organização escolar está no trabalho como princípio educativo e motor das intencionalidades formativas da escola. Nas primeiras experiências da Pedagogia Socialista na Rússia, o trabalho se materializou na escola sob diferentes enfoques: trabalho socialmente útil, autosserviço, auto-organização e coletividade. Sempre buscou-se responder às necessidades da realidade material dos sujeitos e fortalecer os vínculos orgânicos entre a escola e a vida social na perspectiva de tornar a escola parte do meio em que esses sujeitos vivem.

Não se trata da visão de trabalho na lógica capitalista – o trabalho assalariado que aliena, explora e expropria trabalhadores –, mas sim o sentido ontológico, ou seja, ação mediadora pela qual o homem transforma a natureza para suprir suas necessidades e, nesse processo, também se transforma a si mesmo, posicionando o ser humano como radicalmente histórico e social (Marx; Engels, 2009; Gramsci, 2004; Tonet, 2005).

Tal compreensão da relação entre Educação e Trabalho igualmente orienta a LEdoC-UnB. A Licenciatura vivenciou em seus anos iniciais de implantação a força do trabalho como princípio educativo. No início, a oferta das primeiras turmas pelo vínculo com o MST e o Iterra mantinha essas intencionalidades fortes, principalmente o autosserviço, o trabalho socialmente útil e o trabalho coletivo, com a distribuição dos estudantes em setores de trabalho (Barbosa, 2012).

Com o processo de institucionalização da Licenciatura e de ampliação do atendimento de sujeitos de diferentes territórios e comunidades, algumas intencionalidades, como o autosserviço e o trabalho socialmente útil, tiveram menor ênfase, dado o provimento de várias necessidades para a manutenção do coletivo de estudantes, que foi sendo assumido pela instituição (Relatório da Turma Patativa do Assaré, 2011).

Todavia, tais mudanças estruturais não minimizaram o esforço em manter o foco no trabalho como princípio educativo, principalmente por ser a *auto-organização* uma porta importante para o desenvolvimento de outras possibilidades de organização coletiva estudantil ou, como afirmam Janata *et al.* (2021, p. 661): "É a relação dialética entre trabalho e auto-organização que embasa os processos organizativos da escola soviética". Desse modo, uma escola do trabalho é impensável se não for pelas vias da *auto-organização* (Krupskaya, 2017).

Outro pilar importante da Pedagogia Socialista e da Escola-Comuna é a organização escolar com base nos Complexos Temáticos (ou Sistema de Complexos). O Projeto Político Pedagógico da LEdoC-UnB (UnB, 2018) demarca a opção por essa estratégia metodológica inspirada no constructo teórico e prático da Pedagogia Socialista dos intelectuais orgânicos que pensaram a Escola Única do Trabalho. No processo de implantação das primeiras turmas da LEdoC-UnB, com os desafios de nos orientarmos pelos pressupostos da Pedagogia Socialista, tivemos a presença e o forte apoio de Luiz Carlos de Freitas. E, durante o seu desenvolvimento, temos buscado nos manter em diálogo com os desafios pautados nas produções contemporâneas que refletem experiências educativas brasileiras orientadas pela Pedagogia Socialista, como os trabalhos de Bahniuk (2015), Hammel, Farias e Sapelli (2015), Dalmagro (2016), Silva (2019), Ritter (2016), Sapelli (2017), Soldá (2018), Janata *et al.* (2021), entre tantos outros que mostram nuances e possibilidades de materialização dos princípios dessa pedagogia em território nacional.

Não obstante, cabe reconhecer que a experiência na UnB está em construção, que ainda não obteve avanços na implementação do Sistema de Complexos como em outras experiências vividas no país, especialmente as protagonizadas pelo MST. Todavia, é importante reconhecer que alguns avanços pedagógicos significativos têm sido obtidos no âmbito da Educação Superior, tanto na licenciatura, pela intensificação do trabalho com a construção dos Inventários da Realidade na formação dos Educadores do Campo (Xavier, 2022), quanto na pós-graduação, *stricto* e *lato sensu*, principalmente nos desdobramentos do curso Escola da Terra da UnB (Rocha, 2021), cujo propósito de formação continuada é concebido a partir da Pedagogia Socialista e no Sistema de Complexos.

Desde o início do processo formativo na LEdoC-UnB, os estudantes são orientados a produzir um Inventário da Realidade por meio do levantamento das tensões e contradições presentes na realidade de suas comunidades de origem. Para o curso e para os argumentos apresentados ao longo deste texto, essa é uma ação fundamental, pois fomenta um olhar investigativo de estranhamento e aproximação sobre a realidade.

A partir dessas considerações, afirmamos que a contribuição da LEdoC-UnB para a formação de educadores que pretendemos apresentar neste texto pode ser compreendida como desdobramento de duas importantes categorias da Pedagogia Socialista na práxis social dos egressos do curso, trabalhadas com forte intencionalidade pedagógica durante todo o processo formativo desses sujeitos: a *atualidade* e a *auto-organização* (Pistrak, 2009).

Quando nos referimos à *atualidade* na Pedagogia Socialista, tratamos de um conceito relacionado ao esforço educativo no sentido de penetrar a realidade e suas dinâmicas e manifestações. Para Pistrak (2009), atualidade é o que está na vida social em determinado período histórico e que tende a crescer e se desenvolver. Nas palavras de Krupskaya (2009, p. 105), a atualidade pode ser entendida como "o desejo incansável de ligar a escola com fortes fios à vida social ao redor, transformar a própria escola em parte integrante da vida, ligada inseparavelmente a ela e racionalmente organizada". Com essa compreensão, a atualidade é vista como caminho para estruturar a escola de acordo com a vida social, com anseios de mudanças, e colocá-la como parte integrante da vida de maneira racional, intencional e orgânica.

Tal categoria entende o ser humano historicamente situado, que desenvolve sua materialidade em um meio social e natural, como um sujeito nas lutas pela emancipação humana e construções coletivas e, nesse processo, quem força "a roda da história a girar segundo os interesses e anseios da classe trabalhadora do campo e da cidade, como classe que tem futuro histórico" (Freitas, 2009, p. 93). Esse movimento é ancorado em uma matriz omnilateral de formação humana (cognitiva, afetiva, artística, estética, físico-corporal, moral-ética, ecológica).

Movida por esse ideal, a escola se conecta à realidade histórica, social e cultural dos sujeitos, passando a fazer sentido para suas vidas e situando-os como construtores de suas próprias histórias (Krupskaya, 2009). Assim, a atualidade não se refere apenas à transformação dos conteúdos escolares, tornando-os críticos, mas também à reelaboração da organização da escola no sentido de conhecer os princípios e ideais que regem a classe trabalhadora e, acima de tudo, a vivência concreta desses ideais.

Na visão de Pistrak (2009), a tarefa da escola não é somente o estudo da atualidade, mas o seu domínio, a superação de uma visão ingênua da realidade. Isso significa possibilitar aos estudantes um tipo de conhecimento do real que lhes permita ir além da aparência dos fenômenos, encontrando a essência de uma realidade que é complexa e síntese de múltiplas determinações.

É segundo essas bases que na LEdoC-UnB se prevê, ao longo da formação, que os estudantes escolham uma área do conhecimento (Linguagem, Ciências da Natureza ou Matemática). Nesse percurso, também são consideradas intencionalidades formativas direcionadas para habilitar esses sujeitos na Gestão de Processos Educativos Escolares de maneira articulada à formação na Gestão de Processos Educativos Comunitários. A segunda modalidade de gestão subsidia os sujeitos para o trabalho formativo e organizativo com as famílias e os grupos sociais para a liderança de equipes, associações comunitárias, sindicatos, movimentos sociais etc.

Para materializar esse perfil de formação proposto pela LEdoC-UnB, a organização curricular se dá por meio da Alternância Pedagógica (Hage; Antunes-Rocha; Michelotti, 2021), estratégia na qual é evidente a categoria atualidade. Tal estratégia viabiliza o vínculo indissociável do processo de formação com as condições da produção material da vida nos territórios do campo onde vivem os educadores em formação no curso, possibilita a aproximação da universidade com a realidade social, incluindo o contexto dos sujeitos que integram essa formação, e permite especialmente a manutenção da imprescindível articulação entre terra, território, trabalho, luta, identidade e cultura.

Lançadas essas bases da Pedagogia Socialista que orientam a Alternância Pedagógica, acrescentamos que a LEdoC-UnB organiza sua atuação em núcleos territoriais: Distrito Federal e Entorno; Formosa; Flores de Goiás; Território Kalunga e Unaí. A organização por Núcleo Territorial (NT) tem sido uma estratégia para potencializar as ações coletivas dos estudantes e promover uma articulação mais permanente com as organizações e Escolas do Campo.

Em diálogo com relevantes elementos da Pedagogia Socialista como estruturante do PPP da LEdoC-UnB, Molina e Sá (2012) afirmam que a concepção gramsciana de Escola Unitária é uma importante referência para a Educação do Campo pelo compromisso com a formação omnilateral, cuja centralidade do processo formativo é o trabalho integrado à dimensão da ciência e da cultura, e tem como horizonte a formação de "Intelectuais Orgânicos"[8] da classe trabalhadora.

Ainda imersos na compreensão da categoria atualidade, percebemos a importância de agregar a essa discussão um elemento fundamental que orienta a LEdoC-UnB em distintos momentos do processo educativo, que é a práxis transformadora e, desdobrando-se dela, a pesquisa, como sendo um princípio educativo norteador dos processos formativos do curso.

Em pesquisa recente, Molina e Pereira (2021) buscaram compreender o quanto essa epistemologia da práxis, presente nos processos de formação inicial de educadores, repercute na atuação social desses sujeitos. Na LEdoC-UnB, a práxis tem sido entendida como um conceito estruturante, pois vai ao encontro dos anseios das necessárias transformações, tanto na forma escolar (Caldart, 2010; Farias *et al.*, 2015; Pereira, 2021) quanto na sociedade que a Educação do Campo almeja desencadear. Desse modo, possibilita um necessário ressignificar da concepção de sujeitos, da relação entre teoria e prática na perspectiva da unidade, no diálogo com a realidade/atualidade e no vínculo social (Molina; Pereira, 2021). Assim, aproxima-se do projeto histórico da classe trabalhadora, legitimando várias agências do meio social e cultural que também são formadoras desses sujeitos (Freitas, 2011).

O conceito de práxis que orienta a concepção que adotamos na LEdoC-UnB é consonante com a filosofia marxista, expresso por Gramsci (2004), Vázquez

---

[8] Utilizamos o termo "Intelectuais Orgânicos" na perspectiva gramsciana, descritos por Martins (2011) como sujeitos que atuam na organização, na construção e na persuasão permanente de vontades coletivas, muito além do que a visão tradicional atribui a esse conceito, mas como agentes que se situam em uma determinada organicidade econômica, social e política, assumindo o viés de determinado grupo/classe social.

(2011) e Kosik (1989), além de autores contemporâneos, como Noronha (2010), Freitas (2011) e Curado Silva (2019). Os autores sustentam a compreensão da práxis como atividade teórico-prática em movimento de unidade, no qual a teoria e a prática se alteram no trânsito com a realidade (verdade prática; dimensão aparente da realidade; altera e é alterada pela verdade teórica; dimensão do conhecimento elaborado). Com a elevação dos níveis de compreensão da realidade sócio-histórica e a visão de realidade dos sujeitos, suas tramas e suas contradições se articulam, com a aspiração de promover a sua transformação. Nessa visão, tais sujeitos históricos se objetivam, se autoproduzem e, nesse processo, transformam o mundo a sua volta com claras finalidades emancipatórias, atitude necessária para a construção do real (Noronha, 2010; Kosik, 1989).

É sob a égide dessa compreensão que a pesquisa é um princípio educativo que permeia todo o curso: nos componentes que estruturam a organização curricular; nas ações de extensão e pesquisa; na realização dos estágios supervisionados pela elaboração de Inventários da Realidade; e na produção de pesquisas na graduação e na pós-graduação, tal como será mais detalhado nas etapas posteriores deste texto.

Além da *atualidade*, a concepção de *auto-organização* da Pedagogia Socialista foi uma referência fundamental na organização da proposta que orienta a LEdoC-UnB, sendo necessário ressaltar que foi imprescindível o acúmulo construído na experiência da oferta da primeira turma, em parceria com o Iterra e o MST.

Ora, se a função maior dessa escola é formar lutadores e construtores do futuro que transformarão a sociedade, não basta falar sobre os princípios sociais, é preciso vivenciá-los de maneira concreta, substancial e coletiva. Para isso, é necessário se autodirigir e se auto-organizar. "Cada estudante deve tornar-se lutador e construtor. A escola deve esclarecer para ele pelo que e contra o que deve lutar, o que e como deve construir e criar" (Pistrak, 2009, p. 121).

Krupskaya (2017) e Pistrak (2009) compreendem a auto-organização como forma de construir princípios para a vida coletiva, com a qual se aprende a respeitar o trabalho, conhecer as inclinações e potencialidades das pessoas que integram o grupo (encontrar o próprio lugar no coletivo), levando em conta o outro como um sujeito pleno de emoções e possibilidades. Nesse processo, aprende-se a trabalhar junto e a reconhecer a amplitude das próprias forças e das forças dos outros, desenvolvendo a capacidade para a criatividade organizativa.

Nessas bases, a auto-organização, forma de preparar sujeitos históricos, passa a ser um pilar fundamental na construção da Pedagogia Socialista. Essa categoria é uma alternativa que retira do professor a centralidade e o controle do processo educativo e faz com que ele deixe de assumir "obrigações policialescas" (Freitas, 2009, p. 28), como vigiar, reprimir e castigar, princípios muito úteis na formação da subalternidade. Opondo-se a essa visão, a autogestão parte da premissa de que, para formar lutadores por e para os ideais da classe trabalhadora, é necessário imergir os sujeitos no trabalho, na vida coletiva e na luta pelos ideais dessa classe, para que possam ser sujeitos nas lutas, na organização e na vida coletiva.

Na experiência das Escolas-Comunas, a vida da escola estava nas mãos dos estudantes que realizavam tarefas importantes, necessárias, concretas e inadiáveis por meio do trabalho real, organizando-se em assembleias e órgãos coletivos. Na auto-organização, a escola é colocada de maneira responsável nas mãos dos estudantes que gerem diferentes aspectos da vida coletiva por meio da organização com regras definidas na coletividade, da alternância no tipo de trabalho e na função exercida, entre outros fatores necessários à formação de sujeitos lutadores auto-organizados.

É com base nessas referências que o curso de Licenciatura em Educação da Universidade de Brasília assume a auto-organização como um pilar fundamental na formação dos Educadores do Campo. Para isso, a organicidade permeia as diversas ações que acontecem tanto no Tempo Universidade quanto no Tempo Comunidade. O Projeto Político Pedagógico do curso prevê um componente curricular específico voltado para a organicidade que sistematiza tempos e espaços educativos necessários ao processo formativo. Para o curso, a organicidade é um momento fundamental em que se desenvolvem valores como solidariedade, compromisso, coletividade, companheirismo, responsabilidade, envolvimento nas lutas coletivas, cooperação etc. Nela, há o princípio da direção coletiva e da divisão de tarefas como amálgama da organização do trabalho como princípio educativo.

Barbosa (2012), ao tratar dos processos de organicidade no curso, acrescenta o caráter horizontal de gestão atribuído a ela, sendo, portanto, uma forma de democracia direta que amplia responsabilidades e espaços decisórios nos quais todos participam. Essas instâncias decisórias são compostas por grupos de organicidade (núcleos de estudantes), coordenação de turma, plenárias, assembleias, Comissão Político-Pedagógica, e até o Fórum da LEdoC, do qual participam as representações dos colegiados estudantis, os professores e a coordenação do curso. Na organicidade, os estudantes se auto-organizam em grupos e setores de trabalho definidos a partir das necessidades demandadas pelo coletivo: Ciranda Infantil, mística, memória, cultura, análise de conjuntura etc. São ações que expressam trabalhos que têm a finalidade de favorecer a organização desses educandos e de possibilitar a sua permanência no curso.

Nesses tempos e espaços, objetiva-se ao longo do curso a inserção dos graduandos em diversos tipos de ações coletivas que exijam sua organicidade. Trata-se de ações que se orientam pelo trabalho como princípio educativo, pois almeja-se preparar os construtores de uma nova vida, a vida gerida em e pela coletividade. Nessa visão, a auto-organização é uma estratégia para propiciar e promover o protagonismo dos educandos na realização das tarefas e nos desafios que lhes são demandados para o desenvolvimento de todas as atividades e Tempos Educativos do curso, incluindo as tarefas coletivas para a organização de diversas atividades nos Tempos Comunidade. Assim como ensina a Pedagogia Socialista, a intencionalidade pedagógica é de a escola (em nosso caso, a universidade) deixar de ser uma preparação para um tempo futuro e assumir seu papel no tempo atual, concreto e sensível aos dilemas vividos pelos estudantes e por seu grupo social.

Nessa perspectiva, a formação leva o estudante a entender a importância do trabalho coletivo e da organização coletiva, de liderar e ser liderado. Por meio dela, os estudantes integram situações que lhes exigem resolver questões e desafios concretos do cotidiano, para as quais há a exigência de habilidades para assumir responsabilidades coletivamente (Krupskaya, 2017).

A práxis dos egressos da Ledoc-UnB no território Kalunga

Nesta seção, discutiremos a formação realizada na LEdoC-UnB a partir da práxis de egressos, mais especificamente dos sujeitos do Território Kalunga de Goiás. Inicialmente contextualizamos o território, trazendo elementos da historicidade, totalidade e contradições. Posteriormente discutiremos a presença da *auto-organização* e da *atualidade* em sua práxis, versando sobre como essas categorias foram apreendidas por esses egressos e as contribuições do processo formativo no território.

O Território Kalunga em Goiás, na região da Chapada dos Veadeiros, surgiu no período do ciclo do ouro e do garimpo. Em 1722, quando Bartolomeu Bueno, o Anhanguera, e João da Silva Ortiz invadiram as terras centrais do Brasil, formou-se o que é hoje o estado de Goiás. Os negros escravizados foram levados para explorar as minas dos Goyazes. Em intenso processo de luta, resistência e busca pela liberdade, constituiu-se o Quilombo Kalunga, que conta hoje com aproximadamente dez mil habitantes, englobando mais de duas mil famílias e mais de 20 comunidades em 62 localidades. As terras dos Kalunga espraiam-se em três municípios do nordeste goiano, Cavalcante, Teresina de Goiás e Monte Alegre de Goiás (Cunha, 2018, p. 34), e estão subdivididas em quatro núcleos principais, Engenho II, Vão do Moleque, Vão de Almas e Ribeirão dos Bois.

Optamos neste texto por abordar esse território, sobretudo a partir do olhar dos próprios pesquisadores Kalunga, graduados e pós-graduados egressos da LEdoC-UnB. Eles são investigadores que produzem conhecimento científico com base em suas vivências e experiências, por serem conhecedores natos de seu território.

Como afirma Cunha (2018), egresso da LEdoC, em sua dissertação de mestrado sobre as singularidades, memórias e histórias de seu território:

> Nós, kalungueiros, somos um povo singular, minha família e eu somos essa gente. Gente de descendência africana que pertencem a várias gerações, gente que resistiu na luta contra a escravidão, gente que tem uma memória, várias histórias e suas tradições. Gente que tem ainda hoje suas identidades que vêm de longe, como demonstram nossos anciãos. (Cunha, 2018, p. 22)

A constituição dos territórios quilombolas no país se deu em terras de difícil acesso. A esses territórios foram atribuídas algumas denominações, como "terra de preto, território negro, mocambos, comunidades negras rurais, terras de santos, entre outras" (Dias, 2016, p. 31). De acordo com Maia (2014), o Território Kalunga da região da Chapada dos Veadeiros foi reconhecido em 2009 como Sítio Histórico e Patrimônio Cultural Kalunga, e tem uma área de 253.191,72 hectares, aproximadamente, sendo considerado o maior do Brasil. Para Alves (2015), as políticas de desenvolvimento no estado de Goiás, especificamente para os territórios do interior, próximos a Brasília, desencadearam vários impactos ambientais e sociais, e o Território Kalunga vem sofrendo grande parte desses impactos.

A princípio, a maior preocupação dos quilombolas eram os garimpos e a invasão de suas terras por fazendeiros ávidos por acumularem mais riquezas. Atualmente, as terras quilombolas são invadidas por empresas de mineração e para a construção de usinas hidrelétricas, aumentando o índice de desmatamento e o número de grileiros no território quilombola, conforme as denúncias feitas em várias pesquisas dos egressos da LEdoC-UnB – como a dissertação de mestrado produzida por Gouveia (2021). Em sua pesquisa, Gouveia traz não só as denúncias da intensificação desse processo de ameaças ao território, mas também as estratégias de resistência construídas pelos estudantes e as parcerias para realizar o enfrentamento dessa condição, com as diferentes organizações sociais no território.

Com preciosa análise fundamentada no materialismo histórico-dialético, a dissertação de mestrado de Gouveia (2021) destaca a importância de os sujeitos compreenderem as dinâmicas da produção hegemônica do capital no contexto do Quilombo Kalunga. Analisa as ameaças e os impactos sofridos pelo quilombo, promovidos por empresas de mineração, agronegócio, Pequenas Centrais Hidrelétricas (PCH) e pelo turismo.

Articulando as escalas macro e microssociais, o autor do trabalho produz significativas reflexões sobre a importância e o protagonismo das organizações que estão sendo construídas pelos egressos no quilombo, como a Associação de Educação do Campo do Território Kalunga e Comunidades Rurais (Epotecampo), o grupo de teatro Vozes do Sertão Lutando Por Transformação (VSLT), ambas descritas com mais detalhes adiante. Tem-se a inserção de estudantes e egressos em outras organizações nacionais de resistência já existentes, como o Movimento pela Soberania Popular na Mineração (MAM), no qual passaram a integrar após a apresentação das ações desse Movimento em Seminário de Tempo Comunidade promovido pela LEdoC no Território Kalunga.

A permanência na terra e no território conquistado é, sem dúvida, o maior, mais grave e o renitente problema enfrentado pelos quilombolas. O território do quilombo é alvo permanente de intensa especulação fundiária, com diferentes tipos de ataques e ameaças às diferentes comunidades que o compõem. Essa situação gera inúmeras consequências que ameaçam fortemente o território quilombola, provocando muito frequentemente grande perda de parte das terras produtivas das famílias, que têm seus roçados invadidos. Isso força a comunidade a procurar novas e menos férteis áreas para o plantio, o que compromete a própria existência do quilombo e de sua cultura (Fernandes, 2015).

A resistência faz parte da história do povo Kalunga, que segue lutando no território como há séculos, vivendo da sua produção de subsistência, com a roça de toco, o extrativismo e a criação de animais. São sujeitos que concebem suas próprias técnicas de produção e estabelecem entre si várias redes de solidariedade que lhes têm permitido permanecer no território há tanto tempo, apesar dos inúmeros desafios já enfrentados, que objetivam sua expropriação e que se têm ampliado cada vez mais, em função dos inúmeros interesses da especulação fundiária em torno de área tão relevante para o estado de Goiás.

A terra é o lugar do desenvolvimento da soberania dos povos, da cultura, o lugar da mística, da religiosidade, de se reafirmar como povo. A escola é o espaço da troca de saberes empíricos e científicos. E o espaço de luta por políticas públicas são as associações comunitárias, tais como a Associação Quilombo Kalunga (AQK) e a Associação Kalunga de Cavalcante (AKC), ambas dirigidas hoje por sujeitos que se formaram na LEdoC. São as associações mais antigas do território, e o fato de terem sido assumidas por egressos da LEdoC é também um reflexo das mudanças desencadeadas pelo novo protagonismo juvenil no quilombo. Tradicionalmente elas eram associações presididas pelos membros mais velhos da comunidade, sendo recente essa mudança intergeracional, e integram parte dos desdobramentos das ações organizadas por estudantes e egressos do curso.

Em 2012, com o apoio da LEdoC-UnB, foi criada por eles uma nova associação no território, a Epotecampo, totalmente organizada e gerida pelos estudantes e egressos do curso. Essa associação tem desempenhado um importante papel no território. Em 2017, foi criada a Associação Mulheres Quilombo Kalunga de Monte Alegre, presidida por uma egressa da LEdoC (Gouveia, 2018).

É importante acrescentar que toda a organização dos estudantes Kalunga da LEdoC-UnB se desenvolveu a partir da segunda turma ofertada pela universidade em 2008, com apenas quatro estudantes oriundos do quilombo. Com essas ações desenvolvidas no território, nas turmas seguintes ingressaram dezenas de estudantes Kalunga. Entre 2008 e 2022, de acordo com Xavier (2022), formaram-se 89 estudantes Kalunga e há ainda dezenas de outros em formação.

Educadores do Campo que pesquisam o próprio território e buscam caminhos coletivos para a transformação dos desafios encontrados

A pesquisa assumida pela LEdoC-UnB como princípio educativo é igualmente um caminho que contribui para a compreensão da *atualidade* dos fenômenos sociais, históricos, econômicos, culturais e políticos nos quais os Educadores do Campo em formação estão inseridos. Tal estratégia pedagógica tem proporcionado uma importante ampliação dos níveis de consciência dos sujeitos Kalunga, colaborando com a problematização das contradições enfrentadas e a construção coletiva de caminhos para que esses sujeitos possam avançar nas lutas pela permanência e pelo domínio do território. Por isso, ao longo de todo o curso, os estudantes são inseridos em ações como pesquisadores e extensionistas em suas próprias comunidades rurais.

Em publicação recente, Gomide *et al.* (2019) fizeram um relato histórico da dinâmica de atuação da LEdoC-UnB na comunidade Kalunga no âmbito da pesquisa. Foram analisadas construções coletivas dos sujeitos do território, mostrando o quanto eles têm crescido também na produção científica do conhecimento. Na época do estudo, já haviam sido produzidas 69 monografias pelos educadores Kalunga em formação na LEdoC, sendo muito preciosos os temas abordados nas pesquisas, que dialogam diretamente com questões e demandas do território.

Esses trabalhos expressam o importante acúmulo da produção científica que os Educadores do Campo do território têm desenvolvido sobre suas comunidades, colocando a pesquisa como uma ferramenta para a compreensão crítica da *atualidade* (as contradições existentes nas comunidades, nas escolas, na cultura e nos modos de produção), contribuindo para avançar nas necessárias lutas de resistência no/pelo Território do Quilombo.

Com suas investigações, avançam na organização quilombola a promoção de diálogos na formação política dos sujeitos envolvidos. Santos (2018), pesquisadora Kalunga, entende que por meio da pesquisa encontram-se subsídios para a compreensão mais ampla da realidade e a construção de caminhos para o processo de formação dos sujeitos da comunidade à qual pertence.

Avançar nessa compreensão torna-se um desafio científico-metodológico, inventariando a realidade para compreender todas as relações sociais, econômicas, políticas e culturais. Como nos ensina o pensamento marxista, buscar as múltiplas determinações dos fenômenos e compreendê-los em sua totalidade e em suas contradições é o que nos permite avançar da aparência dos fenômenos para a sua essência.

> O Inventário da Realidade é para conhecer a nossa realidade e conhecer a conjuntura atual que nos leva a pensar estratégias, metas e os caminhos que a gente deve tomar no processo de luta, no processo de formação dentro da escola e do grupo de teatro. [Ele] é uma análise que a gente faz para conhecer o território e os conflitos que estão colocados aí. É o que faz a gente se movimentar [...]; a gente tem que conhecer de fato a realidade para gente agir sobre ela. (Jatobá, 2020 *apud* Xavier, 2022, p. 155)

A produção do Inventário da Realidade, como intencionalidade presente no processo formativo desses sujeitos na LEdoC-UnB, favorece o processo de formação dos educadores para além de um olhar investigativo sobre a realidade, mas inserindo-se nela enquanto sujeitos históricos. Isso fica evidente no seguinte excerto: "eu vejo que o Inventário da Realidade fortaleceu muito, nesse sentido de proporcionar uma forma de organização política dentro da própria escola, dentro da própria comunidade" (Aroeira, 2020 *apud* Xavier, 2022, p. 142). Assim, pudemos perceber que a pesquisa no Território Kalunga tem avançado no processo de conhecer e reconhecer a sua comunidade, de construir um olhar sistemático sobre as questões culturais, sobre a sua ancestralidade, sobre a organização política e, consequentemente, conhecer a luta e inserir-se nela.

Na análise dos Trabalhos de Conclusão de Curso dos estudantes quilombolas Kalunga, constatamos a sua importância para a ressignificação do patrimônio político-pedagógico da comunidade quilombola, que tem sido evidenciado e valorizado pelos estudantes. Isso promove uma importante recuperação de conhecimentos e saberes que vinham sendo menosprezados e desvalorizados por diferentes interesses socioeconômicos que contribuíram para uma perda da identidade própria dos sujeitos do território.

Os próprios estudantes quilombolas da LEdoC-UnB têm produzido um precioso acervo de conhecimentos, e muitos dos trabalhos já são utilizados nas escolas do território, conforme demonstrado na tese de Xavier (2022). Há várias pesquisas que tratam da recuperação da história e da atuação de parteiras, de rezadeiras e benzedeiras, da memória e realização dos diferentes festejos e folias de Santos nas diversas comunidades do quilombo, além do uso das plantas e ervas medicinais no território. É relevante destacar que tais pesquisas são realizadas nas diferentes áreas de habilitação do curso, com rica articulação entre elas.

Consideramos esses estudos uma importante contribuição para o território, pois, com as muitas transformações que têm chegado às comunidades nos diferentes núcleos, muitos valores e saberes encontram-se ameaçados. Como ressalta Fernandes (2015, p. 424), é preciso "que não se negligencie os conhecimentos tradicionais dos povos que estão sofrendo mudanças sociais rápidas, como os Kalunga, pois a perda de elementos culturais é um problema tão grave quanto a perda de espécies".

Além dos TCCs, consideramos importante destacar as pesquisas no âmbito da pós-graduação que já foram e estão sendo produzidas pelos egressos em diferentes programas de pós-graduação da UnB (duas dissertações defendidas e outras seis em andamento). Essa produção é mais um fator que reafirma o argumento da importância das categorias *atualidade* e *auto-organização*, suas contribuições na formação dos egressos da LEdoC e sua atuação no Território Quilombola Kalunga.

Os estudos versam sobre diferentes temáticas da *atualidade*: soberania e segurança alimentar; o trabalho com sementes crioulas; a questão dos catadores de sementes; o calendário agrícola; o fortalecimento dos saberes e fazeres do povo; questões relacionadas ao ensino na perspectiva sócio-etnocultural e a luta pela educação escolar, bem como a denúncia da dinâmica do capital no território. Buscam compreender importantes desafios contemporâneos das comunidades quilombolas e apontar caminhos coletivos para o seu enfrentamento.

Comunidade e universidade: elos estabelecidos pela Alternância Pedagógica e o papel da auto-organização para as organizações coletivas do povo Kalunga

A organização curricular com base na Alternância Pedagógica é certamente outra importante contribuição da LEdoC-UnB no entendimento da *atualidade* por parte dos Educadores do Campo do Quilombo Kalunga. O PPP do curso (UnB, 2018) coloca essa intencionalidade não somente como metodologia de organização curricular, mas também como forma de potencializar a produção de conhecimento sobre a realidade. Assim, além de agregar os saberes dos sujeitos camponeses, a universidade se torna uma aliada desses povos na compreensão e no conhecimento das contradições nas quais os sujeitos do campo estão inseridos. Nessa direção, a LEdoC-UnB desenvolve várias ações educativas no Território Kalunga, tendo como exemplo os seminários de Tempo Comunidade (TC) organizados pelos estudantes do curso, egressos e lideranças das comunidades.

Essa organização dos seminários de TC, para além da socialização das atividades realizadas nos territórios, é um espaço para planejar ações que possam contribuir para a transformação da materialidade da vida. Todas as ações são pensadas pelos estudantes e egressos da LEdoC, pelas lideranças políticas das comunidades, pelos movimentos sociais e em parceria com a universidade. Esses sujeitos relatam a importância dessas ações na formação para a militância e o envolvimento em processos de organização coletiva, a exemplo do relato de Gouveia (2018), que atribui sua militância nessa organização à formação na LEdoC. Desse modo, torna-se possível o diálogo entre a escola e a comunidade, entre os conteúdos e a materialidade da vida, politizando-se e buscando uma formação humana.

Os argumentos apresentados anteriormente trouxeram a *auto-organização* como ação que envolve o trabalho coletivo, a fim de que seja possível atingir finalidades democráticas em uma perspectiva socialista. Por esse motivo, o envolvimento dos estudantes nessa forma de organizar a escola está conectado com uma expectativa maior: um tipo mais elaborado de participação social. É por esse viés que a *auto-organização* consiste em outro ponto importante a ser retomado no avançar desta reflexão. É necessário, aqui, retomar o seu papel pela ampla vivência dos estudantes na LEdoC-UnB, com significativos desdobramentos na práxis dos egressos no Território Kalunga.

É fato constatado em várias pesquisas (Pereira, 2013; Silva, 2019; Gouveia, 2021; Xavier, 2022) que a formação na LEdoC-UnB tem ajudado na construção das organizações e nas lutas dos quilombolas Kalunga por seu território. Os desdobramentos da auto-organização e o trabalho coletivo podem ser notados, de maneira articulada, no trecho da fala do egresso Pedro Xavier, numa roda de conversa com estudantes egressos do curso de Licenciatura em Educação do Campo da UnB, realizada em 2022:

> A gente vê aí os efeitos da LEdoC quando vemos sujeito de campo assumindo a frente da luta e poder fazer dessa frente de luta um coletivo [...]. O Vilmar, como ex-ledoquiano, membro da associação e prefeito, é um exemplo disso. Não somente ele, como prefeito, mas também outras pessoas que chegaram a ser vereadores, que são líderes das Comunidades, por conta da formação que a Licenciatura em Educação do Campo proporcionou para a gente e hoje a gente vê aí o avanço dentro do território que essas lideranças por intermédio da LEdoC consegue transmitir os sentimentos de segurança e valorização das Comunidades, valorização da identidade Negra, valorização da educação dessa identidade aqui dentro do território e reconstruir na verdade aí aquilo que a comunidade tem, mas que ao longo do tempo foi se perdendo dentro dessas políticas de desconstrução de identidades. Então esses sujeitos de direito têm muita coisa em comum e a LEdoC trabalha isso muito bem, aproxima esses sujeitos e faz com que essa coletividade vá a cada dia mais ganhando força e reconstruindo as identidades, uns de maneira muito colaborativa com os outros sujeitos também do campo. (Xavier, 2022)

Essa é uma importante contribuição da auto-organização vivenciada por esses sujeitos ao longo de sua formação na graduação: a capacidade de se organizar coletivamente para assumirem a posição de intelectuais orgânicos (Gramsci, 2004; Martins, 2016) dos grupos que integram. Essa visão é ratificada no excerto a seguir, no qual é perceptível o entendimento da responsabilidade e necessidade da organização coletiva na condução de processos de liderança comunitária e social, no sentido de se perceberem como sujeitos desse processo histórico: "Quem vai fazer a gestão do Quilombo somos nós. Hoje temos 136 mil hectares de terra; no início tínhamos 14 mil hectares, então temos que tomar conta desse patrimônio" (Vilmar Costa, UnB, Relatório de Acompanhamento de Tempo Comunidade, 2010).

O envolvimento de estudantes e egressos da LEdoC-UnB no Território Quilombola Kalunga se evidencia com maior ênfase em três frentes: 1) a participação e o engajamento na Epotecampo; 2) o protagonismo nos grupos teatrais que assumem a cultura como matriz formativa para a elevação dos níveis de consciência e politização da comunidade; 3) a participação no Movimento pela Soberania Popular na Mineração (MAM).

Conforme já apresentamos, a Epotecampo é uma associação criada por um grupo de estudantes da LEdoC-UnB em 2012, num movimento de articulação entre Tempo Comunidade e Tempo Universidade, que tem fomentado debates políticos, sociais, culturais e ambientais no Território Kalunga. Segundo Pereira (2013), que se debruçou em sua pesquisa sobre a criação dessa associação, os estudantes começaram a se organizar a partir da primeira reunião de TC, e criaram um comitê para dialogar com os órgãos políticos e jurídicos. Vendo a necessidade de ter um grupo mais fortalecido, resolveram criar a associação.

Gomide et al. (2019) destacam que, no território quilombola, esses grupos assumem não somente funções formativas, mas também organizativas da comunidade – grupos de força cultural e política que retratam e discutem questões presentes na realidade concreta das comunidades.

Além da Epotecampo, cabe destacar o protagonismo desses educadores em grupos teatrais, assumindo a cultura como matriz formativa para a elevação dos níveis de consciência e politização da comunidade. Podemos citar os grupos de teatro Arte Kalunga Matec (Meio Ambiente, Tradição, Educação e Cultura), criado em 2008, e Vozes do Sertão Lutando por Transformação (VSLT), criado em 2013. Esses grupos, formados por estudantes egressos da LEdoC, vinculam-se a um programa de extensão extremamente relevante na formação dos Educadores do Campo que cursam a LEdoC, que é o Terra em Cena.

O referido programa tem como intenção promover a articulação entre educação e comunicação popular. Busca unir o legado estético (arte, cultura e comunicação) à formação política e histórica, associada à organização social e aos movimentos sociais coletivos, colocando-os em conexão com os desafios, tensões e contradições do momento presente (Villas Bôas, 2011). Com 12 anos de atuação, o Terra em Cena se propõe a formar multiplicadores na linguagem teatral e audiovisual – não só entre os estudantes da LEdoC-UnB, mas também fomentando a criação de grupos de teatro e cineclubes em assentamentos e acampamentos da Reforma Agrária, bem como em comunidades quilombolas.

O programa Terra em Cena desempenha um papel fundamental no vínculo entre os Educadores do Campo, as comunidades e a universidade, pois, além de contribuir sobremaneira com a formação crítica dos estudantes, estimulando-os a atuar como produtores de cultura e não somente como consumidores, é capaz de espraiar suas ações com força pelos territórios onde estão os Educadores do Campo em formação na LEdoC e seus egressos. Santos, que entrou na LEdoC em 2015 e começou a participar do coletivo, afirma que a criação do VSLT teve um importante papel em sua formação. "Durante meu processo de ensino-aprendizagem, fui percebendo a necessidade que tinha em tomar uma posição política, por ser uma jovem negra e morar no maior quilombo do Brasil" (Santos, 2018, p. 56).

Produzir textos teatrais baseados em problemas estruturais da comunidade e interpretá-los é, sem dúvida, um movimento de práxis que leva à reflexão, age na representação e faz a reflexão coletivamente com os sujeitos que o prestigiam (Santos, 2018). As peças teatrais são utilizadas para discutir, formar e informar os sujeitos dos territórios. Os coletivos de teatro têm se empenhado cada vez mais em compreender as contradições e apontá-las, tendo em vista a necessidade do combate aos interesses hegemônicos em seus territórios.

Além da formação estética, política e social, a arte tem contribuído para observar a materialidade da vida e desvelar as contradições existentes. Os grupos teatrais, instrumentos de luta e debate sobre os problemas sociais, políticos e ambientais, avançam no debate sociopolítico e socioambiental nos territórios em que atuam e se configuram importantes instrumentos protagonizados por Educadores do Campo do Território Kalunga, conforme fica evidente na fala de Luan Gouveia:

> A partir do momento que a gente pega, por exemplo, um caso de um caminhão da empresa de mineradora que derrubou uma ponte e a gente trabalha uma cena sobre isso, a gente fez a leitura da realidade. A gente tá trançando ela em forma de uma peça; esse é um resumo crítico da nossa realidade para tentar na parte de formar. (Gouveia, 2020 *apud* Xavier, 2022)

Destacamos que essa percepção da importância da arte e da cultura na formação e politização dos Educadores do Campo do Território Kalunga é difundida com força no quilombo – conforme os achados de Silva (2019), também egressa do curso, que pesquisou a importância da cultura como matriz formativa na LEdoC-UnB, estudando com maior ênfase a atuação dos egressos quilombolas que integravam a área de habilitação em Linguagens da referida Licenciatura.

Os resultados de sua pesquisa ressaltam a importância das ações protagonizadas no território quilombola pelos estudantes e pelos egressos do curso, tanto com o trabalho no teatro político quanto no Vídeo Popular. Silva (2019) constata que a formação promovida pela LEdoC propicia aos Educadores do Campo do território quilombola a capacidade de se apropriar de múltiplas linguagens, adquirindo formas críticas por um outro letramento estético e político, o que contribui sobremaneira com a *auto-organização* e o Trabalho Coletivo.

De acordo com o trabalho citado, esse processo:

> oportuniza ainda o envolvimento da comunidade e da juventude em uma outra forma de leitura de mundo, enseja uma ruptura na relação entre espectador, consumidor e produtor de cultura, permite o fortalecimento das identidades e uma interferência na realidade por meio da crítica estética e política, além de se tornar uma força na trincheira da defesa da Educação do Campo e da democratização do ensino e da relação com os movimentos sociais. Esses movimentos fazem com que os Educadores do Campo em formação saiam do senso comum e tenham elementos de uma consciência filosófica na construção de homens e mulheres da luta cotidiana. (Silva, 2019, p. 110)

Outra importante frente de atuação auto-organizativa dos estudantes e egressos da LEdoC-UnB é a participação no Movimento pela Soberania Popular na Mineração (MAM). É admirável como a luta pela garantia da permanência de sua cultura e de seu povo força os Kalunga a se inserirem em movimentos sociais como o MAM. Percebemos nas significações dos sujeitos que há uma intensa disputa pelo território por causa da invasão de empresas do mineronegócio, "empresas que querem de fato ascender economicamente, aproveitando e explorando esses territórios" (Jatobá, 2020 *apud* Xavier, 2022, p. 256). Essa é uma contradição e um desafio da atualidade que afeta diretamente os modos de vida dos moradores da região. Essa constatação ratifica a necessidade de organização coletiva e a intensa participação em movimentos como o MAM, somando forças para combater as mineradoras que têm entrado fortemente em seu território.

Para Gouveia (2018, p. 91), pesquisador Kalunga, é imprescindível a participação dos egressos da LEdoC-UnB nesse movimento e é considerável a "mudança que o curso de Licenciatura em Educação do Campo da UnB tem proporcionado ao território Kalunga ao formar os estudantes quilombolas".

Portanto, percebe-se que a *auto-organização* está presente nas ações dos Educadores do Campo do Território Kalunga, que se estruturam em associações, grupos teatrais, grupos de mulheres e grupos de pesquisadores do próprio território, fator extremamente relevante para a continuidade de sua resistência. É possível constatar um importante avanço nos processos organizativos nos quais se inserem os estudantes, sendo trazidos por eles diversos elementos vivenciados nas experiências de *auto-organização* do curso, conforme eles mesmos relatam nas pesquisas analisadas.

Considerações finais

Neste texto, abordamos as intencionalidades formativas da Licenciatura em Educação do Campo da Universidade de Brasília e as contribuições dos pressupostos da Pedagogia Socialista presentes no curso para a formação dos educadores do Território Kalunga de Goiás e as repercussões em suas práxis. Evidenciamos como as matrizes formativas na LEdoC-UnB repercutem não apenas na formação para a docência, mas sobretudo em esferas sociais de atuação dos sujeitos.

Compondo os subsídios teóricos para os argumentos apresentados neste texto, recorremos às contribuições da Pedagogia Socialista Soviética, destacando princípios caros à formação inicial de docentes na Licenciatura em Educação do Campo da UnB, dando destaque à *atualidade* e à *auto-organização* e apontando influxos dessas categorias nas significações e na práxis de sujeitos egressos do curso que residem no Território Kalunga.

Esse território tem enfrentado grandes impactos ambientais e sociais: além dos garimpos e da invasão das terras por fazendeiros, há a intensificação da mineração e a construção de Pequenas Centrais Hidrelétricas, aumentando o desmatamento e o número de invasores grileiros.

Em face desses desafios, evidenciou-se a *auto-organização* presente nas ações dos sujeitos Kalunga, que ajudam na estruturação coletiva, na articulação política em associações, grupos teatrais, grupos de mulheres, grupos de pesquisadores, avançando significativamente nas experiências de organização coletiva. Observamos que a formação na LEdoC-UnB tem contribuído na construção das organizações e nas lutas por seus territórios.

Outro aspecto importante revelado por este estudo foi a internalização da categoria *atualidade*, fundamental para que os sujeitos quilombolas concebam os fenômenos da realidade por vários pontos de vista, passando a mostrar relações específicas entre eles. A leitura da realidade sob uma perspectiva crítica e transformadora mostra que o compromisso de compreender para intervir na *atualidade*, para agir sobre ela de forma coletiva, avançando no processo do Trabalho

Coletivo, é condição *sine qua non* para as lutas na direção dos direitos, da resistência e da transformação social.

Destacamos ainda a pesquisa científica como elemento muito relevante para a formação de Intelectuais Orgânicos. Por meio dela, os Kalunga avançam no importante processo de identificação dos conflitos, apuram seus olhares sobre a *atualidade* e se forjam como sujeitos de direito, reconhecendo-se como lutadores e construtores de sua própria história. Desse modo, contribuem significativamente para o processo de transformação das relações sociais, culturais, políticas, ambientais e econômicas dentro de sua própria comunidade, do seu próprio município, em busca de um país mais justo.

Convém ressaltar que a expressão cultural e política dos sujeitos do território Kalunga se evidencia pela organização coletiva em grupos teatrais gestados e fortalecidos no processo formativo da LEdoC-UnB como instrumentos de luta e debate dos problemas sociais, políticos e ambientais paulatinamente consolidados pelos quilombolas. Os sujeitos formados na LEdoC-UnB que produzem material e culturalmente a vida no Território Kalunga de Cavalcante, Goiás, estão avançando no seu papel de pesquisadores e intelectuais comprometidos com a transformação da realidade na qual se encontram e, em consequência, com as mudanças das relações políticas, econômicas e sociais.

Observamos que os Educadores do Campo do Território Kalunga compreendem a necessidade de se organizarem e lutarem com seu povo, engendrando estratégias para avançar nessa luta a partir de sua organização em associações e grupos de teatro. Eles mostraram sua capacidade de avançar no processo de identificação dos conflitos e das formas de agir sobre ele, considerando-se sujeitos de direito, lutadores e construtores de sua própria história. Portanto, conclui-se que a LEdoC-UnB tem contribuído com a formação de Educadores do Campo que, inspirados nos fundamentos da Pedagogia Socialista, têm atuado em seus territórios como Intelectuais Orgânicos engajados na luta de seu povo, reconstruindo sua história e transformando sua realidade.

Referências

ALENTEJANO, P. A hegemonia do agronegócio e a reconfiguração da luta pela terra e reforma agrária no Brasil. *Caderno Prudentino de Geografia*, Presidente Prudente, v. 4, n. 42, p. 251-285, 2020. Disponível em: https://revista.fct.unesp.br/index.php/cpg/article/view/7763. Acesso em: 20 jul. 2022.

ALVES, I. C. S. *Políticas públicas, territorialidade e liberdade dos remanescentes de quilombo kalunga*. Dissertação (Mestrado em Geografia) – Universidade de Brasília, Brasília, 2015. Disponível em: https://repositorio.unb.br/handle/10482/19130. Acesso em: 20 jul. 2022.

BAHNIUK, C. et al. O experimento com os Complexos de Estudo: no coletivo escolar e na formação de educadores. *In*: SAPELLI, M. L. S.; FREITAS, L. C.; CALDART, R. (orgs.) *Organização do trabalho pedagógico nas Escolas do Campo:* ensaio sobre complexos de estudo. v. 3. São Paulo: Expressão Popular, 2015, p. 97-114 (Caminhos para a transformação da escola)

BARBOSA, A. I. C. *A organização do trabalho pedagógico na Licenciatura em Educação do Campo/UnB:* do projeto às emergências e tramas do caminhar. Tese (Doutorado em Educação) – Universidade de Brasília, Brasília, 2012. Disponível em: www.realp.unb.br/jspui/bitstream/10482/11286/1/2012_AnnaIzabelCostaBarbosa.pdf. Acesso em: 1 mai. 2024.

BRUNO, R. A. L. Movimento Sou Agro: marketing, *habitus* e estratégias de poder do agronegócio. *In*: 36º Encontro Anual da ANPOCS, 2012, Fortaleza. *Anais* [...]. GT 16 - Grupos Dirigentes e Estrutura de Poder. Fortaleza, 2012.

CALDART, R. S. Educação do Campo e a perspectiva de transformação da forma escolar. *In*: MUNARIM, Antônio et al. (orgs.) *Educação do Campo:* reflexões e perspectivas. Florianópolis: Insular, 2010. p. 145-188.

CALDART, R. S. Licenciatura em Educação do Campo e projeto formativo: qual o lugar da docência por área? *In*: MOLINA, M. C.; SÁ. L. M. (orgs.) *Licenciatura em Educação do Campo:* registros e reflexões a partir das experiências-piloto (UFMG, UnB, UFBA e UFS). Belo Horizonte: Autêntica, 2011. p. 95-121. (Coleção Caminhos da Educação do Campo, 5).

CALDART, R. S. Educação do Campo. *In*: Caldart, R. S. et al. (orgs.) *Dicionário da Educação do Campo*. Rio de Janeiro/São Paulo: EPSJV/Expressão Popular, 2012. p. 259-267.

CUNHA, A. F. *O calendário agrícola na Comunidade Kalunga Vão de Almas:* uma proposição a partir das práticas de manejo da mandioca. Dissertação (Mestrado em Desenvolvimento Sustentável) – Universidade de Brasília, Brasília, 2018. Disponível em: http://www.realp.unb.br/jspui/bitstream/10482/34102/1/2018_Ad%C3%A3oFernandesdaCunha.pdf. Acesso em: 1 mai. 2024.

CURADO SILVA, K. A. P. C. da. *Epistemologia da práxis na formação de professores:* perspectiva crítico-emancipadora. Campinas: Mercado de Letras, 2019.

DALMAGRO, S. L. Forma escolar e complexos de estudos: considerações a partir das escolas itinerantes do MST. *Germinal: Marxismo e Educação em Debate.* Salvador, v. 8, n. 2, p. 100-109, 2016. Disponível em: https://periodicos.ufba.br/index.php/revistagerminal/article/view/16981. Acesso em: 20 jul. 2022.

DIAS, V. F. *Saberes e fazeres quilombolas da Comunidade Kalunga Prata*: as benzedeiras, seus benzimentos e suas contribuições para a Educação do Campo. Monografia (Licenciatura em Educação do Campo) – Universidade de Brasília, Planaltina, 2016. Disponível em: https://bdm.unb.br/bitstream/10483/13171/1/2016_Valqu%c3%a-driaFernandesDias.pdf. Acesso em: 20 jul. 2022.

FARIAS. A. N. et al. Transformação da forma escolar e a formação de lutadores e construtores de uma nova sociedade. *In*: SAPELLI, M. L. S.; FREITAS, L. C.; CALDART, R. S. (orgs.) *Organização do trabalho pedagógico nas Escolas do Campo*: ensaio sobre complexos de estudo. v. 3. São Paulo: Expressão Popular, 2015. p. 143-164. (Caminhos para a transformação da escola).

FERNANDES, C. R. O que queriam os Kalungas? A transformação do olhar acadêmico sobre as demandas quilombolas do nordeste de Goiás. *Interações*. Campo Grande, v. 16, n. 2, p. 421-431, 2015. Disponível em: www.scielo.br/j/inter/a/PVkzS6zMGL8MPR8ZCFfkYwB/?lang=pt&format=pdf. Acesso em: 20 jul. 2022.

FREITAS, L. C. A luta por uma pedagogia do meio: revisitando o conceito. *In*: PISTRAK, M. M. (org.) *A Escola-comuna*. São Paulo: Expressão Popular, 2009. p. 9-101.

FREITAS, L. C. A Escola Única do Trabalho: explorando os caminhos de sua construção. *In*: CALDART, R. S. *et al*. (orgs.) *Caminhos para transformação da escola:* reflexões desde práticas da Licenciatura em Educação do Campo. São Paulo: Expressão Popular, 2011. p. 127-144. (Cadernos do ITERRA 15).

GOMIDE, C. S. *et al*. Educação do Campo e Pedagogia da Alternância: experiência da UnB no sítio histórico e patrimônio cultural Kalunga. *Revista Bras. Educação do Campo*, Tocantinópolis, v. 4, p. e7187, 2019. Disponível em: https://doi.org/10.20873/uft.rbec.e7187. Acesso em: 20 jul. 2022.

GOUVEIA, L. R. *Desafios organizativos da resistência quilombola*. Trabalho de Conclusão de Curso (Licenciatura em Educação do Campo) – Universidade de Brasília, Brasília, 2018. Disponível em: https://bdm.unb.br/bitstream/10483/25775/1/2018_LuanRamosGouveia_tcc.pdf. Acesso em: 20 jul. 2022.

GOUVEIA, L. R. *História e dinâmica do modo de produção hegemônico do capital no território Kalunga e perspectivas de resistência*. Dissertação (Mestrado em Geografia) – Universidade Estadual Paulista Júlio de Mesquita Filho, São Paulo, 2021. Disponível em: https://repositorio.unesp.br/bitstream/handle/11449/234929/gouveia_lr_me_ippri_int.pdf?sequence=3. Acesso em: 20 jul. 2022.

GRAMSCI, A. *Cadernos do cárcere (v. 3)*. Os intelectuais e o princípio educativo. Jornalismo. 3ª edição. Rio de Janeiro: Civilização Brasileira, 2004.

HAGE, S. M.; ANTUNES-ROCHA, M. I.; MICHELOTTI, F. M. Formação em alternância. *In*: DIAS, A. P. *et al*. (orgs.) *Dicionário de agroecologia e educação*. São Paulo/Rio de Janeiro: Expressão Popular/EPSJV, 2021. p. 429-437. Disponível em: https://www.epsjv.fiocruz.br/sites/default/files/dicionario_agroecologia_nov.pdf. Acesso em: 24 fev. 2022.

HAMMEL, A. C.; FARIAS, M. I.; SAPELLI, M. L. S. Complexos de estudo: do inventário ao plano de estudos. *In*: SAPELLI, M. L. S.; FREITAS, L. C.; CALDART, R. S. (orgs.) *Organização do trabalho pedagógico nas Escolas do Campo:* ensaio sobre complexos de estudo. v. 3. São Paulo: Expressão Popular, 2015. p. 67-96. (Caminhos para a transformação da escola)

JANATA, N. E. *et al*. A formação docente e a centralidade do trabalho na Educação do Campo: a experiência do círculo de leitura. *Germinal: Marxismo e Educação em Debate*. Salvador, v. 13, n. 2, p. 654-675, 2021. Disponível em: https://doi.org/10.9771/gmed.v13i2.43764. Acesso em: 20 jul. 2022.

KOSIK, K. *Dialética do concreto*. 5ª edição. Rio de Janeiro: Paz e Terra, 1989.

KRUPSKAYA, N. K. Prefácio da edição russa. *In*: PISTRAK, M. M. (org.) *A Escola-Comuna*. São Paulo: Expressão Popular, 2009. p. 105-109.

KRUPSKAYA, N. K. *A construção da Pedagogia Socialista*. Seleção de textos por L. C. Freitas e R. S. Caldart. São Paulo: Expressão Popular, 2017.

MAIA, J. F. *História e memória da Comunidade Kalunga Engenho II*. Monografia (Licenciatura em Educação do Campo) – Universidade de Brasília, Planaltina, 2014.

MARTINS, M. F. Gramsci, os intelectuais e suas funções científico-filosófica, educativo-cultural e política. *Pro-Posições*, Campinas, v. 22, n. 3, p. 131-148, 2016. Disponível em: https://periodicos.sbu.unicamp.br/ojs/index.php/proposic/article/view/8643249. Acesso em: 20 jul. 2022.

MARX, K.; ENGELS, F. *A ideologia alemã*. São Paulo: Expressão Popular, 2009.

MOLINA, M. C; SÁ, L. M. Escola do Campo. *In*: Caldart, R. S. *et al*. (orgs.) *Dicionário da Educação do Campo*. Rio de Janeiro/São Paulo: EPSJV/Expressão Popular, 2012. p. 326-333.

MOLINA, M. C.; HAGE, S. M. Política de formação de Educadores do Campo no contexto da expansão da Educação Superior. *Revista Educação em Questão,* Natal, v. 51 n. 37, p. 121-146, 2015. Disponível em: https://periodicos.ufrn.br/educacaoemquestao/article/view/7174. Acesso em: 20 jul. 2022.

MOLINA, M. C. Contribuições das Licenciaturas em Educação do Campo Para Políticas de formação de educadores. *Educação & Sociedade*. Campinas, v. 38, n. 140, p. 587-609, 2017. Disponível em: http://dx.doi.org/10.1590/es0101-73302017181170. Acesso em: 20 jul. 2022.

MOLINA, M. C.; SANTOS, C. A.; BRITO, M. M. B. O Pronera e a produção do conhecimento na formação de educadores e nas ciências agrárias: teoria e prática no enfrentamento ao bolsonarismo. *Revista Eletrônica de Educação*, Tocantinópolis, v. 14, p. 1-25, e4539138, 2020. Disponível em: https://doi.org/10.14244/198271994539. Acesso em: 20 jul. 2022.

MOLINA, M. C.; PEREIRA, M. F. R. A práxis como categoria estruturante do projeto de transformação na forma da Escola do Campo. *In*: LOPES, S. L. (org.) *Educação do Campo*: da teoria à práxis. Natal: Caule de Papiro, 2021. p. 23-50.

MORAES, V. M. *A produção da Licenciatura em Educação do Campo no Brasil*: as múltiplas determinações na disputa por projetos societários. Tese (Doutorado em Educação) – Universidade Tuiuti do Paraná, Curitiba, 2018.

NORONHA, O. M. Epistemologia, formação de professores e práxis educativa transformadora. *Quaestio: Revista de Estudos em Educação*, Sorocaba, v. 12, n. 1, set. 2010. Disponível em: http://periodicos.uniso.br/ojs/index.php/quaestio/article/view/176. Acesso em: 27 jan. 2018. Acesso em: 20 jul. 2022.

PEREIRA, E. N. *A prática educativa e as contribuições do processo formativo da organicidade da Licenciatura em Educação do Campo da UnB:* um estudo de caso no território Kalunga/Goiás. Dissertação (Mestrado em Educação) – Universidade de Brasília, Brasília, 2013. Disponível em: http://icts.unb.br/jspui/handle/10482/16906. Acesso em: 1 mai. 2024.

PISTRAK, M. M. (org.) *A escola-comuna*. Expressão Popular: São Paulo, 2009.

PISTRAK, M. M. *Fundamentos da escola do trabalho*. São Paulo: Expressão Popular, 2018.

RITTER, J. *Complexos de estudo:* uma proposta para as Escolas Itinerantes do Paraná: limites e possibilidades. Tese (Doutorado em Educação) – Universidade Estadual de Campinas, Campinas, 2016. Disponível em: https://doi.org/10.47749/T/UNICAMP.2016.976827. Acesso em: 1 mai. 2024

ROCHA, E. N. *Escola da Terra:* formação de professores das Escolas do Campo no Distrito Federal. Brasília: Universidade de Brasília, 2021.

SANTOS, C. R. *Teatro e questão racial:* experiência em construção do coletivo Vozes do Sertão Lutando por Transformação. Trabalho de Conclusão de Curso (Licenciatura em Educação do Campo) – Universidade de Brasília, Planaltina, 2018. Disponível em: https://bdm.unb.br/bitstream/10483/25806/1/2018_CassianaRosaDosSantos_tcc.pdf. Acesso em: 20 jul. 2022.

SAPELLI, M. L. S. Ciclos de formação humana com complexos de estudo nas escolas itinerantes do Paraná. *Educação & Sociedade*. Campinas, v. 38, n. 140, p. 611-629, 2017. Disponível em: https://www.scielo.br/j/es/a/5ngtwd4GKX9yvJYLYL7jfnb/?lang=pt&format=pdf. Acesso em: 14 jan. 2021.

SILVA, A. G. *Cultura como matriz formativa na Licenciatura em Educação do Campo da UnB*: potencialidades do trabalho como o teatro político e o vídeo popular. Dissertação (Mestrado em Educação) – Universidade de Brasília, Brasília, 2019. Disponível em: http://www.realp.unb.br/jspui/bitstream/10482/38485/1/2019_AdrianaGomesSilva.pdf. Acesso em: 01 mai. 2024.

SOLDÁ, M. Proposta pedagógica complexos de estudo: escola, trabalho, conhecimento e ensino. *Revista Trabalho, Política e Sociedade*. Nova Iguaçu, v. 3, n. 4, p. 47-66, 2018. Disponível em: https://doi.org/10.29404/rtps-v3i4.3631. Acesso em: 20 jul. 2022.

TARDIN, J. M.; GUHUR, D. M. P. Agroecologia: uma contribuição camponesa à emancipação humana e à restauração revolucionária da relação metabólica sociedade--natureza. *In*: MOLINA, M. C. et al. (orgs.) *Análise de práticas contra-hegemônicas na formação de profissionais de ciências agrárias*. v. II. Brasília: Ed. Universidade de Brasília, 2017. p. 44-99.

TONET, I. *Educação, cidadania e emancipação humana*. Ijuí: Editora Unijuí, 2005.

UNB. *Projeto Político Pedagógico do Curso de Licenciatura em Educação do Campo*. Faculdade UnB Planaltina (FUP), Planaltina, 2018. Disponível em: http://fup.unb.br/wp-content/uploads/2019/02/PPC_-Educacao-do-Campo-Em-implementacao.pdf. Acesso em: 20 jul. 2022.

VÁZQUEZ, A. S. *Filosofia da práxis*. Rio de Janeiro: Paz e Terra, 2011.

VILLAS BÔAS, R. L. Educação do Campo, questões estruturais brasileiras e formação de professores. *In*: MOLINA, M. C.; SÁ, L. M. (orgs.) *Licenciaturas em Educação do Campo:* registros e reflexões a partir de experiências-piloto (UFMG, UnB, UFBA e UFS). Belo Horizonte: Autêntica, 2011, p. 307-318. (Coleção Caminhos da Educação do Campo v. 5).

VILLAS BÔAS, R. L.; PEREIRA, K. A. Formação estética e organização social: teatro na Licenciatura em Educação do Campo. *Conhecer: Debate entre o Público e o Privado*. Fortaleza, v. 9, n. 23, p. 63-93, 2019. Disponível em: https://revistas.uece.br/index.php/revistaconhecer/article/view/1041. Acesso em: 20 jul. 2022.

XAVIER, P. H. G. *Formação de educadores na perspectiva do intelectual coletivo*: experiências a partir do complexo de estudos na Licenciatura em Educação do Campo da Universidade de Brasília. Tese (Doutorado em Educação) – Universidade de Brasília, Brasília, 2022. Disponível em: www.realp.unb.br/jspui/handle/10482/44496. Acesso em: 1 mai. 2024.

Há resistência em todos os cantos! Protagonismo de sujeitos coletivos na Licenciatura em Educação do Campo da Unifesspa

Ana Emília Borba Ferreira da Silva[1]
Maria Raimunda César de Souza[2]
Ailce Margarida Negreiros Alves[3]
Maura Pereira dos Anjos[4]
Maria Célia Vieira da Silva[5]

É aqui nas lutas de nosso tempo, dentro de nossos peitos
E tangíveis à palma da mão de cada um que se fazem as tais revoluções [...]
Evandro Medeiros

O trabalho educativo de formar Educadoras e Educadores do Campo no Sudeste do Pará apresenta as marcas dos aprendizados dos sujeitos coletivos do campo, incorporados na formação do Ensino Superior, bem como a questão agrária e os

---

[1] Dirigente da Frente Paulo Freire de educação, cultura, formação, gênero e juventude do MST Pará.
[2] Dirigente da Frente Paulo Freire de Educação, cultura, formação, gênero e juventude do MST Pará.
[3] Docente da Universidade Federal do Sul e Sudeste do Pará (Unifesspa) e da Faculdade de Educação do Campo (Fecampo). Mestra em Ciências Sociais pela Universidade Federal do Pará (Ufpa).
[4] Docente da Unifesspa e da Faculdade de Educação do Campo (Fecampo), doutora em Educação pelo Programa de Pós-Graduação em Educação (PPGE) da Universidade de Brasília (UnB).
[5] Docente na Unifesspa e na Faculdade de Educação do Campo (Fecampo). Doutoranda em Educação no Programa de Pós-Graduação em Educação da Universidade de Brasília, na linha Educação Ambiental e Educação do Campo.

debates dos territórios. Estes são marcados pela expropriação e por incontáveis conflitos da luta por terra e território, mas também pelas inúmeras expressões de resistência da diversidade dos povos do campo.

Apresentamos a construção desse projeto formativo da Licenciatura em Educação do Campo da Universidade Federal do Sul e Sudeste do Pará (Unifesspa), analisando a parceria entre a universidade e os movimentos sociais, na qual destacamos a organicidade, o trabalho, a arte e a cultura, a partir das vivências coletivas, como exercício de práxis na Educação Superior. Daremos ênfase às turmas ingressantes entre 2014 e 2016, ainda com financiamento do Procampo, e que se estenderam de forma autônoma e autofinanciada até 2019.

Este texto está organizado em quatro seções, iniciando com a apresentação do projeto formativo da Licenciatura em Educação do Campo em alternância pedagógica na Unifesspa. Na segunda seção, reflete sobre a perspectiva da formação ampliada e inserção orgânica dos estudantes com a ampliação do Programa de Apoio à Formação Superior (Procampo), destacando a Coordenação Político-Pedagógica (CPP) como estratégia de articulação entre a universidade e os movimentos sociais, e a *organicidade* como uma experiência que forma e transforma os sujeitos a partir do coletivo. Na seção 3, analisa a formação construída nos espaços de convivência, por meio das vivências de arte e cultura da Educação do Campo. E, por fim, a título de considerações finais, reafirmamos a importância da cultura organizativa na formação de educadores e educadoras.

O projeto formativo da licenciatura em Educação do Campo em alternância pedagógica na Unifesspa

A fronteira do Sudeste do Pará é um território diverso formado, sobretudo, pela migração nordestina, pelas riquezas naturais de uma floresta farta e com muito minério e por conflitos e resistências, do que são exemplos a Guerrilha do Araguaia, na década de 1970, e o Massacre de Eldorado dos Carajás, em 1996, que, ao mesmo tempo que evidenciaram a força da violência do Estado, ressignificaram a força e a luta pela terra.

As reivindicações por terra, trabalho e educação tornaram-se bandeiras de sujeitos coletivos como o Movimento de Trabalhadores e Trabalhadoras Rurais Sem Terra (MST) e a Federação dos Trabalhadores e Trabalhadoras da Agricultura (Fetagri), Regional Sudeste, que articulados ou individualmente, ampliaram e aprofundaram as parcerias com instituições públicas de ensino, que já aconteciam desde a década de 1980.

O curso de Licenciatura em Educação do Campo na Unifesspa é fruto de esforços e lutas coletivas que antecedem a criação da universidade. Esta, inclusive, é fruto de uma luta histórica de docentes e movimentos sociais do campo e da cidade que demandaram a formação de nível superior, haja vista a imensa desigualdade de acesso e da oferta da Educação Básica e Superior na Amazônia.

Com o desdobramento dessas lutas nacionais do Movimento da Educação do Campo, em 2007, foi criado o Procampo, com o objetivo de suscitar e fortalecer a implantação de Licenciaturas em Educação do Campo. É nesse contexto que, em 2009, foi instituído esse curso no *campus* de Marabá, atual sede da Unifesspa[6] (Anjos, 2020).

Políticas como o Programa Nacional de Educação na Reforma Agrária (Pronera), Procampo e o Programa Nacional de Educação do Campo (Pronacampo)[7], este criado em 2012, viabilizaram nas últimas décadas a presença de uma diversidade de sujeitos do campo, das águas e das florestas nas instituições de Educação Superior, contribuindo para, como disse Che Guevara, "pintar a universidade de povo".[8]

A Educação do Campo se organiza como uma articulação de sujeitos coletivos do campo que reivindicam a educação em diferentes níveis e espaços, para além do "básico", e colocam em pauta o acesso e a permanência dos povos do campo à Educação Superior, com propostas pedagógicas curriculares específicas. Nesse sentido, a contribuição da Educação do Campo é a ruptura da lógica dominante, problematizando a indissociável relação entre a concepção de campo, educação e políticas públicas (Caldart, 2008). No caso do sul e sudeste do Pará, essa mobilização dos sujeitos coletivos do campo tem constituído uma "rede epistêmica de Educação do Campo na Amazônia", como definiu Medeiros (2021).

A Licenciatura em Educação do Campo[9] traz em sua organização curricular e pedagógica uma diversidade de elementos que garantem sua especificidade e o vínculo com a diversidade dos povos do campo. Camponeses, ribeirinhos, acam-

---

[6] O *campus* de Marabá da Ufpa foi desmembrado em 2013 e constitui, junto com a criação de cinco *campi*, a Universidade Federal do Sul e Sudeste do Pará (Unifesspa), uma universidade *multicampi*, que está em processo de estruturação e ampliação há 10 anos. A partir de 2016, o projeto foi fortemente impactado com os gradativos cortes e congelamentos de recursos nas instituições superiores de educação.

[7] Ver: MEC, 2012; Molina; Antunes-Rocha, 2014; Anjos, 2015; 2020.

[8] Discurso de Ernesto Che Guevara na Universidade de Las Villas, em Cuba, em 28 de dezembro de 1959. Disponível em: https://medium.com/@douglascapiotti/discurso-na-universidade-de-las-villas-28-de-dezembro-de-1959-a4099a072d25. Acesso em: 10 fev. 2023.

[9] Na Unifesspa, a Licenciatura em Educação do Campo oferta quatro áreas de conhecimento ou ênfase: Ciências Agrárias e da Natureza (CAN), Letras e Linguagens (LL), Ciências Humanas e Sociais (CHS) e Matemática. Os estudantes fazem a opção por uma ênfase após o terceiro Tempo Universidade. Neste texto, fizemos a opção por não tratar da formação por área pela necessidade de aprofundamento da temática selecionada.

pados, assentados, quilombolas e diversos povos indígenas que integraram a formação valorizam diferentes tempos, conhecimentos e espaços formativos.

Na organização do projeto político pedagógico e do itinerário formativo da Licenciatura em Educação do Campo da Unifesspa foram incorporados os aprendizados dessa história, enriquecida pelos conhecimentos e pelas experiências da diversidade que ela abarca, trilhada com rigor no método e na sensibilidade dos encontros.

Para a construção do projeto foram incorporados os aprendizados da Pedagogia da Alternância pelos Centros Familiares de Formação por Alternância (Ceffas), os quais inspiraram a concepção teórico-metodológica da Alternância Pedagógica. Com ela, são sistematizados os processos formativos de encontros de tempos, espaços e movimentos, com conteúdos e formas na construção da educação emancipatória e libertadora (Freire, 1972), nos espaços e tempos que provocam o desvelamento da realidade, a problematização e a produção de conhecimentos e práticas pedagógicas calcadas nos sentidos e na realidade dos sujeitos camponeses, indígenas, pescadores, quilombolas e ribeirinhos.

O percurso formativo dos estudantes no primeiro Tempo Universidade é singular e aponta como o Tempo Universidade e o Tempo Comunidade serão vivenciados ao longo de todo o curso, pois envolve um conjunto de atividades que proporcionam o estudo da realidade social, de modo a situar a história de vida dos sujeitos na própria história do território, e como a ciência constrói conhecimentos a partir do lugar dos sujeitos. Para tal, três disciplinas são ofertadas: "Oficina de História de Vida"; "Seminário: Sociedade, Estado, Movimentos Sociais e Questão Agrária na Amazônia", além do aprofundamento teórico da produção de conhecimentos, por meio do componente curricular Epistemologia Geral.

O seminário "Sociedade, Estado, Movimentos Sociais e Questão Agrária na Amazônia" tem carga horária de 180 horas, abarcando aproximadamente 45% da carga horária total do primeiro Tempo Universidade. O seminário é dividido em três partes: seminário aberto, viagem de campo e a sistematização e socialização das duas etapas anteriores, culminando em uma exposição fotográfica e nas sínteses dos conhecimentos construídos.

O seminário aberto tem como foco o debate da hegemonia burguesa e da contra-hegemonia e emancipação na fronteira; convidados debatem os principais conflitos, as contradições e tensões que impactam diretamente os sujeitos do curso e os processos de resistências ou as formas de organização política dos trabalhadores no enfrentamento à lógica das políticas desenvolvimentistas do capital. É na abertura desse seminário que também acontece o Café Camponês, marcando a abertura oficial do Tempo Universidade para todo o curso.

A viagem de campo é o encontro com histórias e sujeitos coletivos, com as histórias bem guardadas, os lugares preservados ou avisados. Um olhar para os territórios, as lutas, os fazeres e viveres, e como se estabelecem as relações de produção, de poder e de transformações diante dos projetos em disputa.

Os itinerários são organizados de forma a permitir aos estudantes contato e vivência com diversas realidades constituídas como processos específicos de sustentação ou transformação de projetos de sociedade. Os estudantes observam como o projeto do capital está presente na região por meio da força da mineração e do agronegócio – e também nos seus arranjos, na sua relação com a natureza, na organização do trabalho e nos impactos na vida das comunidades. No entanto, também interagem com assentados, acampados, indígenas, quebradeiras de coco; com suas lutas, resistências, seus conflitos e as alternativas construídas.

O processo de reflexão e sistematização no retorno da viagem de campo é fascinante – cada abraço, o olhar, a fala alta, os gestos, o riso, os comentários sobre todos os lugares, as pessoas e suas histórias. Os estudantes voltam bastante impactados pelo conhecimento, pelos casos, as tantas histórias desconhecidas ou invisibilizadas e como as histórias descobertas também são suas histórias. O frenesi na construção do relatório de sistematização e da exposição fotográfica demonstra que o ato de conhecer pode e deve ser uma ação concreta. E, por fim, a socialização é o momento no qual estudantes e professores compartilham o olhar individual e coletivo sobre os itinerários, as nuances percebidas, construindo também o entendimento comum da Educação do Campo como parte do projeto político de resistência para os povos da região de *front* e fronteira em que vivemos.

O Tempo Comunidade é o entrecruzar do espaço da universidade com as comunidades, constituindo a problematização do vivido e o encontro com o estranhamento de si, de seu cotidiano e das práticas de sua comunidade. Retornar para a comunidade depois do Tempo Universidade é um mergulho de olhos abertos, com maior intencionalidade no olhar e sabedoria no escutar e, com ele, é sistematizada a história da comunidade por meio da história de vida dos moradores, das lideranças locais e da pesquisa documental, a qual permite aos estudantes entenderem o seu papel como sujeito histórico.

Na alternância, reafirmamos que o campo é lugar de saberes e conhecimentos e o território de grandes disputas. Disputa da terra, dos bens da natureza e da forma de trabalho, do alimento e das narrativas sobre "desenvolvimento" da Amazônia. A presença dos sujeitos do campo no Tempo Universidade traz inquietações, questionamentos e projeta tempos de esperançar.

A organicidade da Licenciatura em Educação do Campo: a CPP, a organização dos estudantes e a formação ampliada

Na Unifesspa, houve uma expansão nos aspectos qualitativos e quantitativos a partir do edital Procampo (Brasil, 2012). O ingresso anual, via Processo Seletivo Especial (PSE), foi de 120 jovens e adultos, em três anos consecutivos, oriundos dos territórios rurais camponeses, quilombolas, ribeirinhos e indígenas e de outros movimentos tais como o Movimento dos Atingidos por Barragens (MAB), Movimento das Quebradeiras de Coco Babaçu (MIQCB) e o Movimento pela Soberania Popular na Mineração (MAM), somando as articulações já existentes com o apoio dos novos docentes integrantes ao Colegiado da Faculdade de Educação do Campo (Anjos, 2020). Essa conquista é expressão de uma luta histórica que busca romper com o pensamento hegemônico e assegura aos povos do campo autonomia administrativa e pedagógica em seus territórios.

O apoio à permanência dos estudantes previsto no financiamento via Procampo possibilitou o custeio de espaços coletivos de hospedagem e alimentação, material didático-pedagógico e o apoio para a realização do acompanhamento pedagógico realizado por sujeitos formados nas lutas coletivas, tais como: Levante Popular da Juventude, Coletivo Debate & Ação, egressos da especialização Residência Agrária, coordenados por dirigentes do Setor de Educação do MST.

A CPP era compreendida como espaço de articulação entre a representação dos movimentos sociais e a universidade, e materializava um princípio fundante da Educação do Campo no qual os processos educativos eram construídos com os sujeitos do campo, consistindo na participação e no diálogo direto na elaboração e realização das atividades pedagógicas, incorporando suas práticas culturais, saberes, anseios, lutas e desafios e considerando sua historicidade, organização e trabalho. Assim, a experiência de acompanhamento político-pedagógico adentrou, também, os espaços formais e deliberativos da Faculdade de Educação do Campo. A CPP passou a participar das reuniões do Colegiado, espaço composto por professores, técnicos, e da representação discente, com direito a palavra, mas sem direito a voto.

No Colegiado, a presença da CPP, integrada por pessoas de referência dos movimentos sociais do campo, não se deu sem conflitos frente à intensa demanda administrativa e às tensões na relação com professores de diferentes trajetórias formativas com visões diversas acerca da função social da universidade e do entendimento sobre o projeto político do curso.

Apesar das divergências, o Colegiado configura-se também como um espaço de planejamento das ações pedagógicas, integrando diversas atividades: disciplinares; imersão-observação-investigação-intervenção na/da realidade social; atividades da vivência coletiva; atividades demandadas pelos estudantes, como o dia da plenária do Centro Acadêmico dos Estudantes da Educação do Campo (Caec), dentre outras.

Um dos trabalhos educativos da CPP foi estimular vivências coletivas como protagonismo e auto-organização dos estudantes, além da organização de equipe para apoio às estudantes mães por meio da Ciranda Infantil, que acolhia as crianças com atividades pedagógicas e lúdicas proporcionando a permanência das estudantes mães no processo formativo.

A formação dos estudantes no Tempo Universidade passou a ser orientada por uma dinâmica que buscava valorizar uma formação ampliada, na qual os princípios do trabalho, da cultura e da organicidade alinhados a vivências a partir de outros níveis de sociabilidade permitia o questionamento da nossa formação de raça, gênero, sexualidade, orientação sexual e religiosidade.

A CPP e a possibilidade de sua manutenção via recursos do Procampo fortaleceram a realização de uma diversidade de atividades pedagógicas que extrapolam as atividades disciplinares. Aproximando-se, portanto, da perspectiva de educação omnilateral, "que busca levar em conta todas as dimensões que constituem a especificidade do ser humano e as condições objetivas e subjetivas reais para seu pleno desenvolvimento histórico" (Frigotto, 2012, p. 265).

Outra decorrência da ampliação, da diversidade dos sujeitos e dos desafios do cotidiano foi a necessidade da organização coletiva dos estudantes, para a qual, mais uma vez, recorremos aos aprendizados construídos nos movimentos sociais, situando a organicidade como experiência coletiva de organização, formação e transformação da realidade.

O conjunto de atividades desenvolvidas nos espaços coletivos, como a organicidade dos estudantes, o planejamento, divisão de tarefas e as vivências culturais, só foram possíveis mediante a gestão coletiva do recurso, garantindo condições dignas de moradia, alimentação, cuidados e formação para todos e todas os(as) estudantes durante os Tempos Universidade, permitindo o enriquecimento da convivência no espaço comum. Tal processo era construído e pactuado pela universidade e pelos movimentos sociais.

O Planejamento do Tempo Universidade considerou as várias dimensões da formação humana e a realidade dos estudantes que chegavam. Para isso, trabalhou-se com as emoções e as condições físicas no sentido de dar unidade ao grupo, buscando compreender a situação daqueles que se permitiam viver o desafio da vida coletiva, afastando-se da casa, da família, dos afazeres cotidianos para adentrar em um ambiente que para muitos era inacessível. O estudo apresentava-se como uma rotina desconhecida; por isso, pensar com cuidado o acolhimento dos estudantes implicava trabalhar com sonhos, expectativas, entusiasmo, medos, tristezas, luto e necessidades. A consciência em relação ao espaço coletivo é uma construção lenta, exige um processo permanente de escuta e diálogos, mexe com os valores, os princípios, as crenças; acima de tudo, é o momento de desacomodar o seu eu, sair da primeira pessoa do singular, construir relações respeitosas e projetar o nós. O plural é um "rasgar-se e remendar-se" cotidianamente, como nos ensina Guimarães Rosa (Rosa, 1985).

A Plenária de Organicidade, uma das primeiras atividades realizadas, tinha como objetivos: conduzir o trabalho coletivo na formação dos Núcleos de Base (NBs); planejamento e debate do Eixo Temático e propostas de atividades; discussão do cronograma de tarefas e horários; normas de convivência e afeto. Nos finais de semana, de vivências de arte e cultura, todas as turmas se reuniam no mesmo espaço para o café da manhã coletivo, a realização de debates, oficinas, almoço com partilha de receitas e a noite cultural.

A articulação das atividades, compreendendo o coletivo como educador, foi o princípio que norteou o acompanhamento pedagógico. A organicidade criava inquietações, provocava desconfortos e ao mesmo tempo recriava relações, humanizando sujeitos e buscando outras formas de entender-se no mundo e perceber-se sujeito dessa construção.

Formação nos espaços de convivência: vivências de arte e cultura na Educação do Campo

O MST no Seminário Nacional de Arte e Cultura na Formação, em 2005, reafirmou a necessidade do fazer artístico como práxis. Definiu que, além do acesso à arte, era fundamental fazer, criar e construir, pois só assim também seria possível debater as questões estéticas e agir sobre elas. Esse fazer e viver artístico está fundamentado dentro da uma perspectiva de formação humana omnilateral pautada por Marx (2004), quando afirma que a formação dos cinco sentidos carrega consigo uma dimensão histórica e confirma-se como "força social humana": a formação da subjetividade é também a humanização dos sentidos. O MST em seu caderno "princípios da educação no MST" (1999) afirma que as dimensões da formação política-ideológica, a formação técnico-profissional, a formação dos sentidos, a formação cultural-estética e a formação afetiva estão interligadas. É a partir dessas premissas que durante o Tempo Universidade realizamos algumas atividades aqui descritas e refletidas.

As vivências de arte e cultura durante os Tempos Universidade da Licenciatura da Educação do Campo tiveram como finalidade a formação de valores humanos e estéticos provocadores de processos críticos e emancipatórios. As vivências contribuíram para além da experimentação com as linguagens artísticas: os processos vivenciados procuravam aproximar os estudantes do sensível, do belo, do festivo, na partilha do tempo e do espaço coletivo, na possibilidade de que emergisse uma cultura política de sujeitos que se movimentam na construção de uma educação libertadora.

No sentido de apontar caminhos nesse processo, o itinerário pedagógico se iniciava com a definição das temáticas e a escolha dos temas envolvia o debate da educação, dos pensadores críticos emancipatórios e da Pedagogia Socialista, eventos históricos e datas comemorativas, como as lutas na América Latina. A temática trabalhada urdia todo o processo de organicidade e planejamento do Tempo Universidade, criando dinâmicas para que os estudantes, interagindo com o tema, pesquisassem e escolhessem nomes para os núcleos, apresentassem místicas e organizassem seminários, noites culturais e o embelezamento dos espaços. Esse processo tinha como objetivo aproximar os estudantes de assuntos que não estavam em seu cotidiano, contribuindo em sua formação acadêmica e política.

Durante os Tempos Universidade também eram realizadas oficinas – algumas previamente propostas no planejamento, outras a partir de circunstâncias conjunturais que demandavam o debate em conjunto e novas formas de pensar sobre as situações e seus contextos. As oficinas previamente idealizadas dialogavam diretamente com o Projeto Político Pedagógico do Curso (PPC), e eram parte constituinte dos seminários realizados durante o Tempo Universidade no espaço coletivo da Cabanagem.[10] Assim, oficinas de Abayomi, turbantes e dança afro trilhavam os caminhos de disciplinas como: África, Invenção e Reinvenções e Cultura Afro-Caribenha e Relações Caribe-Brasil; enquanto outras oficinas, como escrita e metodologia científica, estavam direcionadas ao avanço da escrita e da elaboração dos trabalhos de conclusão de curso. As oficinas eram ministradas por convidados, grupos culturais e pela CPP. Seminários com lançamento de livros e socialização de TCCs de graduandos da licenciatura e de cursos do Pronera também foram realizados nos Tempos Universidade.

Os cafés, camponês ou literário, garantiam um processo de acolhimento e partilha. Para a materialização dessa atividade, alguns estudantes se comprometiam em chegar um dia antes do início das aulas no Tempo Universidade, trazendo alimentos de seus roçados e de suas comunidades, em cooperação com alguns professores, que contribuíam financeiramente para a organização do café. Os alimentos eram preparados no espaço coletivo da Cabanagem e servidos no espaço da faculdade como boas-vindas ao Tempo Universidade. Junto ao alimento estavam a poesia, a música e a fala da coordenação da Fecampo e dos movimentos sociais.

---

[10] As turmas de 2014, 2015 e 2016 moravam na Chácara Diocesana, na Fundação Cabanagem e na Obra Kolping, respectivamente.

O Café Camponês, servido no espaço da universidade, era aberto e compartilhado para com outros sujeitos além dos estudantes do curso – uma forma de fazer disputa do território material e imaterial. Dar visibilidade à fartura e à partilha da produção camponesa com produtos das áreas de Reforma Agrária e dos lotes dos estudantes instituiu-se como estratégia de luta e do imaginário do que o campesinato organizado é capaz.

Os Cafés Literários, um convite à literatura, funcionavam no espaço coletivo da Cabanagem e tinham como objetivo estimular o despertar de sentidos, o paladar, a visão e a audição, fazendo uso de músicas, poesias, sabores e cores. A atividade era definida no início do Tempo Universidade com a escolha do(a) autor(a) homenageado(a), quando uma equipe ficava responsável por criar a mística, apresentar o homenageado, ornamentar o espaço com imagens, frases e elementos acerca do tema, enquanto outra equipe preparava a alimentação servida no café, brincando com sabores e cores postos à mesa.

A biblioteca itinerante Paulo Freire conjugava-se com o Café Literário na Cabanagem, contudo, ela surgiu muito antes da licenciatura. É um dos espaços pedagógicos dentro do Acampamento Pedagógico da Juventude[11], que tem como finalidade cultivar os hábitos de pesquisa, estudo e leitura da juventude. O acervo é formado, essencialmente, por livros da Expressão Popular e doações de professores. Todo o material estava à disposição para empréstimos durante o Tempo Universidade e havia na organicidade uma pessoa responsável pela tarefa de montar a biblioteca e acompanhar os empréstimos.

O Cinema da Terra tinha como função possibilitar o exercício de compreensão de questões sociais, culturais e estéticas a partir da exibição de filmes e documentários. As sessões, realizadas semanalmente, dialogavam com o tema do Tempo Universidade, com datas emblemáticas e com os problemas apresentados na convivência coletiva, nas relações pessoais, e também nas relações de gênero, classe, raça, etnia, como o racismo e preconceitos, intolerância religiosa, as violências diversas sofridas pelas mulheres, tais como crimes de feminicídio e outros. Após as exibições, abria-se uma roda de debate para discutir o que foi assistido, contando ou não com a presença de debatedores externos convidados pela CPP.

Uma das ações mais esperadas pelos estudantes, no Tempo Universidade, era o Cabaré Literário. Seu principal objetivo era debater sobre a sexualidade, os corpos e a contribuição das linguagens artísticas para a emancipação humana. A

---

[11] O Acampamento Pedagógico da Juventude Oziel Alves Pereira realiza, durante uma semana, atividades na Curva do S, lugar do Massacre de Eldorado dos Carajás, mobilizando jovens de várias regiões do estado para somar suas vozes à luta pela terra, problematizando e denunciando os crimes e abusos por parte do latifúndio e das grandes empresas.

preparação envolvia o estudo de filmes, textos, músicas com temáticas acerca do machismo, LGBTfobia, sexualidade, bem como uma análise da história regional, envolvendo Serra Pelada e seus cabarés, dentre outros elementos importantes a serem problematizados. Havia também a construção das performances e a preparação do espaço, que implicavam em uma construção estética e que debatiam o erótico como parte da formação dos sentidos.

Um aspecto interessante era o envolvimento coletivo de estudantes evangélicos, que vivenciavam o espaço nos processos formativos e na preparação da atividade, mas sem, no entanto, participar da culminância, que é a festa em si. Os evangélicos que estavam no espaço coletivo da Cabanagem reivindicaram a realização de um momento religioso. Houve algumas Noites de Louvor, construídas e inseridas na programação dos Tempos Universidade – atividades que contaram com a contribuição da equipe de mística e cultura na organização, participação de corais das igrejas, dramatizações das parábolas e pregações pelos próprios estudantes. A noite culminava com um jantar, cujo cardápio era elaborado especificamente para a atividade. As Noites de Louvor contavam com ampla participação, desde estudantes sem vínculos religiosos com a tradição evangélica até a presença de pastores e convidados das igrejas onde os estudantes congregavam.

A organização e realização das noites culturais era um desafio constante da formação cultural coletiva, talvez por ser a atividade cultural mais frequente no Tempo Universidade e por agregar um maior número de pessoas, tais como professores, estudantes de outros cursos e pessoas externas. Nem sempre as noites culturais eram temáticas, todavia, envolviam uma reflexão sobre o que fazer e como fazer, contribuindo com uma organicidade de cuidados com o espaço, com as finanças e com a mística.

Ao desenhar um roteiro para a noite, planejavam as ornamentações, místicas e seleção de músicas. Em geral, a primeira parte da noite transcorria tranquila, no entanto, as tensões apareciam quando surgia a ideia de que sobraria um tempo na finalização da noite, o que possibilitava abrir o espaço para músicas do arcabouço da indústria cultural, com as quais era possível "balançar a raba". Ao optar por não colocar essas músicas, havia ameaças como "vamos todos embora", "a festa vai acabar"; no entanto, mesmo que as músicas não entrassem na *playlist*, as pessoas permaneciam na festa.

Essas pressões são parte de uma negociação não declarada que, apesar de estar mais evidente nas noites culturais, também perpassam todas as atividades do curso. São disputas acirradas de controle do espaço e da subjetividade que nem sempre estão perceptíveis à coletividade. Entretanto, essas tensões e a exposição das contradições nos momentos de avaliação abriam espaços para novas discussões, desaguando em reflexões mais profundas sobre a indústria cultural, a espetacularização do agronegócio, o campesinato, a formação dos educadores e a formação humana.

Os Tempos Universidade eram organizados com uma imensa profusão de atividades de sociabilidade e integração, previstas do início ao final do período, que envolviam expressões artísticas e se mostravam como mobilizadoras da cultura, não somente no âmbito do acesso, como também no incentivo à criação e ao fazer pedagógico. Em cada uma das atividades, a produção artesanal de cadernos de poesia, cadernos de música, baldinho de pipoca, cartazes, convites, lembranças e agradecimentos estavam imbuídos de pesquisa, estudo e sistematização no sentido de qualificar cada artefato de encantamento que chegava às mãos de quem participava.

As vivências não estavam separadas do fazer artístico, não havendo segregação entre os que concebiam e os que materializavam. Todos, estudantes e CPP, eram corresponsáveis pelas atividades. Cortar papel, esticar tecido, subir na escada, lavar o chão eram tarefas tão fundamentais e com a mesma magnitude de quem recitava, cantava ou fazia fala política, e todos eram capazes de realizá-las.

A vivência da arte e da cultura era uma ação pedagógica intencional; sua premissa era a construção da sensibilidade e do desenvolvimento da consciência do sujeito reflexivo e atuante. O gosto e a relação dos estudantes com a arte não se davam aleatoriamente; deveriam ser cultivados, pensados e problematizados – ação que questiona o conhecimento e suas formas, quando é possibilitado o acesso às diversas linguagens, formas e conteúdos de criação, no entendimento de que arte é estado da ação, criação, problematização, reflexão, libertação, emancipação e transformação. Pois a beleza que nos interessava era a práxis de relações transformadoras.

Considerações finais

A conflituosa tarefa de escrever exige a discussão dos sentidos das narrativas, que envolvem o protagonismo dos sujeitos, suas visões de mundo e as estratégias estabelecidas no fortalecimento da história de luta e resistência dos povos do campo. O conflito, obviamente, não se dá sem tensões e contradições que nos movem na construção cotidiana dos processos sociais.

Na experiência orgânica aqui relatada, o coletivo apresentou-se como uma vivência que forma e transforma, mostrando-se fundamental para produzir novas relações e expressões culturais capazes de superar as práticas de alienação. A cultura organizativa é parte do processo formativo dos educadores, desde a inserção na realidade até as vivências de arte, cultura e literatura. Os espaços de convivência interagiram com os territórios como prática no fazer pedagógico de cada ação do processo formativo da Educação do Campo: na capacidade inventiva das relações, na diversidade de pessoas, identidades, histórias e culturas, no currículo pulsante como prática social que se vincula com a comunidade e a escola, com a produção e a cultura.

A Educação do Campo, ao longo de mais de 20 anos – 16 anos da Licenciatura em Educação do Campo no Brasil e 14 anos na Unifesspa –, tem contribuído para a construção de processos educativos emancipatórios em diferentes dimensões e práticas curriculares na formação docente, apresentando-se contrária à perspectiva da padronização curricular e pedagógica, de cunho pragmático e utilitarista, alinhada às perspectivas neoliberais.

A relação entre universidade e movimentos sociais do campo, por meio da CPP, trouxe inúmeras provocações e possibilidades à universidade. O reconhecimento do diálogo com os sujeitos coletivos do campo sobre sua formação não deslegitima a universidade, mas a enriquece, uma vez que a situa em um projeto de sociedade capaz de tomar posição política em favor dos historicamente esfarrapados do mundo, parafraseando Paulo Freire.

A realização de propostas pedagógicas e curriculares com percursos formativos que valorizam o caráter educativo dos sujeitos do campo e seus territórios ajuda a repensar/disputar a concepção de universidade, compreendendo-a como espaço de diversidade e da produção de vivências coletivas que rompem com a hierarquia de conhecimentos, produzindo outros níveis de sociabilidade orientados pela horizontalidade, protagonismo e auto-organização dos sujeitos. Essas dimensões estão relacionadas à matriz que orienta a formação de professores na indissociável relação entre processo formativo na universidade e seus vínculos com os territórios dos povos do campo na comunidade, na escola e em outros espaços formativos e organizativos, por meio das atividades orientadas.

Entendemos que o papel das linguagens vivenciadas na Licenciatura constrói uma cultura de transformação, na qual os sujeitos são agentes concretos desse processo. O trabalho coletivo fortalece as atividades curriculares e aprendemos, como canta Elza Soares (2002), "de algum antepassado da cor. Brigar, brigar, brigar, brigar, brigar".

E apesar do esforço sistemático dos recentes governos para extinguir as experiências de Educação do Campo – seja no fechamento das Escolas do Campo de Educação Básica ou na Educação Superior, em particular na Licenciatura em Educação do Campo para atuar em escolas –, a Educação Superior resiste dentro das instituições públicas, a partir da capilaridade das articulações do movimento de Educação do Campo nos territórios.

As vivências orientadas pela CPP no processo formativo de educadoras e Educadores do Campo se apresentam como possibilidades a serem fortalecidas na perspectiva de construção de um perfil de educador capaz de compreender a historicidade e as contradições dos problemas que impactam a existência e reprodução das populações do campo. Ao mesmo tempo, constroem caminhos de intervenção visando a transformação dessa realidade, articulando diferentes tempos, espaços e sujeitos coletivos em processos de trabalho no campo, na comunidade e na escola, produzindo resistência em todos os cantos!

Nesse sentido, o debate e a construção seguem enraizando, mesmo depois do término do projeto de financiamento. Os estímulos, em processo permanente, a auto-organização dos estudantes, os movimentos sociais e a universidade garantiram a continuidade da maioria das ações.

Referências

ANJOS, Maura Pereira dos. *Institucionalização da Licenciatura em Educação do Campo na UNIFESSPA:* avanços e contradições. Orientadora: Mônica Castagna Molina. Tese (Doutorado em Educação) – Universidade de Brasília, Brasília, 2020.

BRASIL. Ministério da Educação. *Edital de seleção n. 02/2012- SESU/SETEC/SECADI/ MEC de 31 de agosto de 2012.* Chamada Pública para seleção de Instituições Federais de Educação Superior (IFES) e de Institutos Federais de Educação, Ciência e Tecnologia (IFET), para a criação de cursos de Licenciatura em Educação do Campo, na modalidade presencial.

CALDART, Roseli Salete. Sobre Educação do Campo. *In*: FERNANDES, Bernardo Mançano; SANTOS, Clarice Aparecida dos *et al.* (orgs.) *Educação do Campo:* campo/ políticas públicas/educação. Brasília: Incra/MDA, 2008. p. 67-86. (NEAD Especial 10).

FRIGOTTO, Gaudêncio. Educação Omnilateral. *In*: CALDART, Roseli; PEREIRA, Isabel Brasil; ALENTEJANO, Paulo; FRIGOTTO, Gaudêncio (orgs.) *Dicionário da Educação do Campo.* Rio de Janeiro/São Paulo: Escola Politécnica de Saúde Joaquim Venâncio/Expressão Popular, 2012. p. 265-272.

FREIRE, Paulo. *Pedagogia do Oprimido.* São Paulo: Editora Paz e Terra, 1972.

MARX, Karl. *Manuscritos econômico-filosóficos.* São Paulo: Boitempo Editorial, 2004.

MEDEIROS, Evandro Costa de. *Rede epistêmica de Educação do Campo na Amazônia:* sujeitos coletivos em movimento por uma política e pedagogia do inédito viável no Sudeste do Pará. Orientação: Maria do Socorro Xavier Batista. Tese (Doutorado) – UFPB/CE. João Pessoa, 2021.

MST. *Princípios da educação no MST.* Caderno de educação n. 8. São Paulo, 1999.

MST. Coletivo Nacional de Cultura do. *Ensaios sobre Arte e Cultura na Formação.* Rede Cultural da Terra. Caderno das artes. São Paulo: Anca, 2005.

ROSA, João Guimarães. *Tutaméia (Terceiras Estórias).* 6ª ed. Rio de Janeiro: Nova Fronteira, 1985.

SOARES, Elza. *A carne. In:* Álbum "Do Cóccix até o Pescoço". Intérprete: Elza Soares. Salvador: Gravadora Maianga, 2002. CD.

TAFFAREL, Celi Nelza Zulke; CARVALHO, Marize Souza. A extinção da SECADI: um golpe fatal nas conquistas no campo da educação. *Cadernos do GPOSSHE On-line.* Fortaleza, v. 2, n. 1, 2019. p. 84-90.

Escrever a história a contrapelo:
a experiência da turma Eduardo Galeano

Diana Daros[1]
Miguel Enrique Stédile[2]
Simoni Sagaz[3]

Eu escrevo para os que não podem me ler. Os de baixo, os que esperam há séculos na fila da história, não sabem ler ou não tem com o quê.
Eduardo Galeano, O Livro dos Abraços

O curso de Licenciatura em História da Universidade Federal Fronteira Sul (UFFS), em sua parceria com os movimentos populares do campo realizada no Instituto de Educação Josué de Castro (IEJC), permitiu a potencialização de experiências educacionais significativas, por meio da mediação dos movimentos populares do campo. O resultado foi a possibilidade de construção de métodos e estratégias pedagógicas que incidiram diretamente na formação de Educadores e Educadoras do Campo nessa área de conhecimento. Por meio dessa parceria, foram desenvolvidas duas turmas de Licenciatura em História, a primeira entre os anos de 2013-2017 e a segunda com o percurso previsto entre 2019-2024. O presente texto estará centrado na primeira experiência, já concluída, porém os elementos estruturantes de seu projeto e método pedagógico são comuns à segunda turma.

---

[1] Mestranda em Educação pela Universidade Federal do Rio Grande do Sul e integrante da coordenação pedagógica do Instituto de Educação Josué de Castro.
[2] Doutor em História pela Universidade Federal do Rio Grande do Sul e integrante da coordenação pedagógica do Instituto de Educação Josué de Castro.
[3] Mestra em Geografia pela Universidade Estadual de São Paulo e integrante da coordenação pedagógica do Instituto de Educação Josué de Castro.

A construção do curso

Entre as políticas públicas mais relevantes e significativas da primeira década do século XXI está certamente o processo de expansão da rede universitária federal. Diante da histórica elitização da graduação e pós-graduação no país, foram criadas, entre 2003 e 2016, 18 novas universidades e 173 *campi* universitários, o que possibilitou praticamente duplicar o acesso ao ensino universitário no Brasil, saltando de 505 mil estudantes, em 2003, para 932 mil, 11 anos depois.

A criação da Universidade Federal da Fronteira Sul (UFFS) tem sua origem nas mobilizações dos movimentos populares do campo da região sul do país, os quais reivindicaram uma instituição de Ensino Superior pública e gratuita – em especial os movimentos que formam a Via Campesina e a Federação dos Trabalhadores da Agricultura Familiar da Região Sul (Fetraf-Sul) que se destacaram na construção e coordenação do Movimento Pró-Universidade desde 2005. Quatro anos depois, a UFFS foi criada, com *campi* nos estados do Rio Grande do Sul (Cerro Largo, Erechim e Passo Fundo), Santa Catarina (Chapecó, local da sua reitoria) e Paraná (Realeza e em um assentamento de Reforma Agrária em Laranjeiras do Sul).

Na definição dos cursos de graduação, a Comissão de Implantação da UFFS priorizou as áreas das Ciências Agrárias, com ênfase na Agroecologia. Além das atividades de extensão e de pesquisa, o currículo foi organizado em torno de três domínios: o comum, o conexo e o específico, para assegurar que todos os estudantes da UFFS recebessem uma formação ao mesmo tempo cidadã, interdisciplinar e profissional (Fraga; Stédile, 2016).

Segundo Pereira (2015), cinco ineditismos caracterizam o diferencial da UFFS:

> 1) Ineditismo regional: é a primeira experiência de Universidade Federal na sua região de abrangência e que se organiza em três estados da federação; 2) Ineditismo de acesso: desde o início, sem vestibular, e considerando o ENEM mais o "fator escola pública" como política afirmativa; 3) Ineditismo político: tem como "marca de origem" a mobilização de sujeitos políticos dos três estados da região sul; 4) Ineditismo curricular: a proposta de organização curricular em três domínios (comum, conexo e específico); 5) Ineditismo social: projetada como uma universidade popular, a UFFS se constitui com mais de 90% de seus estudantes oriundos da escola pública. (Pereira, 2015, p. 131)

A presença dos movimentos populares do campo não findou com a fundação da UFFS. Ao contrário, permanecem como protagonistas da construção e do desenvolvimento da instituição, com assento no Conselho Estratégico Social da Universidade e, assim como organizações e entidades da comunidade, como sindicatos e cooperativas, votam na eleição para Reitor, com o mesmo peso que servidores, discentes e docentes.

É nesse contexto e nesse ambiente de parceria e construção que o Movimento dos Trabalhadores Rurais Sem Terra (MST) demandou ao *campus* Erechim da UFFS a criação de uma turma de Licenciatura em História, propondo sua realização no Instituto de Educação Josué de Castro (IEJC), escola de Ensino Médio e Profissionalizante para jovens e adultos vinculados aos movimentos sociais do campo.[4]

O IEJC foi criado em 1995 a partir da demanda de formação profissional para atuação nos assentamentos de Reforma Agrária,[5] inicialmente com os cursos de Magistério (depois passando à denominação legal de curso Normal de Nível Médio), para formação de educadores e educadoras, e Técnicos em Cooperativismo, para organização de empreendimentos econômicos sociais, como associações e cooperativas, e educadores/educadoras para o Ensino Fundamental. Ao longo dos anos, ampliou-se a oferta de cursos incluindo a formação de Técnicos Agentes de Saúde Comunitária e a Comunicação Popular. No momento da parceria com a UFFS, a sede era no município de Veranópolis (RS).[6]

Além dos cursos de Ensino Médio Profissionalizante, o IEJC passou a ofertar cursos de graduação em parceria com Instituições de Ensino Superior, nos marcos do Programa Nacional de Educação para Reforma Agrária (Pronera). Nessa parceria entre o IEJC, o Pronera e as Instituições de Ensino Superior foram ofertados os cursos de Pedagogia da Terra com a Universidade Estadual do Rio Grande do Sul (Uergs), Licenciatura em Educação do Campo e especialização em Educação do Campo e Desenvolvimento com a Universidade de Brasília (UnB) e o curso de especialização em Ensino de Ciências Humanas e Sociais com a Universidade Federal de Santa Catarina (UFSC).

Para além de sua trajetória institucional, é necessário destacar seu percurso pedagógico. Como um instituto a serviço dos movimentos populares do campo, o IEJC tem por finalidade a formação profissional e a escolarização, mas igualmente a formação humana e política. Portanto, busca a formação de sujeitos capazes de analisar e transformar a realidade a partir de um projeto de sociedade e para o campo, referenciado no Programa de Reforma Agrária Popular (2014).

---

[4] Para viabilidade institucional da parceria, o curso contou com aportes financeiros do Programa Nacional de Educação para Reforma Agrária (Pronera) por meio de um termo de cooperação entre o Instituto Nacional de Colonização e Reforma Agrária (Incra), o Instituto Técnico de Capacitação e Pesquisa da Reforma Agrária (Iterra) e a UFFS.

[5] Para uma leitura detalhada e aprofundada da trajetória, projeto e método pedagógico do IEJC, ver: Caldart, R. *et al. Escola em Movimento no Instituto de Educação Josué de Castro*. São Paulo: Expressão Popular, 2013.

[6] Desde 2021, o IEJC transferiu sua sede para o Assentamento Filhos de Sepé, no município de Viamão (RS).

Como seu método pedagógico é baseado no movimento da realidade, ele está em constante transformação por seus sujeitos (educadores e educadoras, educandos e educandas, os próprios movimentos populares do campo) e por essa realidade, mas fundamenta-se em "quatro alicerces": vínculo orgânico com um movimento social de trabalhadores; a convicção sobre o trabalho como princípio educativo e a concepção de educação que dela se desdobra; a teoria do conhecimento que nos orienta na forma de organização do trabalho pedagógico; e a estratégia formativa de construção de uma coletividade educadora combinada com a intencionalidade da auto-organização dos estudantes (Caldart *et al.*, 2013, p. 92). O curso de Licenciatura em História foi, portanto, a primeira parceria institucional entre a UFFS e os movimentos populares do campo,[7] e também a primeira parceria da universidade com o Pronera.

Após um processo de ingresso, em setembro de 2013, as 50 vagas ofertadas foram preenchidas por educandos e educandas de dez estados, integrantes do Movimento dos Trabalhadores Rurais Sem Terra (MST), do Movimento dos Atingidos por Barragens (MAB), da Pastoral da Juventude Rural (PJR), da Pastoral da Juventude do Meio Popular (PJMP) e do Levante Popular da Juventude (LPJ). Na segunda turma, estão presentes educandos e educandas de oito estados e integrantes do MST, LPJ, Movimento Nacional de Luta pela Moradia (MNLM) e Movimento pela Soberania Popular na Mineração (MAM).

Em relação ao perfil geral dos estudantes do *campus* Erechim da UFFS, Pereira (2015) identificou que em sua maioria eram os primeiros de suas famílias a chegarem ao Ensino Superior, com a predominância da ocupação agrícola entre os pais. Além disso, realizaram o Ensino Médio em escola pública, apresentam uma média de idade, ao ingressar no curso, de 22 anos aproximadamente, e há uma pequena predominância feminina. Essas características são comuns tanto aos estudantes do *campus* Erechim quanto à nova turma no IEJC, o que permitiu uma integração entre estudantes de ambos os espaços.

Nas disciplinas de Teoria e Metodologia de História e Direitos e Cidadania, os professores propiciaram aulas conjuntas em Veranópolis com a participação de estudantes de Erechim. Em outro momento, os estudantes de Veranópolis participaram de um seminário sobre Educação e Educação do Campo em conjunto com estudantes do *campus*. O que efetivamente constituiu, então, o diferencial da turma Eduardo Galeano foi sua vinculação orgânica com os movimentos sociais do campo e a vivência do método pedagógico do IEJC.

---

[7] Nos anos seguintes, o Instituto Educar, em Pontão (RS), ofertaria, nos mesmos moldes, três turmas de Agronomia e um curso de extensão sobre Realidade Brasileira, realizado com os movimentos populares em Chapecó (SC).

O método pedagógico

Apesar de possuir um Projeto Pedagógico próprio, as turmas da parceria entre a UFFS e o IEJC adotam a mesma organização curricular do curso de História ofertado no *campus* Erechim. Isto significa que, como todos os cursos dessa universidade, o currículo se organiza em torno de três domínios: o comum, o conexo e o específico (UFFS, 2013).

O conjunto de componentes curriculares comuns a todos os cursos de graduação da UFFS constitui o domínio comum, dividido entre as disciplinas do eixo contextualização acadêmica (como Leitura e Produção Textual e Informática) e o eixo formação crítico social (por exemplo, Meio Ambiente, Economia e Sociedade; Direitos e Cidadania). O domínio conexo são os componentes curriculares que buscam a formação e o diálogo interdisciplinar entre diferentes cursos (como Políticas Educacionais, Fundamentos da Educação etc.). Finalmente, o domínio específico se refere às disciplinas exclusivas da formação profissional de cada curso.

Se a Universidade Federal da Fronteira Sul aportou ao projeto um currículo que incorporava os principais avanços da área historiográfica no último período e um corpo docente comprometido, o curso permitiu o encontro com o método pedagógico do Instituto de Educação Josué de Castro. Isso significava incorporar, formalmente, no Projeto Pedagógico do Curso (PPC), a *pedagogia da alternância* – que já era prevista nos estatutos da UFFS pela colaboração dos movimentos sociais do campo – e o *Método Pedagógico do IEJC*: a gestão democrática, os Tempos Educativos, o trabalho, a vivência coletiva, o estudo.

O estudo é um dos princípios organizativos do Movimento Sem Terra. No IEJC, ele se materializa a partir da compreensão de que

> estudar se refere ao movimento simultâneo e combinado entre: a apropriação dos conteúdos teóricos necessários ao exercício da práxis – capacitação para leitura crítica da realidade, formação de uma visão de mundo, emancipação intelectual e capacitação para o exame reflexivo das diferentes dimensões da vida humana; desenvolvimento de hábitos ou posturas de leitura, de estudo individual e coletivo, de pesquisa, de imaginação e criação (na ciência e na arte); e a construção de significados e conceitos sobre as vivências ou as atividades que vamos realizando em diferentes tempos e espaços de formação, de modo que se intencionalizem aprendizados, se consolidem valores, comportamentos e saberes que sejam coerentes com o projeto humano e societário (visão de mundo) que defendemos. (Caldart *et al.*, 2013, p. 267)

Portanto, a apropriação e a produção do conhecimento não se limitam ao espaço do Tempo Aula, mas desdobram-se pelo conjunto de Tempos Educativos organizados na vivência cotidiana do curso. No caso dessa turma, foram: trabalho, estudo, leitura, núcleo de base, formatura, reflexão escrita e cultura. Os Tempos Educativos têm como princípios básicos, de acordo com o Método Pedagógico do IEJC (2004), "mudar a existência dos educandos (seu jeito de viver e de perceber o mundo)" e "escola não é só lugar de estudo, e menos ainda aonde se vai apenas para ter aulas". É na vivência de diferentes Tempos Educativos que a formação humana pode ser desenvolvida e trabalhada no cotidiano escolar.

Um exemplo de formação complementar ao ministrado em Tempo Aula foram os estudos sobre a Revolução Russa, cujo centenário coincidiu com uma das etapas do curso, o estudo dos processos de emancipação nacionais na Ásia e na África e, ainda, seminários sobre o centenário da Primeira Guerra Mundial, a Guerra Civil Espanhola, o cinquentenário do Golpe empresarial-militar, entre outros.

Essa organização pedagógica não apenas consta no PPC específico do curso, mas a Universidade também reconheceu essas atividades como parte da formação dos educandos e educandas como historiadores e historiadoras, registrando como Atividades Curriculares Complementares (ACC) – todos estudantes devem cumprir 280 horas em Pesquisa, Extensão e Cultura. A compreensão da Universidade, na ocasião, é a de que a turma Eduardo Galeano possuía mais horas dedicadas a essas ações do que o exigido pela UFFS.

Evidentemente, a organização desses tempos exige intencionalidade e, a cada etapa, eram estruturados de acordo com a trajetória da turma, utilizados para aprofundar determinados conteúdos do próprio currículo pedagógico ou para contribuir na formação como educadores e educadoras do campo de uma área de conhecimento específico.

A especificidade da formação para a Educação do Campo e do MST, por exemplo, propiciou os estudos sobre o "Dossiê MST/Escola" (MST, 2005) e sobre o próprio IEJC, a partir da leitura e debate do livro *Escola em Movimento* (Caldart, R. *et al.*, 2013). Mas prosseguiu com a realização de um seminário sobre o pensamento de Paulo Freire e a participação no III Seminário Internacional e Fórum de Educação do Campo (Sifedoc), em 2017, em Erechim, o que permitiu ainda o intercâmbio com as turmas de Educação do Campo de dois *campi* da UFFS.

A realização da primeira turma também coincidiu com os debates e estudos em torno da *politecnia* realizados pelo Setor de Educação do MST, especialmente da região sul do país, já que era uma discussão da qual o IEJC participava ativamente desde 2011. A partir da leitura dos textos originais de Karl Marx sobre Trabalho e Educação e da reflexão sobre a experiência de pedagogos soviéticos, em especial Moisey Pistrak e Viktor Shulgin, procurou-se atualizar o debate sobre educação politécnica; pensou-se esta concepção de educação vinculada ao trabalho a partir da realidade do campo e do confronto de modelos ou de modos de fazer a agricultura, compreendendo que as contradições atuais da agricultura camponesa requerem uma perspectiva politécnica que articule dois movimentos:

> um de análise das condições dadas no trabalho do campo e das tendências do movimento das contradições envolvidas, buscando potencializar o que projeta o futuro da classe trabalhadora; o outro, de pensar as necessidades formativas dos camponeses para que potencializem as contradições na construção de um modo de fazer agricultura que seja próprio à 'república do trabalho'. (Caldart *et al.*, 2013, p. 118)

A turma Eduardo Galeano teve o privilégio de acompanhar *in loco* os debates e as reflexões dos educadores e educadoras das Escolas Itinerantes e de assentamentos desenvolvidas no instituto, preparando-se para a participação com a leitura e estudo dos referenciais teóricos, e contribuindo na realização do seminário sobre a *politecnia*. Tais reflexões certamente foram essenciais quando os estágios supervisionados foram realizados nas Escolas do Campo.

Além da *politecnia*, outros temas candentes nos movimentos populares foram incorporados pelos Tempos Educativos, muitas vezes demandados pelos próprios educandos e educandas, como um seminário sobre o processo de formação de consciência e estudos sobre gênero, ou demandado pelo próprio Instituto, como o estudo e a apresentação das obras de Josué de Castro.

Por fim, mas não menos importante, a luta pela universidade pública, gratuita e de qualidade sempre tem reafirmado o tripé de sustentação desse projeto pedagógico: ensino, pesquisa e extensão. Em especial na formação de Licenciatura em História, a pesquisa é um componente organizador da própria matriz curricular, pois se trata da matéria-prima do ofício do historiador, independentemente de sua atuação – seja em sala de aula, seja em um espaço exclusivamente de pesquisa.

Antes mesmo do Trabalhos de Conclusão de Curso, os educandos e educandas tiveram uma oportunidade prática de introdução e desenvolvimento de uma pesquisa histórica para a produção de um material paradidático – a cartilha sobre os 30 anos do Movimento Sem Terra, depois nomeada "A gente cultiva a terra e ela cultiva a gente" – a pedido da Secretaria Nacional do MST. Cada Núcleo de Base assumiu a responsabilidade pela elaboração de um capítulo, tendo os Congressos Nacionais do MST como referência cronológica. Os textos eram elaborados coletivamente e, por fim, tratados para unificar a linguagem e o estilo pela coordenação do curso e um dos estudantes.

Além dos Tempos Educativos, outro elemento determinante para a formação dos educadores e educadoras nessa turma foi a articulação e a intencionalidade do *ambiente educativo*:

> O ambiente educativo é a dinâmica da escolha ou da fabricação de ferramentas que a cada momento conseguem dar intencionalidade pedagógica aos elementos arquitetônicos da forma escolar e que vão sendo modificados a partir da análise que educadores e educandos vão fazendo do processo formativo real, acontecendo. Frise-se: sem análise coletiva do processo não há construção do ambiente educativo, de acordo com a formulação que temos sobre ele. E, em nossa concepção, essa análise precisa captar no movimento da realidade, em cada período, as contradições presentes no desenvolvimento da coletividade, de cada pessoa, as tendências do processo, e discutir as intervenções necessárias na direção dos objetivos e conteúdos formativos que orientam a escola. (Caldart *et al.*, 2013, p. 127)

Em suma, são as estratégias, os espaços e as ferramentas que permitem intencionalizar a vivência da cultura política e organizativa dos movimentos populares do campo como parte do projeto pedagógico. Esse ambiente se constitui de forma intencionalizada, mas não autoritária. É necessário que educandos e educandas sejam sujeitos do processo e apropriem-se dele. A turma Eduardo Galeano não apenas vivenciou esse ambiente, como atuou sobre ele, tomando a iniciativa para propor espaços de reflexão e de vivência, inclusive fisicamente – ocupando as paredes do instituto com exposições sobre a Revolução Russa, a partir da própria memória da turma.

A estrutura organizativa da escola também foi trazida para o processo formativo da turma, que se dedicou à organização da programação da rádio interna do instituto. Contribuíram na atualização do projeto político pedagógico da Ciranda Infantil do IEJC, adentrando na organização, e no planejamento de atividades pedagógicas com as crianças Sem Terrinhas. No seminário realizado em comemoração ao aniversário do patrono da escola, a turma estudou o pensamento de Josué de Castro debatendo a sua atualidade, a alimentação saudável como direito e o vínculo das ideias deste autor com a Reforma Agrária Popular e, no cotidiano da escola, organizaram uma diversidade de pratos típicos das regiões que integraram a coletividade no período articulando com a produção da horta da escola.

Outro elemento impulsionador no ambiente educativo do IEJC vivenciado pela turma foi a contribuição na elaboração do Programa de Formação de Gênero, enfatizando a necessidade do estudo e das vivências coletivas possíveis de construir neste espaço educativo e que também possam servir de referência de trabalho na prática militante.

A identidade da turma Eduardo Galeano

No decorrer de sua trajetória, a primeira turma de História em parceria com a UFFS construiu uma identidade expressa pela homenagem, em seu nome, ao escritor e jornalista uruguaio Eduardo Galeano. A escolha sintetizava três características reivindicadas pela turma e que eram resultado direto das construções dos estudantes e do instituto nos Tempos Educativos.

A primeira delas era reivindicar um compromisso, como historiadores e historiadoras, com a "história dos debaixo". O termo foi popularizado na historiografia pelo historiador marxista britânico Eric Hobsbawm e registra a opção pelo registro da história dos Mundos do Trabalho e seus protagonistas. A aproximação com esse pensamento historiográfico se deu a partir da etapa 2, quando o instituto utilizou o Tempo Educativo Estudos Políticos para uma imersão nos autores e fundamentos desta corrente, para além das aulas previstas no projeto pedagógico. Os seminários de estudos dos processos de libertação nacional na África, Ásia e América Latina no século XX, igualmente nesses Tempos Educativos de Estudo Político, também contribuíram para consolidar esta elaboração. A materialização desse compromisso pode ser aferida pelos objetos dos Trabalhos de Conclusão de Curso dos educandos e educandas da turma, os quais abordaram episódios de lutas populares – como Canudos, Contestado, Porecatu, o protagonismo feminino na Revolução Russa e a memória de seus assentamentos e comunidades.

No documento que sistematiza as discussões coletivas que resultaram na identidade da turma, os educandos e educandas escreveram:

> Os valores que buscamos e que nos referenciam:
>
> Reivindicamos os Valores da Classe Trabalhadora: esperança, confiança, coerência, solidariedade, indignação, compromisso, alegria, mística em forma de utopia e simbologia, e o internacionalismo.
>
> Queremos nos afirmar como educadores e educadoras populares e da classe trabalhadora. Por isso, nos comprometemos com a luta e com os movimentos sociais a que pertencemos e reafirmamos nossa pertença à classe trabalhadora. Sejamos agitadores e propagandistas do novo.
>
> Valorizamos a diversidade – de costumes culturais, ideais, movimentos sociais, regiões e estados – que compõe a turma e que se expressa em nossa mística militante e na expressão artística.
>
> Lutamos para que 'A universidade se pinte de povo'. (Turma Eduardo Galeano, 2014)

Um segundo componente dessa identidade é o autorreconhecimento da turma como latino-americanos, procurando se enxergar como parte de um povo em luta desde a sua formação, para além das barreiras territoriais ou de idiomas. Foram determinantes a escolha da turma por uma disciplina eletiva de "Pensamento latino-americano", a qual analisou a produção de intérpretes fundamentais da formação econômica social e cultural do continente e, novamente, a utilização dos tempos de estudos para compreensão das situações da Bolívia, Colômbia e Venezuela, a partir do testemunho de integrantes do Movimento Sem Terra que estiveram nesses países.

Também contribuíram para a formação dessa identidade a viagem de prática de campo que a turma realizou para as ruínas das missões guaraníticas em São Miguel das Missões (RS) e o estudo organizado pelo instituto, apresentado na forma de seminários pela turma para a coletividade, incluindo as turmas de Ensino Médio, sobre a obra de Eduardo Galeano.

Neste contexto, outro ponto colocado em destaque no curso foi a abordagem sobre as ditaduras de segurança nacional latino-americanas, abordadas não apenas nas disciplinas de América III e Brasil II, mas pela colaboração efetiva do professor Enrique Serra Padrós[8], como também pelos debates realizados por ocasião dos 50 anos da ditadura civil-militar brasileira e a realização da exposição "Memória e Verdade", organizada pela Comissão de Anistia do Ministério da Justiça, no instituto.

Por fim, na conjunção desses fatores, a turma desenvolveu uma preocupação com a preservação da Memória. No decorrer das etapas, dois educandos registravam a trajetória da turma e produziam um texto final, avaliado no início da etapa seguinte. Nesse contexto, a turma protagonizou dois movimentos a partir das ferramentas oferecidas pelo Instituto. Primeiro, a inconformidade em produzir apenas documentos escritos, partindo da preocupação com a predominância da oralidade na base social camponesa, procurando, assim, registrar a própria caminhada com outros instrumentos, como a produção de vídeos, poesias, cordel, registros fotográficos e exposições de objetos e símbolos que caracterizavam a turma.

O segundo movimento foi a reapropriação das Reflexões Escritas (REs). As reflexões são elaboradas diariamente por todos(as) os(as) educandos e educandas do Instituto, independentemente de seu curso, e buscam exercitar a reflexão e a escrita sobre o dia e a própria vivência em coletividade e nos cursos. Elas são realizadas em cadernos específicos e seu acesso é limitado apenas ao acompanhamento dos cursos, que extrai trechos para a leitura do processo de cada turma. Os cadernos são devolvidos diariamente aos educandos e às educandas e permanecem com eles quando concluídos. No decorrer do curso, inúmeras vezes os estudantes recorreram às suas antigas reflexões, demonstrando, inclusive, uma

---

[8] O professor Enrique Serra Padrós, professor do Departamento da História da UFRGS, colaborou como educador de uma disciplina, mas também em seminários temáticos sobre a Guerra Civil Espanhola e o Direito à Memória e Verdade. Os conceitos de Padrós, uruguaio de nascimento, radicado no Brasil desde a juventude, sobre Ditaduras de Segurança Nacional e Terror do Estado são referências internacionais nesta área. No final de 2021, após anos de luta contra um câncer, Padrós faleceu, não sem antes registrar em sua última carta: "Reafirmo as minhas convicções: tenho ORGULHO de ser funcionário público, de ter sido aluno e ser docente da UFRGS, de pesquisar e denunciar os crimes de lesa humanidade do Terrorismo de Estado e, sobretudo e principalmente, de ser um historiador MARXISTA e um educador FREIRIANO".

percepção das transformações pelas quais os indivíduos e a própria coletividade passaram, utilizando como fonte para novas reflexões coletivas sobre sua trajetória ou para enriquecer a própria memória da turma.

Finalmente, esse conjunto de componentes da identidade pode ser aferido novamente durante a formatura da turma. Ao fundo da mesa diretora do ato de colação de grau, um grande painel reproduzia o icônico desenho do artista plástico uruguaio Torres Garcia, no qual a América do Sul é representada "de cabeça para baixo", invertendo as representações hegemônicas do continente, e junto com ele a Whipala, a bandeira do povo Aymara, que representa a multinacionalidade do continente e sua relação com a natureza. Na frente, os educandos e educandas, no decorrer da mística que fazia parte da cerimônia oficial, trocaram os chapéus das togas oficiais por chapéus de palha que representavam a origem camponesa da turma e de seus movimentos.

Conclusão

A construção da turma Eduardo Galeano permitiu a convergência de um conjunto de elementos – a trajetória popular de uma universidade pública constituída no diálogo com os movimentos sociais, a experiência pedagógica de um instituto do MST, os debates sobre politecnia, a reflexão do próprio Movimento e de seus sujeitos sobre a sua memória – que, articulados com planejamento e intencionalidade, permitiram potencializar a ação pedagógica para formação de educadores e educadoras do campo acentuando sua área de conhecimento específica. O dinamizador desta experiência sempre foi a relação permanente entre teoria e prática, realimentada a cada Tempo Escola e Tempo Comunidade, e a cada Tempo Educativo. Desta forma, ao mesmo tempo que o movimento popular sofisticava sua produção de conhecimento para além do empírico no contato com a Universidade, essa instituição construía-se já marcada pela presença dos movimentos. Esse conjunto de elementos – enfatiza-se que sempre planejados e intencionalizados – tornou-se uma estratégia que perseguiu insistentemente a formação de educadores e educadoras do campo com consciência histórica e social, aptos a intervirem em suas realidades para transformá-las.

Referências

CALDART, Roseli et al. *Escola em Movimento no Instituto de Educação Josué de Castro*. São Paulo: Expressão Popular, 2013.

FRAGA, Gerson Wasen; STÉDILE, Miguel Enrique. Epistemologias e Ensino da História. In: *XVI Congresso das Jornadas Internacionais de Educação Histórica, 2016, Porto. Epistemologias e Ensino da História*. Porto: Centro de Investigação Transdisciplinar "Cultura, Espaço e Memória" (CITCEM), 2016. p. 617-634.

ITERRA. Método Pedagógico. Cadernos do Iterra, Ano IV, n. 9, Dez. 2004.

MST. *A gente cultiva a terra e a terra cultiva a gente.* 30 anos do MST. São Paulo, 2014.

MST. *Dossiê MST Escola: Documentos e Estudos (1990-2001).* Caderno de Educação n. 13. Veranópolis, 2005.

PEREIRA, Thiago Ingrassia. *Classes populares na universidade pública brasileira e suas contradições:* a experiência do Alto Uruguai Gaúcho. Curitiba: CRV, 2015.

TISCHER, Wellignton; ROCHA, Isa de Oliveira. Novas universidades federais para o desenvolvimento regional: expansão do ensino superior público e a Interiorização dos *campi. In*: *Anais XVIII ENANPUR.* Natal, 2019.

TURMA EDUARDO GALEANO. *Síntese da identidade da turma.* 26 nov. 2014 (documento).

UFFS. *Projeto Pedagógico do Curso de História-Licenciatura (Iterra), campus Erechim.* Erechim, 2013.

Professores indígenas e o acesso à universidade no Paraná: formação para Atualidade e Bilinguismo

Marcos Gehrke[1]
Rosangela Celia Faustino[2]
Danusa Korig Bernardo[3]
Delmira de Almeida Peres[4]
Elisandra Fygsãnh de Freitas[5]

Introdução

A formação de professores(as) indígenas, por ter se iniciado tardiamente, é um grande desafio no Brasil, em geral, e nos estados, como é o caso do Paraná. As

---

[1] Doutor em Educação pela Universidade Federal do Paraná (UFPR). Professor adjunto da Universidade Estadual do Centro-Oeste (Unicentro), atua no Programa de Pós-Graduação em Educação (PPGE). Pós-doutorando na Universidade Estadual de Maringá (UEM).

[2] Doutora em Educação pela Universidade Federal de Santa Catarina (UFSC). Professora associada da Universidade Estadual de Maringá, atua no Programa de Pós-Graduação em Educação (PPE/UEM).

[3] Professora de Língua Kaingang no Curso de Pedagogia da Unicentro. Mestranda no Programa de Pós-Graduação em Educação (PPGE) da Universidade Estadual do Centro-Oeste (Unicentro).

[4] Professora de Língua Guarani no Curso de Pedagogia da Unicentro. Doutoranda no Programa de Pós-Graduação em Educação (PPGE) da Universidade Estadual do Centro-Oeste (Unicentro).

[5] Professora kaingang na Rede Estadual de Educação do Paraná. Mestranda em Educação no Programa de Pós-Graduação em Educação na Universidade Estadual do Centro-Oeste (Unicentro).

políticas públicas de formação superior voltadas a esses povos tiveram início apenas na década de 2000, com a criação de licenciaturas interculturais bilíngues, fortalecidas pelo Ministério da Educação (MEC), via o Programa de apoio à Formação Superior e Licenciaturas Interculturais Indígenas (Prolind), em 2005.

Impulsionado pelos movimentos indígenas e uma política internacional de inclusão social (Novak, 2007) no período, houve diversos programas que possibilitaram aos indígenas o acesso à universidade, por meio de cotas ou vagas suplementares – caso do Paraná que, em 2002, realizou o primeiro Concurso Vestibular Específico Interinstitucional dos Povos Indígenas, em cumprimento à Lei Estadual n. 13.134/2001, envolvendo Instituições de Ensino Superior (IES) públicas estaduais.

Após duas décadas dessa política no Paraná, o número de professores formados não atende à demanda das 39 escolas indígenas do estado, nas quais atuam mais de 800 professores(as), sendo a grande maioria não indígena. Dados de 2020 mostraram que professores(as) indígenas somavam apenas 310 e, destes, cerca de 60 tinham formação no Ensino Superior (Faustino; Novak; Rodrigues, 2020). Nesse sentido, IES do estado se uniram e criaram o Programa Interinstitucional de Formação de Professores Indígenas (Profind) visando atender às demandas indígenas de oferta de licenciaturas específicas, interculturais e bilíngues (Gehrke; Sapelli; Faustino, 2019), cuja primeira turma teve início em 2018, pela Universidade do Centro Oeste (Unicentro).

Trabalhos de pesquisa e extensão realizados com os povos Kaingang, Guarani e Xetá, territorializados no Paraná, permitem registrar as experiências de formação inicial e continuada de professores(as) efetivados pelas IES nas grandes regiões do estado. Em comum, destacamos ações da Comissão Universidade para Índios (Cuia).

No cenário, agregamos conquistas legais/jurídicas (Brasil, 1998, 2002, 2012, 2015) pautadas pelos povos indígenas com aprofundamento das pesquisas e o marco teórico da educação indígena. Porém, com o fim da Secretaria de Educação Continuada, Alfabetização, Diversidade e Inclusão (Secadi) registra-se uma drástica redução no financiamento da formação de indígenas no país. Portanto, mais do que um tema de investigação na conjuntura educacional brasileira, a formação de professores indígenas se coloca aqui como uma "questão". É sobre a formação superior de indígenas na Unicentro que este texto trata.

Objetivamos, portanto, socializar a experiência de formação de pedagogas(os) indígenas trazendo elementos gerais do Projeto Político Pedagógico do Curso (PPP) (Unicentro, 2018a), construído com protagonismo indígena, e evidenciar que é possível transformar a realidade e realizar aproximações com elementos da Pedagogia Socialista, desde as categorias formação para Atualidade e o Bilinguismo na formação dos professores(as). Assim, as reflexões aqui apresentadas se colocam no sentido de contribuir com os "caminhos de transformação da escola", proposta da coletânea.

A análise empreendida se fundamenta no materialismo histórico-dialético por acreditar que esse modo de produzir conhecimento situa o contexto histórico da proposição, explicita as relações e contradições dos processos, privilegia a mediação, permite e exige o engajamento crítico de todas e todos. Enquanto instrumentos de pesquisa, utilizamos análise bibliográfica e de documentos.

Na primeira parte do texto, apresentamos aspectos da política educacional que possibilitaram a criação de Licenciaturas Interculturais Indígenas e marcas do PPP analisado e, na sequência, a discussão das categorias Formação para a Atualidade e Bilinguismo.

Os movimentos sociais e a política de Educação Superior indígena na década de 2000

Com as vertiginosas lutas sociais dos anos de 1970 e 1980, no contexto da grande crise do capitalismo mundial (Harvey, 2011), a política educacional elaborada pelas organizações internacionais e implementada pelos países membros da Organização das Nações Unidas (ONU), no âmbito do reordenamento econômico neoliberal, começam a regulamentar o acesso das chamadas minorias à universidade, pautado em pressupostos internacionais de inclusão social, visando atender, por meio de políticas públicas, parte das demandas dos movimentos sociais.

Em relação aos povos indígenas, a Convenção 169, da Organização Internacional do Trabalho (OIT), publicada em 1989, tratou da participação, da autonomia, do desenvolvimento econômico e do fortalecimento de suas identidades e línguas nos estados onde estão territorializados, determinando que os governos deverão adotar "[...] medidas para garantir aos membros dos povos interessados a possibilidade de adquirirem educação em todos os níveis" (OIT, 1989).

Visando o ajustamento estrutural neoliberal, houve, no período, mudanças constitucionais em todos os países da América Latina (Ramos, 2012). No Brasil, a Constituição de 1988 permitiu a cidadania e reconheceu direitos indígenas, dentre eles, o direito à formação escolar bilíngue definido no Art. 210, §2º: "O ensino fundamental regular será ministrado em língua portuguesa, assegurada às comunidades indígenas também a utilização de suas línguas maternas e processos próprios de aprendizagem" (Brasil, 1988).

A partir dessa lei maior, inúmeras outras leis infraconstitucionais foram sendo aprovadas e, na prática, a demanda pela formação de pedagogas(os) e professores(as) indígenas estava colocada há séculos, pois, desde a ocupação das terras indígenas pelas frentes mercantilistas do capital europeu, foram criadas escolas para os povos indígenas – porém, sem que estas permitissem as línguas, os conhecimentos e as culturas desses povos.

Aos processos educativos próprios das sociedades indígenas, somou-se a experiência escolar, com as várias formas e modalidades que assumiu ao longo da história do contato entre indígenas e não indígenas no Brasil. Necessidade formada "pós-contato", a escola tem sido assumida progressivamente pelos indígenas em seu movimento pela autodeterminação (Brasil, 1998, p. 24).

Com as lutas sociais, os povos indígenas adquiriram direito à educação intercultural, bilíngue e comunitária, conduzida pelas próprias comunidades, de acordo com seus projetos, suas realidades socioculturais e concepções epistemológicas, havendo a necessidade da formação superior para pedagogas(os) e professores(as) indígenas visando assegurar que a educação escolar por meio de seus PPP's "[...] esteja sendo capaz de promover, junto aos alunos indígenas, o exercício pleno da cidadania e da interculturalidade e o respeito a suas particularidades linguístico-culturais" (Brasil, 1998, p. 12).

A Lei de Diretrizes e Bases da Educação Nacional (LDB) n. 9394/96, em seu Art. 78, determina caber ao Sistema de Ensino da União desenvolver programas integrados de ensino e pesquisa, para oferta de educação escolar bilíngue e intercultural aos povos indígenas, com o objetivo de proporcionar, a eles e a suas comunidades, a recuperação de suas memórias históricas, a reafirmação de suas identidades étnicas e a valorização de suas línguas e ciências, garantindo acesso aos conhecimentos técnicos e científicos da sociedade.

Nesse sentido, foram aprovadas as diretrizes para a formação de professores(as) indígenas (Brasil, 2002) e, posteriormente, a Resolução n. 1, de 2015, instituiu Diretrizes Curriculares Nacionais para a Formação de Professores Indígenas em cursos de Educação Superior e de Ensino Médio, definindo que "a formação inicial de professores indígenas deverá ser realizada em cursos específicos de licenciaturas e pedagogias interculturais" (Brasil, 2015).

No Art. 5º, §1º, as diretrizes definem que "a formação inicial e continuada em serviço deve ser assegurada aos professores indígenas, garantindo-se o seu afastamento, sem prejuízo do calendário letivo das escolas indígenas". O Art. 8º estabelece que "os projetos pedagógicos de cursos da formação de professores indígenas devem ser construídos no âmbito das instituições formadoras de modo coletivo, possibilitando uma ampla participação dos povos indígenas envolvidos com a proposta formativa e a valorização dos seus conhecimentos e saberes" (Brasil, 2015).

Considerando a farta legislação aprovada após a Constituição de 1988, que garante aos povos indígenas o acesso às universidades e aos cursos de licenciaturas interculturais para a formação de professores(as) bilíngues (Baniwa, 2012; Bergamaschi; Doebber; Brito, 2018), as IES no Paraná passaram a elaborar propostas em conjunto e em atendimento às demandas indígenas.

Licenciatura intercultural no Paraná: a Pedagogia Indígena na Unicentro

Provenientes de uma demanda dos povos indígenas à Secretaria de Estado da Educação (Seed) e Secretaria de Ciência, Tecnologia e Ensino Superior (Seti), estas secretarias estaduais do Paraná, com apoio de IES e da Cuia, realizaram o I Seminário das Licenciaturas Indígenas, em 2009, no *campus* da Universidade Estadual de Maringá (UEM), contando com a participação de cerca 300 indígenas entre lideranças, professores(as) e estudantes universitários. Nesse coletivo, foi elaborado e aprovado um projeto pedagógico de curso, porém, com a mudança de governo, ele não recebeu financiamento para ser executado. Os povos indígenas seguiram demandando às IES e ao governo uma formação superior intercultural e bilíngue.

Nesse sentido, o Curso de Licenciatura em Pedagogia para os povos indígenas tem origem no trabalho extensionista da Unicentro/Laeci, nas escolas da Terra Indígena Rio das Cobras e, com esse trabalho, a solicitação de curso superior foi feita pelas lideranças indígenas à Reitoria da Unicentro (Terra Indígena Rio das Cobras, 2018). Essa solicitação se relaciona a um conjunto de outros fatores que marcam o cenário da educação escolar indígena paranaense, dentre os quais destacamos aqui a importante articulação entre intelectuais das universidades engajados com a causa da educação escolar indígena e a grande demanda de formação de professores(as) existente, que colaboraram com a materialização do curso.

Para a formulação do curso, foi importante a reunião de diversos sujeitos, em um trabalho que envolveu: realizar seminários com as lideranças indígenas Guarani, Kaingang e Xetá do Paraná; dialogar com professores indígenas, gestores das escolas e os Núcleos Regionais da Educação (NRE); agregar pesquisadores das IES do Paraná e estudantes para trocar experiências; realizar reuniões públicas com a fala de caciques e reitores; sistematizar as ideias e propostas; trocar experiências com a Universidade Federal de Santa Catarina (UFSC) e a Universidade Federal da Grande Dourados (UFGD), quando ambas apresentaram seus projetos de Licenciaturas Interculturais e suas experiências.

O PPP assumiu o caráter de projeto especial e está vinculado ao Departamento de Pedagogia da Unicentro. Nele, há atividades de ensino partilhadas com outros departamentos da instituição com as demais universidades públicas do estado envolvidas, realizadas pela mobilidade docente[6] entre as IES. Enquanto o PPP passou a ser construído, a Reitoria da Unicentro solicitou formalmente, por meio de ofício (Unicentro, 2018b) ao Conselho Estadual de Educação (CEE), a autorização para oferta do curso fora da IES, a ser realizado na própria Terra Indígena, no Colégio Estadual Indígena Rio das Cobras, município de Nova Laranjeiras (PR).

Os propósitos formativos previstos no projeto de curso indicam que ele se destina à formação de professores(as) e pedagogos(as) indígenas para exercer funções da docência e da gestão educacional na Educação Básica e em contextos de educação e saberes indígenas, nos quais sejam previstos processos educativos que requerem conhecimentos pedagógicos (Unicentro, 2018a), evidenciando a demanda da formação para Atualidade e o fortalecimento do Bilinguismo na formação.

O projeto fez a opção pelo regime de alternância, com tempos de estudo e trabalho na universidade e tempos de estudo e intervenção nas comunidades de origem – o Tempo Comunidade. E prevê a itinerância pelo estado, de modo que o curso pode desenvolver etapas nas diferentes Terras Indígenas no Paraná e nas universidades parceiras, possibilitando um conhecimento mais profundo da realidade.

O projeto prevê, também, o atendimento às especificidades da educação indígena e da educação escolar indígena[7] na formação dos(as) pedagogos(as), que se materializam no currículo em forma de disciplinas que triangulam a formação entre o universal (formação humana), o geral (a educação) e o particular (a formação profissional do/a pedagogo/a indígena) (Unicentro, 2018a).

Quanto à execução do projeto, em 2022 contamos com 56 estudantes das três etnias, organizados em duas turmas, com a previsão de abertura de mais uma turma. Os espaços físicos na Terra Indígena foram adequados e conquistados, e a comunidade do entorno percebeu a diferença da formação de uma turma única de indígenas na própria aldeia, com a participação comunitária e das lideranças;

---

[6] A Mobilidade Docente é um programa desenvolvido na rede estadual de Ensino Superior do Paraná que permite a mobilidade de professores para lecionarem parte da sua carga horária em outra instituição que não seja a sua de origem. Dessa forma, o Curso de Pedagogia em desenvolvimento consegue receber professores com pesquisa na área da educação indígena na formação de professores(as).

[7] Para os povos indígenas, é fundamental demarcar as diferenças e as relações entre Educação Indígena e a Educação Escolar, sendo que cada uma ocupa papéis próprios e específicos.

esse aspecto que fragiliza quando o indígena, individualmente, busca sua formação superior fora da aldeia.

Do conjunto do trabalho desenvolvido, abordaremos duas das categorias fundantes do curso e que se aproximam com os estudos da Pedagogia Socialista: a Formação para a Atualidade e o Bilinguismo.

Formação para a Atualidade

A Formação para a Atualidade foi uma categoria teórico-prática forjada no projeto da educação socialista soviética, a partir da Revolução Socialista da Rússia, em 1917, como escreve Freitas (2009). A Pedagogia Socialista constrói a Escola-Comuna, sistematizada por Pistrak (2009): a escola do trabalho, a escola da auto-organização, da formação para atualidade, do trabalho como princípio educativo, dos Complexos de Estudo, do trabalho socialmente necessário, do trabalho socialmente útil, da formação de coletivos (Freitas, 2009), do ensino das diversas línguas presentes no país (bilinguismo e multilinguismo), entre outros tantos elementos. As principais obras escritas ou traduzidas para o português, no Brasil, são as de Pistrak (2000, 2009), Krupskaya (2017) e Shulgin (2013).

Acreditamos que a Pedagogia Socialista traz contribuições significativas para realizar a formação de professores indígenas no Brasil e fortalece as "pedagogias indígenas". Para tanto, formar um coletivo de professores indígenas, que compreenda que a escola capitalista está arrumada[8] para não funcionar, fortalece a ideia de que a escola precisa "ser arrumada", no sentido da práxis, pelos intelectuais orgânicos indígenas. No caso, os acadêmicos(as) do curso de Pedagogia passaram a conhecer, em estudo, referências engajadas como: a escola na/da aldeia, como sistematiza Caldart (2000) ao tratar da escola do Movimento dos Trabalhadores Rurais Sem Terra (MST); a experiência da Escola-Comuna construída pelos intelectuais russos, estudada no curso; a escola cotidiana, como apresenta Rockwell (1997) na experiência mexicana; e fundamentalmente a pedagogia indígena. Essas são inspirações para a formação junto aos povos indígenas.

Assumimos neste trabalho a posição de Pistrak (2000, 2009), que chama de formação para atualidade tudo aquilo que tem sentido e significado em nosso tempo e pode ser estudado e compreendido pela coletividade da escola ou pela coletividade de professores(as) em formação. Logo, o cotidiano, a realidade, a cultura, os saberes e conhecimentos, o modo de vida das crianças e dos jovens na escola e na aldeia, o território e suas contradições, a escola, as línguas, entre outros, são

---

[8] Arrumada, no sentido de estar nos rumos, na direção e na lógica capitalista, e não na lógica dos povos indígenas.

permeados por possibilidades e necessidades de estudos e lutas; portanto, estudar e lutar são condições para forjar o ser humano, como diz Shulgin (2013), isso é o trabalho para formação de professores(as).

A Formação para a Atualidade com a Escola do Trabalho tinha, entre seus objetivos de educação, o trabalho social como elemento formador da atualidade. O trabalho deveria ser considerado, na escola, como a ação do ser humano sobre a natureza, transformando-a e transformando a si mesmo. Essa experiência precisava ser vivenciada na escola, nos diferentes níveis de ensino, e de acordo com a faixa etária e as condições físicas dos estudantes, incluindo fundamentalmente a formação dos(as) professores(as), desenvolvendo neles um espírito transformador da atualidade.

Pistrak (2000, 2009) e Krupskaya (Freitas; Caldart, 2017), na formação para a atualidade, consideram que a educação pode superar a lógica individualista do pequeno proprietário presente na concepção escolar dominante na época, da Europa e da América, que até utilizam o conceito de trabalho, mas visando o avanço individual na sociedade. A escola do trabalho, no contexto indígena, pode privilegiar a experiência do ativismo-coletivo, no qual todas as ações e todos os fenômenos naturais, sociais e culturais podem ser considerados do ponto de vista coletivo, global, e a escola como uma aldeia de relações interculturais e bilíngues.

A experiência russa, forjada na luta de um coletivo de intelectuais orgânicos da educação soviética, cabe muito bem para os estudos na formação de professores(as) indígenas, quando possibilitamos a análise das contradições de cada tempo histórico e de cada território. No caso brasileiro, em especial na educação indígena, não estamos em um processo revolucionário, mas a Formação para a Atualidade pode contribuir com a juventude no sentido de compreender seu tempo e assumir a sua história com resistência e luta, para transformar.

Destacamos algumas das práxis dessa posição política-teórica, de formação para atualidade e bilinguismo, que adotamos na formação dos pedagogos desde o desenvolvimento do conteúdo curricular das disciplinas do curso, mas sobretudo nos processos organizativos dos estudantes: a formação acadêmica realizada no território indígena com o regime da alternância e momentos na universidade; a permanente tentativa de conexão atualidade-território-conhecimentos-saberes; a realização de inventários da realidade ou do levantamento do vocabulário dos povos indígenas para articular a formação multilíngue; os diálogos com lideranças, sábios, professores indígenas para vincular estudos acadêmicos e saberes indígenas; a auto-organização dos estudantes com o autosserviço, procurando vincular com as formas futuras de gestão da escola indígena; o envolvimento nas festas tradicionais da aldeia com a intenção de articular cultura e educação; a participação em jornadas de Agroecologia como forma de discutir e pensar a soberania alimentar e a resistência na aldeia; a participação nas lutas sociais locais contribuindo para o entendimento de que a educação está ligada à vida da sociedade; a produção de material didático intercultural e bilíngue como exercício de uma práxis futura na escola; os estágios curriculares nas escolas indígenas com professores indígenas; a presença permanente de professoras indígenas para o ensino das línguas maternas no curso; a participação dos acadêmicos em programas de governo que agregam na formação;[9] o uso das tecnologias no ensino remoto; os exercícios de planejamento dos temas Complexos de Estudo e dos temas Geradores para aproximar escola e vida; o ensino multilíngue, com permanente pensar, falar, discutir e ser indígena, aspecto aprofundado na sequência.

O bilinguismo na formação superior indígena

O bilinguismo e o uso das línguas indígenas na escola têm uma longa história de lutas indígenas e conquistas internacionais (Faustino *et al.*, 2020). No final dos anos 1950, momento de ascensão dos diversos movimentos sociais como os que levaram à Revolução em Cuba, os organismos internacionais foram colocados em alerta, levando-os a traçar novas estratégias de inclusão social e busca do consenso.

Em 1960, a Organização das Nações Unidas para a Educação, a Ciência e a Cultura (Unesco) aprovou a convenção relativa à luta contra a discriminação no campo do ensino, ao estabelecer que "deve ser reconhecido aos membros das minorias nacionais o direito de exercer atividades educativas que lhes sejam próprias, inclusive a direção das escolas e, seguindo a política de cada Estado, em matéria de educação, o uso ou o ensino de sua própria língua" (Unesco, 1960). Na sequência, foi aprovada a Convenção Internacional sobre a eliminação de todas as formas de discriminação racial e, com o Pacto Internacional dos Direitos Civis e Políticos da Unesco (1966), foram consagradas normas de proteção aos direitos culturais, religiosos e linguísticos das minorias.

A Unesco, por meio da Oficina Regional de Educación para América Latina y el Caribe (Orealc/Unesco) criada em 1963, publicou a *Recopilación de materiales didacticos en educacion indígena* (Amadio; D'emilio, 1990) evidenciando as estratégias pedagógicas utilizadas na produção didática para a alfabetização bilíngue em contextos indígenas e a renovação das recomendações para a formação de professores e a produção didática.

---

[9] Programa Institucional de Bolsas de Iniciação à Docência (PIBID). Programa Universidade Sem Fronteiras Seti/PR: produção interdisciplinar, intercultural e bilíngue de materiais didáticos para alfabetização em contexto indígena no Paraná.

No Brasil, o Estatuto do Índio, publicado em 1973, no que se refere à educação, definiu no Art. 49 que "a alfabetização dos índios [sic] far-se-á na língua do grupo a que pertençam, e em português, salvaguardado o uso da primeira" e o Art. 52 garantiu que "será proporcionada ao índio a formação profissional adequada (...)" (Brasil, 1973). Porém, visando o controle e a integração indígena, o bilinguismo implantado no governo civil-militar brasileiro do período foi colocado sob a responsabilidade da missão norte-americana Summer Institute of Linguistics que atuou para evangelizar, converter e disciplinar os povos indígenas que lutavam por suas terras e direitos.

Os movimentos sociais das décadas seguintes culminaram na aprovação da Constituição de 1988, cuja participação indígena conseguiu garantir direitos fundamentais em relação à demarcação das terras, à saúde e à educação. Conquistou-se uma educação bilíngue e intercultural feita pelos próprios indígenas em suas comunidades. No decorrer dos anos 1980, acompanhando os processos de pacificação e democratização dos países da região, se inicia a promulgação de leis de proteção e fomento das culturas originais de cada país. Materializam-se políticas educativas e de desenvolvimento e projetos nacionais que planejam uma atenção especial à educação dos povos originários (Unesco, 2001, p. 81).

Em suas comunidades, nos movimentos e nas conferências nacionais, os povos indígenas elaboraram suas demandas, atuando no sentido de regulamentar e garantir as conquistas constitucionais. Professores(as) e lideranças indígenas salientaram, na I Conferência Nacional da Educação Escolar Indígena (Coneei), realizada em 2009, ser imprescindível a formação de professores(as) e a criação de políticas educacionais voltadas para a valorização e preservação do patrimônio linguístico dos povos indígenas, apontando a necessidade de "[...] valorização, fortalecimento, revitalização das línguas indígenas nas práticas pedagógicas e para que a comunidade possa reconhecer a importância de se trabalhar a língua materna nas escolas, principalmente entre os grupos onde as línguas estão ameaçadas [...]" (Brasil, 2009, p. 31).

Naquele momento, definiram ser necessário assegurar "o ensino e a valorização das culturas e línguas indígenas, desde as séries iniciais até o ensino superior." (Brasil, 2009, p. 31). A Conferência defendeu, ainda, em caráter de urgência, a revisão do Referencial Curricular Nacional para Educação Infantil (RCNEI) "abrindo maiores espaços de discussão e participação direta de lideranças, professores e professoras indígenas, gestores indígenas e contemplando todas as etnias e regiões brasileiras" (Brasil, 2009, p. 26).

O acesso à universidade em cursos de Licenciaturas Interculturais bilíngues cujos projetos são elaborados em conjunto com indígenas possibilita aos povos indígenas uma formação voltada às suas realidades socioculturais e linguísticas e às suas lutas por direitos sociais e pela manutenção de seus territórios, com turmas compostas por indígenas que se organizam com autonomia, pautam e elaboram estratégias próprias e vão assim ampliando a interculturalidade na universidade.

Considerações finais

Nos caminhos da formação de professores(as) indígenas e de transformação da escola por nós vividos, é possível afirmar que os povos indígenas conquistaram um marco regulatório para a educação escolar indígena, com diretrizes, orientações, resoluções e pareceres próprios. Isso qualifica a educação pública brasileira. Consideramos que, com todos os avanços, faltam políticas públicas, projetos e programas adequados e suficientes para atender o contingente reprimido de juventude que pretende entrar na universidade. A sociedade brasileira, os movimentos sociais e as universidades públicas precisam compreender que uma das lutas imprescindíveis do nosso tempo é abrir a universidade aos povos indígenas, e a experiência registrada aqui mostra que é possível avançarmos nesse processo.

Destacamos que a consolidação desse curso no Paraná representa uma tomada de posição frente à conjuntura desfavorável à classe trabalhadora e às minorias étnicas, nesse momento histórico do país, que se explicita pelo preconceito, pela extinção de políticas de atendimento, pela não demarcação de terras indígenas, pela perseguição e extermínio dos indígenas e de ativistas, pelos cortes orçamentários que as universidades públicas vêm sofrendo, pelo impedimento do acesso de muitos ao Ensino Superior.

Consideramos o fato de compor um grupo étnico específico – a turma indígena trouxe avanços na formação de professores indígenas pois gera identidade, fortalece a cultura, a língua e o bilinguismo, ganha força o estudo da atualidade, evidencia o movimento indígena. A luta organizada e coletiva da educação aflora e a formulação da Pedagogia Indígena vigora. Logo, a Pedagogia Socialista traz profundas contribuições para esse processo que, em última instância, pretende produzir caminhos para transformar a escola.

Referências

AMADIO, M; D'EMILIO, A. L. (comps.) *Recopilación de materiales didácticos en educación indígena*. Santiago: Unesco/Orealc, 1990.

BANIWA, G. dos S. *A Lei das Cotas e os Povos Indígenas:* mais um desafio para a diversidade. Laboratório de Pesquisas em Etnicidades, Cultura e Desenvolvimento, 2012. Disponível em: http://laced.etc.br/site/2012/11/26/a-lei-das-cotas-e-os-povos-indigenas--mais-um-desafio-para-a-diversidade. Acesso em: 20 mai. 2022.

BERGAMASCHI, M. A.; DOEBBER, M. B.; BRITO, P. O. Estudantes indígenas em universidades brasileiras: um estudo das políticas de acesso e permanência. *Revista Brasileira de Estudos Pedagógicos*. Brasília, v. 99, n. 251, p. 37-53, jan./abr. 2018.

BRASIL. Lei Federal n. 6.001, de 19/12/1973. Dispõe sobre O Estatuto do Índio. 1973.

BRASIL. *Constituição da República Federativa do Brasil de 1988*. Congresso Nacional do Brasil. Assembleia Nacional Constituinte, 1988.

BRASIL. Ministério da Educação e do Desporto. *Referencial Curricular Nacional para as escolas indígenas*. Brasília: Ministério da Educação e do Desporto/Secretaria de Educação Fundamental (MEC/SEF), 1998.

BRASIL. Lei n. 10.558 de 13/11/2002. Cria o Programa Diversidade na Universidade.

BRASIL. Ministério da Educação. *Documento final da I Conferência de Educação Escolar Indígena*. Luziânia/Goiânia, 2009.

BRASIL. Ministério da Educação. *Referenciais para a formação de professores indígenas*. Brasília: MEC/SEF, 2002.

BRASIL. Ministério da Educação. *Diretrizes Curriculares Nacionais para a Educação Escolar Indígena na Educação Básica*. Ministério da Educação/Conselho Nacional de Educação/Câmara de Educação Básica. Brasília, 2012.

BRASIL. Ministério da Educação. Conselho Nacional de Educação/Conselho Pleno. Resolução n. 1, de 7/01/2015. Institui Diretrizes Curriculares Nacionais para a Formação de Professores Indígenas em cursos de Educação Superior e de Ensino Médio e dá outras providências.

CALDART, R. S. *Pedagogia do Movimento Sem Terra*. Petrópolis: Vozes, 2000.

FAUSTINO, R. C.; NOVAK, M. S. J.; RODRIGUES, I. C. O acesso de mulheres indígenas à universidade: trajetórias de lutas, estudos e conquistas. *Tempo e Argumento*. Florianópolis, v. 12, n. 29, p. 2-30, 2020.

FAUSTINO, R. C.; GEHRKE, M.; NOVAK, M. S. J. A política de alfabetização bilíngue: histórico, ações para formação de professores indígenas e a produção didática. *Revista Tellus*. Campo Grande, n. 12, p. 117-144, set./dez. 2020.

FREITAS, L. C. de. A luta por uma pedagogia do meio: revisitando o conceito. *In*: PISTRAK, M. M. (org.) *A Escola-Comuna*. São Paulo: Expressão Popular, 2009.

GEHRKE, M.; SAPELLI, M. L. S.; FAUSTINO, R. C. A formação de pedagogos indígenas em alternância no Paraná: uma contribuição à interculturalidade e ao bilinguismo. *Revista Brasileira de Educação do Campo*, v. 4, p. 1-26, 2019.

HARVEY, D. *O enigma do capital e as crises do capitalismo*. São Paulo: Boitempo, 2011.

FREITAS, L.; CALDART, R. (orgs.) *A Construção da Pedagogia Socialista* (escritos selecionados). São Paulo: Expressão Popular, 2017.

NOVAK, M. S. J. *Política de ação afirmativa*: a inserção dos indígenas nas universidades públicas paranaenses. Dissertação (Mestrado em Educação) – Universidade Estadual de Maringá, Maringá, 2007.

OIT. ORGANIZAÇÃO INTERNACIONAL DO TRABALHO. *Convenção n. 169.* 1989. Disponível em: https://observatorio.direitosocioambiental.org/wp-content/uploads/2021/05/portugues.pdf. Acesso em: 20 maio 2022.

PISTRAK, M. M. *Fundamentos da Escola do Trabalho*. Tradução: Daniel Aarão Reis Filho. São Paulo: Expressão Popular, 2000.

PISTRAK, M. M. (org.) *A Escola-Comuna*. Tradução: Luis Carlos de Freitas e Alexandra Marenich. São Paulo: Expressão Popular, 2009.

RAMOS, A. R. *Constituições nacionais e povos indígenas*. Belo Horizonte: Editora da UFMG, 2012.

ROCKWELL, E. (org.) *La escuela cotidiana*. México: Fondo de Cultura Económica, 1997.

SHULGIN, V. N. *Rumo ao politecnismo* (artigos e conferências). Tradução: Alexey Lazarev e Luiz Carlos de Freitas. São Paulo: Expressão Popular, 2013.

TERRA INDÍGENA RIO DAS COBRAS. *Carta de solicitação de curso*. Nova Laranjeiras, 2018.

UNESCO/OREALC. Educação intercultural bilíngüe. *In*: *Balanço dos 20 anos do Projeto Principal de educação na América Latina e no Caribe*. VII Reunião do Comitê

Regional Intergovernamental do Projeto Principal de Educação: documento de trabalho, 2001.

UNESCO. *Convenção relativa à luta contra a discriminação no campo do ensino.* 1960. Disponível em: https://unesdoc.unesco.org/ark:/48223/pf0000132598_por. Acesso em: 12 jun. 2022

UNESCO. *Convenção Internacional sobre a eliminação de todas as formas de discriminação racial.* 1966. Disponível em: https://unesdoc.unesco.org/ark:/48223/pf0000139390?posInSet=1&queryId=2ea11c5d-7500-4550-8d55-894ebc7a291f. Acesso em: 4 mai. 2024.

UNICENTRO. Laboratório da Educação do Campo e Indígena (Laeci). Departamento de Pedagogia (DEPED/G). *Projeto Pedagógico do Curso de Pedagogia* (Terra Indígena). Guarapuava, 2018.

UNICENTRO. *Solicitação de autorização de funcionamento do Curso de graduação para a formação de Educador Indígena na Terra Indígena Rio das Cobras município de Nova Laranjeiras ao CEE.* Ofício n. 329 GR/Unicentro. 28 set. 2018.

A concepção marxista na formação de educadores: a experiência do Curso de Especialização Trabalho, Educação e Movimentos Sociais (TEMS) – MST/ EPSJV/Pronera

Anakeila de Barros Stauffer[1]
Caroline Bahniuk[2]
Maria Cristina Vargas[3]
Virgínia Fontes[4]

Por um lado, é necessário modificar as condições sociais para criar um novo sistema de ensino; por outro, falta um sistema de ensino novo para poder modificar as condições sociais. Consequentemente, é necessário partir da situação atual.
Marx e Engels, 2004, p. 107

---

[1] Pedagoga com mestrado em Educação (ambos pela Universidade do Estado do Rio de Janeiro), doutora em Educação e Ciências Humanas (PUC-RJ). Professora pesquisadora da Escola Politécnica de Saúde Joaquim Venâncio/Fiocruz, professora de Educação Especial e Inclusiva do município de Duque de Caxias (RJ).

[2] Doutora em Educação pela Universidade Federal de Santa Catarina (UFSC), com pós-doutorado em Serviço Social pela mesma universidade. Professora da Faculdade de Educação da Universidade de Brasília (UnB).

[3] Pedagoga (Universidade do Estado de Mato Grosso, 2003) e especialista em Educação do Campo e Desenvolvimento pela Universidade de Brasília (2005), mestranda em Educação (UFRJ). Integrante da Direção Nacional do Movimento dos Trabalhadores Rurais Sem Terra (MST).

[4] Historiadora, com mestrado na UFF (1985) e doutorado em Filosofia na Université de Paris X, Nanterre (1992). Integra o Niep-Marx (Núcleo Interdisciplinar de Estudos e Pesquisas sobre Marx e o marxismo). Coordena o Grupo de Trabalho e Orientação (GTO) (www.grupodetrabalhoeorientacao.com.br). Docente da Escola Nacional Florestan Fernandes – MST.

Introdução

Entre os anos de 2011 e 2015, realizamos duas edições do curso de especialização *Trabalho, Educação e Movimentos Sociais* (TEMS), uma experiência fecunda e intensa de formação de educadores realizada pela Escola Politécnica de Saúde Joaquim Venâncio, unidade técnico-científica da Fundação Oswaldo Cruz (EPSJV/Fiocruz) e pelo Movimento dos Trabalhadores Rurais Sem Terra (MST). A primeira turma foi desenvolvida junto ao Programa Nacional de Educação na Reforma Agrária (Pronera) e a segunda ao programa de Residência Agrária do Conselho Nacional de Desenvolvimento Científico e Tecnológico (CNPq).

Participaram do curso educandos(as) de diversos estados brasileiros, garantindo um caráter nacional às turmas. O curso contou com uma alta taxa de conclusão, no total, 76 estudantes finalizaram a especialização. Majoritariamente eram educadores(as) que atuam na organização e condução do Setor de Educação do MST e/ou que atuam nas escolas públicas localizadas em áreas de Reforma Agrária organizados pelo MST, no entanto, o grupo também contou com a participação de pessoas ligadas aos setores de Cultura, Saúde e Produção do Movimento.

O corpo docente do curso era formado por intelectuais, estudiosos dos marxismos[5] de diversas universidades públicas do país, em especial do Rio de Janeiro, cidade onde o curso foi realizado, e por professores(as) ligados(as) aos movimentos populares. Esse conjunto de docentes propiciou uma reflexão teórica sobre pontos de vista diversos e complexos, em permanente diálogo com a experiência concreta da vida social e de militância dos educandos(as).

Como refletem Alentejano e Fontes (2014), integrantes da coordenação do curso, sua construção prévia e seu desenvolvimento posterior possibilitaram uma criação singular, de grandes desafios e intensos aprendizados, pois colocaram em tela algumas intencionalidades para a formação a ser realizada. A primeira diz respeito à construção sólida, consistente e aprofundada nas bases do marxismo, para educadores(as) formados nas universidades públicas brasileiras que, no entanto, vivenciaram a fragilidade teórica dos cursos realizados, característico da formação imediatista e voltada às exigências da valorização do capital na atualidade. A concepção de marxismo abordada busca afastar-se de uma compreensão dogmática e reducionista e, nessa direção, priorizou as distintas vertentes desse referencial teórico e político e as reflexões que instiga na atualidade – em destaque a relação com a educação e o desenvolvimento da Pedagogia Socialista.

---

[5] Usamos *marxismos* pois é diversa e multidisciplinar a tradição fundada por Marx. Não desejamos imprimir uma visão dogmática sobre a obra de Marx, mas utilizar sua chave de análise, seu método, para interpretar o mundo, a fim de transformá-lo.

A reflexão do papel da universidade para a formação da classe trabalhadora e o lugar que os(as) trabalhadores(as) ocupam em suas estruturas compõem a segunda intencionalidade do curso. Ou seja, questionam-se quais são os limites institucionais dos cursos realizados nas universidades públicas, tanto no que se refere à estrutura organizativa quanto às epistemologias que vinculam. Essa intenção se estende na análise sobre a produção do conhecimento, a prática pedagógica e a ciência, hegemônicas e voltadas a atender aos interesses incessantes da produção de capital.

Esses propósitos se articularam à necessidade de intensificar o debate sobre a Educação Politécnica, a Educação do Campo e a Pedagogia Socialista e como se constituem a partir da dimensão formativa da luta, buscando a radicalidade crítica desses conceitos, distanciando-se de formulações sintonizadas com a Pedagogia do Capital, com as quais os(as) educandos(as) lidam frequentemente, tanto nos cursos de formação de educadores(as) das universidades como nas redes e escolas públicas às quais se vinculam.

Partindo dessas considerações iniciais, neste texto refletimos sobre a contribuição do TEMS para a formação desses(as) educadores(as), retomando parte dos aprendizados e das discussões no desenvolvimento do curso, na direção de sistematizar aspectos fundamentais da experiência, porém que a extrapolam e nos remetem a pensar sobre a formação dos(as) trabalhadores(as) na atualidade. Entendemos ser necessária e urgente a socialização de formações críticas nas universidades públicas brasileiras, visto que a formação docente tem sido assolada por cursos aligeirados, muitos em formato à distância, subsumidos pelo empresariamento da educação (Shiroma *et al.*, 2017) que, dentre seus vários elementos, compreende que a formação docente deve se eximir de fundamentação teórica, posição política e, consequentemente, de participação nas lutas sociais, reduzindo-se à transmissão de técnicas eficazes de gerenciamento da sala de aula.

Para tanto, o texto reflete sobre a inserção das lutas sociais na educação pública, mostrando o curso como uma reivindicação do MST a uma escola pública, sem se eximir de apontar as contradições e os limites presentes nessa relação com a luta do movimento social. Em seguida, abordamos a proposta do curso e a formação realizada, tomando como referência a concepção marxista na formação de educadores(as) e/ou militantes, aliando a formação teórica à análise da realidade e às lutas sociais. Por fim, trazemos uma síntese sobre a contribuição do TEMS para a formação de educadores(as), numa perspectiva marxista, em um contexto de hegemonização de uma formação aligeirada e acrítica.

As lutas sociais e o sentido da educação pública

Pensar o sentido da educação pública nos leva ao significado do termo "público" e como este tem sido apropriado pelas classes populares. A escola pública, como uma instituição organizada pela burguesia, tem seu sentido revolucionário colapsado para se instituir como um dos aparelhos privados de hegemonia da sociedade capitalista (Gramsci, 2004). Cumprirá sempre, a escola pública estatal, incluindo a universidade, o papel perpetuador do *status quo?* Ou pode viver a dialética tensão entre a transformação e a manutenção, entre a privatização e a socialização dos conhecimentos constituídos pela humanidade, entre a legitimação e a deslegitimação do conhecimento construído pelo povo em sua luta cotidiana? Como fazer com que a educação pública não se conforme à reprodução das relações sociais capitalistas, mas que contribua para que as classes trabalhadoras a subvertam e rompam as cercas do conhecimento? Como permitir que a contradição seja o motor e que a luta de classes no interior da escola e das universidades públicas não se oculte, a fim de propiciar a superação das relações capitalistas?

São esses tensionamentos que o MST busca fomentar ao lutar pela escola/universidade pública como um direito fundamental da população do campo. Busca questionar a forma de produzir conhecimento que prescinde da classe trabalhadora camponesa e institui teorias que renunciam à articulação com a necessidade da transformação da realidade. O MST busca construir uma estratégia formativa que enfrente alguns desafios: a superação de formações docentes privatizadas, muitas vezes desenvolvidas em instituições precárias que só visam ao lucro; a falta de investimento público na formação do(a) educador(a), de maneira mais dramática nos interiores do Brasil; a superação de processos formativos vivenciados em instituições públicas que não discutem a formação da classe trabalhadora, que não colocam em pauta a luta de classes e que esvaziam o amplo acesso às teorias críticas e à discussão sobre a formação da consciência da classe trabalhadora.

Tendo esse cenário a transpor, o MST reivindica à EPSJV/ Fiocruz a realização do curso "Trabalho, Educação e Movimentos Sociais" (TEMS), destinado a educadores(as) do campo. De fato, desde o ano de 2004, o MST e a EPSJV vêm construindo, a partir dos setores de Educação e de Saúde do Movimento, ações de pesquisas, de educação em saúde do campo, de cooperação técnica e de produção de materiais pedagógicos. Nesse processo, foi proporcionado à EPSJV um conjunto de aprendizagens que ressignificam o ato pedagógico, buscando efetivar as demandas da classe trabalhadora do campo. Por outro lado, o MST também compreende que a EPSJV busca efetivar o compromisso de ser uma escola socialmente referenciada, ancorada nas áreas de Trabalho, Educação e Saúde, e que busca construir a educação como processo emancipatório; fomentar a democratização da produção e difusão do conhecimento; ter a ciência, a tecnologia, a inovação e a cultura comprometidas com a redução das desigualdades e iniquidades; realizar a cooperação, nacional e internacional, com instituições públicas, entidades e movimentos sociais, nas áreas de trabalho, educação e saúde; respeitar e valorizar os conhecimentos, saberes e tecnologias produzidas social e coletivamente que dialoguem com os princípios e práticas de atuação da EPSJV (EPSJV, 2020). No entanto, a escola pública está inscrita na lógica estatal; as indagações anteriores e os desafios apresentados pelo Movimento são vivenciados, não sem embates e conflitos. Todo esse processo de questionamentos, embates e reflexões produz o sentido para o ato de educar no espaço público, o sentido da educação da classe trabalhadora que só pode se realizar a partir de sua luta.

Nesse cenário, o curso foi desenvolvido em duas turmas, sendo a primeira apoiada pelo Pronera – que representou uma conquista dos(as) trabalhadores(as) rurais, educadores(as), pesquisadores(as) e entidades que atuam na Reforma Agrária –, possibilitando a formulação de diversos cursos em parceria com as universidades, perpassando pela alfabetização, Ensino Fundamental, Ensino Médio, graduação, especialização, mestrado. Por meio do Pronera, foi possível ocupar as universidades, trazer para o seu interior o debate sobre a Reforma Agrária Popular, sobre a Educação do Campo, entrelaçando a lógica universitária com as necessidades da educação da classe trabalhadora do campo.

A segunda turma, também apoiada pelo Pronera, envolveu o CNPq, por meio do edital do Programa de Residência Agrária. O mote principal para a construção e a realização do referido curso foi a consolidação de uma base teórica crítica que propiciasse aos(às) professores(as) e militantes do MST o aprofundamento no campo da pesquisa. Antes mesmo da realização das duas turmas (2011-2013 e 2013-2015), foi necessário um ano de intenso debate, de organização e preparação da concepção político-pedagógica, da organização do plano curricular e da preparação dos âmbitos administrativos.

Nesse processo de construção, foi instituída a Coordenação Político-Pedagógica (CPP) composta por educadores(as) da EPSJV e do MST que, além da organização do curso, tinham por responsabilidade acompanhar o desenvolvimento pedagógico e o processo formativo e político da turma. A CPP possui um papel político-pedagógico central no desenvolvimento de estratégias formativas a partir da avaliação da materialidade de cada etapa e turma. Ao mesmo tempo, realiza um acompanhamento de cada educando, contribuindo para sua organização individual, e da coletividade em que se insere. Para tanto, a CPP mantém um diálogo permanente com os(as) estudantes, e com a organicidade das turmas, com os(as) docentes e as instituições envolvidas com o curso. A partir desse processo de construção coletiva, foi possível configurar um curso estruturado no referencial marxista, viabilizando a inter-relação entre o conhecimento, a análise da realidade e sua transformação.

O marxismo na formação de educadores: o vínculo do conhecimento com a análise da realidade e sua transformação

Para permitir essa reflexão e organizar uma educação que, em sua forma e conteúdo, respondesse às necessidades pautadas pelo Movimento, precisávamos aprofundar os conhecimentos sobre as teorias pedagógicas, a fim de expandir a capacidade de análise sobre a realidade educacional brasileira.

A partir das intencionalidades do curso, citadas na parte introdutória deste texto, estabelecidas pela materialidade da luta social, pelas reivindicações tanto do Setor de Educação do MST como dos educadores envolvidos na coordenação do curso, o desafio posto estava em como realizar esses propósitos tomando por base o pensamento e o método marxiano.[6] Esse método pressupõe uma relação dialética entre as modificações das relações sociais e da educação, isto é, a formação e transformação dos seres humanos, no sentido que o(a) próprio(a) educador(a) precisa ser educado(a). Para Marx (2007), os homens intervêm e constroem as relações sociais em determinadas condições históricas, bem como a alteração dessas condições e a autoformação humana se realizam na prática revolucionária.

Tendo em mãos esses pressupostos, tentamos traduzi-los em uma formação que ajudasse os educadores a encarar a avassaladora hegemonia da Pedagogia do Capital que é imposta atualmente. Isso se fez patente desde o momento de organização e de desenvolvimento desse processo formativo, por exemplo: na organização das etapas, na escolha dos temas a serem trabalhados, nos professores convidados a participar do curso, nas estratégias didáticas realizadas, no lugar que a pesquisa ocupa nessa trajetória formativa, na organicidade da turma, no desenvolvimento de outras dimensões ligadas à cultura e à produção de manifestações artísticas, e no estabelecimento de relações da turma com as lutas e espaços da cidade do Rio de Janeiro e suas intensas contradições e belezas.

Nessa direção, o curso foi organizado a partir de algumas categorias centrais do marxismo – Trabalho, Método, Estado e Luta de Classes – que são orientadoras dos Tempos Escola e de suas temáticas, das linhas de pesquisa e dos Tempos Comunidade. Ao total, em cada turma, foram realizadas cinco etapas de Tem-

---

[6] Chamamos de marxiana a obra elaborada pelo próprio Karl Marx, que deixa à posteridade uma tradição teórica e política que busca analisar o capital e instituir a transição para uma sociedade sem a exploração da força de trabalho.

pos Escola, intercaladas com os Tempos Comunidade.[7] As etapas se articularam a partir de quatro eixos problematizadores: *Trabalho, historicidade, conceitos e métodos; Teorias críticas, métodos e novos problemas; Trabalho, Educação e Lutas Sociais; Educação no mundo contemporâneo: formas de dominação e lutas sociais no Brasil e na América Latina*. Buscamos trazer as diversas linhagens do marxismo e seus representantes ao longo dos eixos, mesmo sabendo que muitas temáticas e muitos autores ficariam de fora dessa seleção, pelo limite de tempo e de aprofundamento. A intencionalidade pedagógica se constituiu de forma a afastar o entendimento do marxismo enquanto um dogma, tomando-o como um arcabouço analítico em constante desenvolvimento, visto que se ancora na realidade, que é histórica, complexa e contraditória. Com essa intenção, foi possível destacar as principais polêmicas presentes no marxismo e suas repercussões para a luta política. Assim, cada etapa teve como foco um desses eixos, desenvolvidos de forma sequencial, espiralada e não linear, objetivando estabelecer as interrelações e os aprofundamentos para que a materialidade pudesse ser lida em sua totalidade.

A primeira etapa, *Trabalho, historicidade, conceitos e métodos*, dedicou-se ao estudo de Marx e Engels, discutindo as categorias fundamentais do pensamento marxiano como organizadoras do curso (Trabalho, Método, Estado e Luta de Classes), com vistas a demonstrar o marxismo como uma formulação teórico-prática circunscrita historicamente, porém muito atual e potente para compreensão crítica das relações sociais capitalistas e sua superação. Essa imersão se valeu da leitura de textos clássicos das obras desses pensadores, mediadas por professores(as) qualificados nesse campo.

A segunda etapa, *Teorias críticas, métodos e novos problemas*, teve por objetivo caracterizar as contribuições fundamentais de um grupo de autores marxistas, enfatizando suas especificidades no conjunto da produção intelectual e do marxismo. Nesse sentido, se fez necessário debater, em diferentes linhagens do marxismo, as formulações a respeito do Método, do Estado, do Trabalho, de Classe e Luta Social, o que nos levou a discutir questões sobre: a ontologia do ser social; a classe trabalhadora na contemporaneidade e sua relação com os processos de formação de consciência e luta de classes; a relação entre desenvolvimento capitalista e dependência; e o marxismo nas lutas sociais na América Latina, dentre outros temas. Para dar densidade aos debates propostos, diversos autores foram estudados, tais como Lenin, Gramsci, Lukács,

---

[7] Diz respeito à formação em alternância, que intercala tempos e espaços interrelacionados de organização do trabalho pedagógico, respaldada na relação trabalho-educação-território. No Brasil, se constitui numa estratégia formativa elaborada no âmbito da Educação do Campo desde o final da década de 1980 (Hage; Antunes-Rocha; Michelotti, 2021). Grande parte dos cursos de Ensino Superior realizados junto aos movimentos sociais se organiza a partir dessa alternância de tempos pedagógicos.

Thompson, Antunes, Rosa Luxemburgo, Florestan Fernandes, Marini, Mariátegui, Quijano, dentre outros.

Na terceira etapa, *Trabalho, Educação e Lutas Sociais*, refletimos sobre as principais formulações teóricas marxistas no campo da educação, ou seja, a relação da educação com o trabalho, o Estado, a luta de classes, o conhecimento e suas principais questões e polêmicas. Nesse eixo, trouxemos as experiências educacionais históricas dos trabalhadores, construídas no bojo de processos revolucionários, como a Comuna de Paris e a Revolução Russa, visto que ambas têm uma contribuição decisiva para a constituição da Pedagogia Socialista. Somaram-se a essas questões a discussão da escola como aparelho de reprodução social e ideológico do Estado, a formulação gramsciana da Escola Unitária, as lutas de classes na escola capitalista, a relação entre cultura, educação e ideologia, e a educação no pensamento latino-americano. Para tanto, estudamos diversos autores, como Pistrak, Shulgin, Krupskaya, Makarenko, Gramsci, Florestan Fernandes, Mariátegui, Althusser, Paulo Freire, Vigotski, Mészáros, Saviani, entre outros.

Na quarta etapa, *Educação no mundo contemporâneo: formas de dominação e lutas sociais no Brasil e na América Latina*, a discussão buscou se aprofundar na educação no Brasil e na América Latina no contexto da luta de classes, trazendo as principais formulações do capital e do trabalho para a educação e para a escola pública. A Pedagogia do Capital foi analisada a partir das políticas internacionais de educação: a mercantilização da educação e a presença dos representantes do capital na definição da educação brasileira; a história da educação brasileira e suas reformas educacionais; a presença das organizações patronais no campo e na educação, disputando não só o território, mas também a formação da classe trabalhadora.

A análise crítica da Pedagogia do Capital e/ou da Hegemonia foi um ponto destacado pelos estudantes como estratégico do curso para compreender como o capital opera na formação dos trabalhadores, em especial, incidindo sobre as escolas públicas presentes, e disputando a formação, inclusive nas escolas públicas dos acampamentos e assentamentos. Da mesma forma, foram ressaltadas as formulações sobre a Pedagogia do Trabalho, como o problema da Escola Unitária, a Educação Popular, a Educação nos Movimentos Sociais e a Educação do Campo, numa perspectiva de classe articulada à estratégia política de luta social.

Como pontuado anteriormente, a partir da terceira etapa do curso, a educação e a pedagogia ganharam maior centralidade nas temáticas desenvolvidas. No entanto, desde o início, essa discussão se fez presente, por exemplo, com o estudo coletivo e direcionado e a produção de uma síntese escrita tomando por base o livro de Mario Manacorda (2010), *Marx e a pedagogia moderna*. Nessa obra, a partir de uma intensa pesquisa nas obras de Marx e Engels, o autor apresenta e reflete sobre a concepção marxiana relacionada diretamente à educação.

O curso priorizou um espaço destacado e aprofundado para a reflexão teórica voltada à compreensão da realidade. No seu desenvolvimento, os estudantes fizeram a leitura de textos clássicos dos autores estudados, tentando escapar da armadilha de manuais e textos simplificadores para a compreensão do marxismo e da realidade que ele analisa. Por serem sujeitos que já se inserem na luta há certo tempo, haviam tido contato ao menos com parte dos autores e das obras estudadas nos cursos acadêmicos e/ou de formação política. No entanto, muitos leram esses autores por comentadores e manuais simplificadores. Contudo, foi demandado que esse curso propiciasse essa experiência de leitura dos textos originais dos autores, por ser um direito do conjunto da classe trabalhadora.

Para encorajar coletivamente a leitura e contribuir com ela, destinamos, no Tempo Escola, um momento exclusivo e estratégico para a realização das leituras, antes das aulas com os professores. Outro procedimento pedagógico utilizado para a apropriação de conceitos centrais do curso foi a produção de síntese de textos e/ou obras indicadas, além da síntese de aprendizagem de cada etapa, na qual os educandos deveriam buscar consolidar esse processo, não só sistematizando as aprendizagens, mas apresentando suas dúvidas; refletindo não só sobre as aulas, mas sobre todos os tempos vivenciados – Mística, Tempo Leitura, aulas, reflexões nos núcleos de base, pesquisa, dentre outros. Todo esse material produzido por cada estudante era lido, analisado e devolvido com considerações realizadas pelos membros da CPP.

Em relação à pesquisa, buscamos proporcionar um importante e criativo processo de troca entre educandos(as) e pesquisadores(as), organizado por meio de quatro linhas de pesquisa: Trabalho e Educação; Estado, políticas públicas de educação e luta de classes; Ciência, cultura e hegemonia: a produção do conhecimento e a questão da consciência; Movimentos sociais, questão agrária e as experiências da luta pela educação.

As linhas de pesquisa foram constituídas, portanto, para exercitar análises de cada objeto escolhido pelos estudantes, tomando como referência o método em Marx e os estudos desenvolvidos ao longo do curso. Buscamos também promover a troca de pontos comuns entre os temas escolhidos e o aprofundamento de pontos cruciais da educação brasileira, acolhendo os temas críticos para a investigação a partir da realidade dos educadores(as) dos espaços da Reforma Agrária. Não tinham, portanto, um cunho meramente burocrático e institucional, mas se constituíram de forma a confluir a intencionalidade político-pedagógica do curso e os interesses e expectativas dos discentes. Assim, a partir das questões concretas da realidade trazidas pelos estudantes, refletimos e investigamos, buscando superar a aparência para chegar à essência, à totalidade.

A linha *Trabalho e Educação* evidenciou as tensões que atravessam as relações entre tais dimensões formativas do ser social, pensando as formas particulares de trabalho, como o trabalho e a Educação do Campo. Para tanto, fomentou o aprofundamento sobre a dupla dimensão do trabalho: ontológica e histórica, a sua particularidade na sociedade capitalista e a formação para o mercado. Refletiu-se também sobre o trabalho como princípio educativo e as possibilidades de articular as duas categorias centrais da linha de pesquisa em uma perspectiva educativa na direção da emancipação. Aqui, muitos trabalhos dos(as) estudantes buscaram apreender, desde a inserção em espaços educativos concretos, a relação entre educação e seu desenvolvimento como princípio educativo, evidenciando as contradições e os limites nessa forma social.

A segunda linha, *Estado, políticas públicas de educação e luta de classes,* colocou em tela as lutas de classes presentes em todos os espaços sociais do capitalismo contemporâneo. Desde a menor forma organizativa popular ou patronal até os partidos, da mídia à família, diferentes tensões expressam as contradições traduzidas em lutas sociais. Nesse contexto, ampliam-se os aparelhos privados de hegemonia e aprofunda-se a relação entre eles e o Estado. Para tanto, essa linha se propôs a refletir sobre a concepção de Estado, a relação entre o público e o privado, com o objetivo de compreender as formas de organização pedagógica da dominação. Tais formas se expressam em experiências organizativas, curriculares, políticas e pedagógicas hegemônicas (burguesas), mas também nas lutas contra-hegemônicas (populares) que buscam efetivar a emancipação da classe trabalhadora. Em especial, os trabalhos dos educandos estudaram essa simbiose entre interesses distintos de classe nos espaços educativos públicos, nas políticas públicas, demonstrando a incidência cada vez mais organizada e profunda do capital sobre a educação pública.

A terceira linha de pesquisa, *Ciência, cultura e hegemonia: a produção do conhecimento e a questão da consciência,* analisou a produção do conhecimento e da cultura e sua subordinação ao capital. Em particular, buscou colocar em destaque o papel da universidade nessa produção e a relação desta instituição frente à reivindicação dos movimentos sociais organizados e como esses podem incidir sobre o ambiente universitário e trazer contribuições para a produção de conhecimento contra-hegemônico – uma das intencionalidades da origem do TEMS.

Outra dimensão importante e articulada à primeira, presente nessa linha, voltou-se à compreensão da cultura como experiência histórica, suas consequências para a formação humana e sua transformação em mercadoria. Assim, a cultura foi analisada como um espaço de luta de classes, ou seja, de produção de hegemonia, mas que também possui um potencial emancipatório. Nessa direção, as pesquisas dos estudantes voltaram-se para a análise da relação entre universidade e movimentos sociais, a partir dos cursos conquistados pelo MST: a arte e a cultura na luta de classes, a questão indígena, entre outros.

A quarta linha de pesquisa, *Movimentos sociais, questão agrária e as experiências da luta pela Educação,* fundamentou-se e discutiu as bases teóricas para uma educação que contribui com a emancipação, tanto na educação escolar como em outros espaços educativos, aprofundando-se na Pedagogia do Capital e nas propostas educativas dos trabalhadores para a educação, ou seja, a Pedagogia Socialista. Nesse sentido, precisou refletir sobre as tensões e contradições nesses espaços educativos e as novas tensões na formação político-ideológica. Procurou investigar os principais desafios enfrentados pelos movimentos sociais diante da atual conjuntura, em particular no campo, e as possibilidades construídas a partir da configuração da Educação do Campo e a luta pela Reforma Agrária Popular. Nessa linha, os trabalhos dos estudantes voltaram-se principalmente à análise das potencialidades e das contradições das experiências educativas realizadas nos movimentos sociais, em especial no MST, tais como as escolas, na formação de diferentes sujeitos: a infância, a juventude, os educadores, os camponeses na extensão rural, entre outros.

Esse processo de pesquisa rigoroso, organizado por linhas, demonstrou o quanto a pesquisa é de suma importância para a luta social, evidenciando-se a necessidade de a classe trabalhadora se apropriar de ferramentas do mundo acadêmico e de prática da pesquisa. Com esses pressupostos, as linhas se tornaram espaços de intenso diálogo, mediado pela teoria, onde se debate a realidade desde a inserção dos estudantes e seus objetos de pesquisa, evidenciando os nexos e as relações dessa particularidade com a totalidade social, tendo como horizonte a transformação da realidade.

Outro ponto de destaque em relação à pesquisa foi o exercício do trabalho coletivo entre as linhas de pesquisa para o qual foram destinados tempos específicos em todas as etapas do curso. Nesse processo, estudantes e orientadores(as) debatiam textos, autores(as) e categorias fundamentais para o conjunto das pesquisas, debatiam-se as dúvidas e trocavam-se sugestões coletivas. Nas bancas de qualificação, além dos(as) orientadores(as)/professores(as), tivemos um estudante da turma participando da análise do trabalho. Nas defesas dos trabalhos de conclusão do curso (TCCs), estabeleceu-se um tempo de debate coletivo sobre cada pesquisa apresentada.

No entanto, alguns limites e dificuldades apareceram no decorrer desse processo, posto que, historicamente, as ferramentas de pesquisa, a análise da realidade, o processo de escrita são postos como obstáculos ao conjunto dos trabalhadores. Os estudantes, em sua maioria com larga experiência na educação, docência e militância, apresentavam dificuldades em transpor a análise, que muitas vezes faziam oralmente, para a escrita do trabalho monográfico. Esse limite não é do educando individualmente, mas se constitui dentro dos limites impostos à educação da classe trabalhadora, que não tem acesso ou o tem de forma reduzida e precária aos bancos escolares e aos processos de pesquisa. Por meio do processo coletivo, que extrapola as orientações individuais, a CPP acompanhou mais de perto estudantes com maiores dificuldades, como também os estudantes entre si criaram estratégias de leitura, reflexão e ajuda mútua, na tentativa de superação desses limites, demonstrando que o conhecimento se constrói coletivamente e, no caso da classe trabalhadora, se constitui solidariamente.

Como apontado anteriormente, forma e conteúdo precisavam se coadunar para que a organização do curso correspondesse às necessidades da formação pretendida. Assim, outros momentos e espaços formativos compuseram a organicidade do curso, visando uma educação mais ampla, envolvendo o exercício de outras dimensões, como a política, a estética, a organizativa, a corporal, a afetiva, entre outras, na direção de uma educação omnilateral, proposta por Marx. Segundo Manacorda (2010), essa formação pressupõe a recuperação da integralidade humana, em oposição à formação unilateral, direcionada tão somente para responder às exigências da necessidade de reprodução da existência do trabalhador e, ao mesmo tempo, fundamentalmente, produzir mais valor ao capitalista. O ótimo desenvolvimento da omnilateralidade pressupõe a superação da alienação, portanto, a superação do modo de produção capitalista.

Dentre as formações, podemos destacar os processos de auto-organização dos estudantes, que estão presentes na maioria dos cursos organizados pelo MST. Os autores da Pedagogia Socialista Russa trazem com muita força essa proposição. Pistrak (2009) destaca o caráter formativo da auto-organização ao desenvolver o trabalho coletivo, a responsabilidade de cada um no coletivo, a solidariedade, a autonomia e a criatividade. Nessa proposição, a auto-organização se encontra umbilicalmente vinculada ao trabalho e à apropriação de conhecimentos escolares.

Em particular, a auto-organização na especialização se instituiu como questão crucial, incidindo, sobre a concepção, a elaboração e a execução do curso. Para tanto, há que se organizar tanto do ponto de vista individual como coletivo, participando com a CPP, buscando a determinação e a responsabilidade nos tempos de leitura, nos tempos de sistematização da aprendizagem e nos tempos de pesquisa – tanto aqueles desenvolvidos nos Tempos Escola como nos Tempos Comunidade.

As atividades de auto-organização vincularam-se no TEMS aos momentos de estudo, de pesquisa – da organização do curso como um todo –, mas também nas atividades de trabalho necessárias para o desenvolvimento das atividades. Assim, o Tempo Aula era coordenado pelos estudantes que, além de estarem organizados em núcleos de base, encontravam-se dispostos em equipes para realizar tarefas de registro e memória do curso, infraestrutura, saúde, organização e acompanhamento da Ciranda Infantil para os filhos(as) dos(as) educandos(as), cultura e mística, comunicação, e de finanças necessárias para a realização das etapas.

Outro ponto de destaque foi a produção cultural, tendo como mote a construção de uma identidade política e estética das turmas, revelada desde a construção dos nomes escolhidos para identificá-las: *Comuna de Paris*, na primeira turma, e *Tekoha Guarani*, na segunda turma, em menção às lutas históricas e atuais da classe trabalhadora. Realizou-se também a produção de elementos artísticos, como música, painel e quadro de sementes, mediados por militantes/artistas do Movimento, e planejados, construídos e executados pelo conjunto dos educandos articulados à intencionalidade formativa do curso. Destacamos também a presença forte e significativa das místicas inter-relacionadas às programações do dia do curso.

Todo esse processo não poderia deixar de dialogar com o território onde se desenvolvia o curso e, portanto, havia o contato com momentos de luta e com a cidade do Rio de Janeiro, em particular com algumas comunidades periféricas. Esses momentos compuseram a programação das etapas do TEMS, na medida em que eram compreendidos como tempos/espaços formativos na perspectiva da omnilateralidade.

Contribuições do TEMS para a formação de Educadores(as) do Campo e da Cidade e para as lutas sociais

Como já destacado, o curso foi impulsionado pela necessidade de aprofundamento das bases teóricas destinadas à formação de educadores, visto que a concepção dominante se volta para uma formação pragmatista, aligeirada, desconsiderando o(a) educador(a) como um intelectual (Gramsci, 1968). A formação de educadores(as) cada vez mais se esvazia de uma formação teórica consistente que permita refletir a realidade em sua totalidade, reduzindo o(a) educador(a) a ser um dinamizador de práticas que motivem os estudantes a ficarem em sala de aula. Tal concepção, que incide na formação oferecida pela educação pública, tem sua base numa correlação de forças desigual no Estado capitalista, que busca dirigir intelectual e moralmente o conjunto da sociedade, tornando seus interesses de classe – ou seja, os interesses do capital – uma agenda de todos. Sabemos que, nessa correlação de classes, a educação organizada pela classe trabalhadora, a educação popular, perdeu terreno, e a educação pública, muitas vezes para sua manutenção, se submete à organização burocrática delineada pelo Estado, sem corresponder às necessidades formativas das classes trabalhadoras.

Diante desse cenário, o MST compreende que uma de suas lutas consiste em romper as cercas do conhecimento. Como um movimento popular, o MST tem como um de seus desafios conduzir o projeto de Reforma Agrária Popular e atuar nas lutas da classe trabalhadora, visando a construção de um outro projeto político. Esse novo projeto não dispensa o papel da educação e da luta por escolas públicas para que não tenham o Estado como educador, mas sim que institua um projeto pedagógico desde a perspectiva da classe trabalhadora. O curso buscou, assim, dialogar com esse desafio, ao formar educadores(as) que ali se fizeram educandos(as) e pesquisadores(as) do seu contexto social.

Com essa intencionalidade, os(as) educadores(as) especialistas puderam se inserir de uma forma mais qualificada e com análises da conjuntura – educacional, política e social – mais aprofundadas na construção do II Encontro Nacional de Educadores e Educadoras da Reforma Agrária (Enera), em setembro de 2015. Nesse encontro, o resultado de um amplo debate no conjunto do Movimento e na sociedade buscou dar unidade à análise e delinear compromissos como a reivindicação e a luta pela educação pública e da classe trabalhadora. Tal análise se expressou no manifesto construído coletivamente e lançado no Encontro.

A análise crítica da política educacional e as novas formas de atuação da Pedagogia do Capital também foram importantes contribuições do curso. Cada vez mais, se faz urgente e necessário entender as formas de dominação, em particular, as que se realizam na escola pública pelo empresariamento, e diferenciar essas propostas de uma pedagogia em direção à emancipação e à formação crítica. Essas propostas mesclam conceitos ao se apropriar de uma linguagem progressista e amplamente as divulgam por meio da produção de materiais e da formação de professores. Em um contexto de descaso com a educação, esse projeto acaba, em muitas ocasiões, por ser assumido pelos professores das escolas públicas. A reflexão crítica da formação do consenso por meio da atuação incisiva e ampla de aparelhos privados de hegemonia, em especial na educação pública, a partir da reflexão proporcionada ao longo da especialização e de pesquisas dos educandos, foi socializada no do livro *Hegemonia burguesa na educação pública: problematizações no curso TEMS (ESPJV/Pronera)* (Stauffer *et al.*, 2018)[8].

Como dito anteriormente, o curso prezou pela densidade teórica fomentando a análise da realidade, materializando o exercício do método marxista. Isso foi possibilitado pelo profícuo diálogo entre muitos militantes do MST e os intelectuais das diversas instituições de ensino e pesquisa, o que propiciou inúmeros debates sobre os desafios da classe trabalhadora, a análise da realidade, a constituição da sociabilidade humana sob a hegemonia do capital. Tal densidade teórica contribuiu

---

[8] O livro está disponível para download gratuito em: www.epsjv.fiocruz.br/sites/default/files/tems_site.pdf.

para que vários desses militantes pudessem continuar seus processos de estudos e pesquisa em distintas universidades públicas, realizando mestrado e doutorado.

O processo de pesquisa possibilitou a construção do conhecimento de forma mais coletiva, visto que as linhas se configuraram não de forma burocrática, ou pela vontade individual de pesquisadores(as), mas, como dito anteriormente, se constituíram de forma a articular a intencionalidade político-pedagógica do curso e os interesses e as expectativas dos(as) discentes diante da materialidade dos modos de produzir e reproduzir suas existências. Para os(as) pesquisadores(as) das distintas instituições públicas que participaram como orientadores(as), houve um intenso aprendizado coletivo, de afastamento da burocracia em que as pesquisas se encerram no âmbito do Estado – além da importante aproximação das questões concretas da realidade do campo brasileiro, possibilitando, por meio das pesquisas, a superação da aparência para se chegar à essência, à totalidade. Essa foi uma importante contribuição do TEMS, tanto para aqueles(as) pesquisadores(as) com maior trajetória acadêmica como para aqueles(as) que se iniciavam nesse percurso.

Por fim, há que salientar que o projeto de Reforma Agrária Popular e de sociedade a que o MST se vincula exige cada vez mais uma ação coletiva e massiva de formação de militantes, da formação de educadores(as) intelectuais que compreendam a importância crucial desse projeto e que, juntos(as), estejam preparados para a complexidade que a tarefa de transformação da sociedade nos exige.

Referências

ALENTEJANO, Paulo; FONTES, Virgínia. O curso Trabalho, Educação e Movimentos Sociais (2011-2013). *Marx e o Marxismo*, v. 2, n. 2, jan./jul. 2014, p. 197-205. Disponível em: www.niepmarx.blog.br. Acesso em: 4 jun. 2022.

EPSJV. *Relatório da Gestão EPSJV – 2017-2021*. Rio de Janeiro: EPSJV, 2021.

GRAMSCI, Antônio. *Os intelectuais e a organização da cultura*. Rio de Janeiro: Civilização Brasileira, 1968 (Coleção Perspectivas do Homem).

GRAMSCI, Antônio. *Cadernos do Cárcere*. v. 3. Rio de Janeiro: Civilização Brasileira, 2004.

HAGE, Salomão; ANTUNES-ROCHA, Maria Isabel; MICHELOTTI, Fernando. Formação em Alternância. In: DIAS, Alexandre; STAUFFER, Anakeila; MOURA, Luiz Henrique; VARGAS, Maria Cristina. *Dicionário de Agroecologia e Educação*. São Paulo/Rio de Janeiro: Expressão Popular/ Escola Politécnica de Saúde Joaquim Venâncio, 2021.

MANACORDA, Manacorda A. *Marx e a pedagogia moderna*. Campinas: Editora Alínea, 2010.

MARX, Karl; ENGELS, Friedrich. *Textos sobre Educação e Ensino*. São Paulo: Centauro, 2004.

MARX, Karl. 1. Ad Feuerbach (1845). In: MARX, Karl; ENGELS, Friedrich. *A ideologia alemã*: crítica da mais recente filosofia alemã em seus representantes Feuerbach, B. Bauer e Stirner, e do socialismo alemão em seus diferentes profetas (1845-1846). São Paulo: Boitempo, 2007.

PISTRAK, Moisey. *A Escola-Comuna*. São Paulo: Expressão Popular, 2009.

SHIROMA, Eneida; MICHELS, Maria Helena; EVANGELISTA, Olinda; GARCIA, Rosalba. A tragédia docente e suas faces. *In*: EVANGELISTA, Olinda; SEKI, Allan Kenji. (orgs.) *Formação de professores no Brasil:* leituras a contrapelo. Araraquara: Junqueira & Marin, 2017. p. 17-58.

Agroecologia, educação e trabalho no mestrado profissional de Educação do Campo da UFRB

Silvana Lúcia da Silva Lima[1]
Maria Nalva Rodrigues de Araújo Bogo[2]

Introdução

A Educação do Campo é um projeto educativo contra-hegemônico que trabalha, nos âmbitos teórico, metodológico e da práxis social, os processos educacionais que alcançam o campo brasileiro. Neste contexto, enfrenta o analfabetismo, o fechamento das escolas e as condições estruturais, pedagógicas e de gestão das escolas do/no campo, promove a formação de professores(as) e participa de lutas por políticas públicas.

Ao fazer o debate e a luta com foco na questão agrária, a Educação do Campo precisa ajudar a construir ferramentas de enfrentamento às determinações sociopolíticas impostas pela matriz produtiva do agronegócio e pelo modelo urbano industrial. É neste cenário que se aproxima da *Agroecologia*.

A Agroecologia é a prática social que atravessa historicamente os modos de vida no campo no âmbito da produção, da circulação e do consumo, gerando desen-

---

[1] Doutora em Geografia pela Universidade Federal de Sergipe (UFS), professora associada da Universidade Federal do Recôncavo da Bahia (UFRB), docente do curso de Licenciatura em Educação do Campo e do Mestrado Profissional em Educação do Campo (UFRB).

[2] Doutora em Educação pela Universidade Federal da Bahia (Ufba), professora titular da Universidade do Estado da Bahia (Uneb), professora colaboradora da Universidade Estadual Paulista (Unesp) no Programa de Pós-graduação em Desenvolvimento Territorial da América Latina e Caribe e do Mestrado Profissional em Educação do Campo da Universidade Federal do Recôncavo da Bahia (UFRB).

volvimento das forças produtivas. Ela empresta conteúdo e forma à agricultura camponesa no âmbito da luta pela terra e por um projeto popular de sociedade e, ao ser problematizada e sistematizada, tornou-se ciência, ocupando espaço na educação.

Por organizar a vida camponesa, a Agroecologia nos coloca no campo do debate da relação dialética entre educação e trabalho camponês. Tal relação tem ganhado força nos processos formativos contra-hegemônicos e diz muito, ou deveria dizer, do lugar que a ciência ocupa na Agroecologia. Por isso, consideramos importante trazer como ponto de partida neste ensaio uma reflexão sobre a Agroecologia como matriz produtiva que toma por base a agricultura tradicional.

Ao fazer o mapeamento das práticas da agricultura tradicional, Altieri (2012, p. 121) demonstrou como "as estratégias agrícolas baseadas no conhecimento tradicional", uma herança secular "na forma de campos avançados, terraços, policultivos, sistemas agroflorestais", frutos da "criatividade dos pequenos agricultores", garantiram a preservação da biodiversidade e os fundamentos da agricultura de base ecológica.

Altieri dialogou com diversos autores para evidenciar a força e o potencial dos complexos sistemas agrícolas tradicionais e sua capacidade produtiva, que atravessaram séculos, enfrentando e resistindo aos processos históricos de colonização, às políticas públicas da modernização agrícola denominada de Revolução Verde e, no período histórico atual, à força destrutiva do capital em tempos de agronegócio. Esses sistemas, apesar dos ataques, fizeram e fazem o manejo sustentável de ambientes adversos e promovem a biodiversidade, garantindo produtividade que alimenta o mundo com comida de verdade e, por isso, são denominados de *agroecossistemas sustentáveis*.

Dada a relação com a biodiversidade, temos aqui um desafio interdisciplinar de compreender o manejo integrado do solo, da água e fazer o controle biológico da microfauna a fim de potencializar a produção de alimentos. Tal experiência nasceu no âmbito da agricultura tradicional e ganhou força na agricultura alternativa e orgânica. Hoje é potencializada como Agroecologia, na medida em que é incorporada ao projeto popular de sociedade. A agricultura orgânica é diferente disso.

A relação entre agricultura e biodiversidade recupera ainda o necessário debate da relação metabólica homem e natureza; cabe à educação em Agroecologia e à educação ambiental criar mecanismos para que homens e mulheres compreendam que são apenas uma pequena parte dos ciclos da natureza, e não os seus elementos dominantes, como reza a lógica do capital. A reflexão sobre a "interação *metabólica* entre *natureza* e *homem*", anunciada por Marx, nos faz compreender que o *homem* (humanidade) não existe independentemente ou fora da *natureza* – ou mesmo que a *natureza* hoje exista completamente independente da (ou não afetado pela) humanidade (Foster, 2010, 2013; Lukács, 2003).

Considerando que os processos e as lógicas de dominação da natureza impostos pelo capital aprofundaram as relações de dominação entre os homens, faz-se necessário o debate sobre a relação entre Agroecologia, Trabalho e Educação, no âmbito do Mestrado Profissional em Educação do Campo, sob a lente da questão agrária.

Trabalho e Educação [do Campo] no diálogo com a Agroecologia

O enfoque da economia política e da questão agrária brasileira nos convoca a refletir sobre a relação trabalho, Educação [do Campo] e Agroecologia, e nos remete a pensar, pela lente desta, os mecanismos de enfrentamento às contradições determinadas pelo capital, postas para ambas (Martins, 2022; Stédile, 2005).

Considerando a Agroecologia como ciência que estuda as diversas práticas sociais que potencializam a existência e permanência dos povos no campo, necessitamos compreender como as contradições centrais das formas de trabalho e da educação se encontram na luta pelo acesso e pela permanência na terra, sem a qual não será possível a realização do trabalho no campo.

O trabalho, como categoria, apresenta diferentes significados. Na sociedade capitalista, o mais difundido é a ideia de emprego (Frigotto, 2005). Neste texto nos apoiaremos no conceito de trabalho na perspectiva ontológica e histórica. Ou seja, o trabalho como elemento fundante da formação humana, do ser social. Diversos autores, como Lessa e Tonet (2008), Saviani (2007) e Frigotto (2005), dão sequência ao pensamento de Marx e demonstram que os seres humanos produzem a sua vida cotidianamente pelo trabalho e, como ele é uma categoria construída historicamente, ganha características particulares, tendo em vista que o ser humano evolui.

Marx define o trabalho como todo o esforço humano empregado na transformação da natureza. Ele é, portanto, uma relação entre homem e natureza, e a categoria fundante do ser humano, tendo em vista que, ao mesmo tempo que o homem transforma a natureza para suprir as suas necessidades, transforma-se a si próprio e se diferencia dos animais; deixa de ser apenas um ser biológico, passando a ser também histórico e social (Marx, 2004).

Saviani (2007) explica como o trabalho e a educação são atividades especificamente humanas. Isso significa que, falando de forma rigorosa, apenas o ser humano trabalha e educa. O referido autor também destaca que "se a existência humana não é garantida pela natureza, [ela] não é uma dádiva natural, mas tem de ser produzida pelos próprios homens, sendo, pois, um produto do trabalho, isso significa que o homem não nasce homem. Ele forma-se homem" (p. 154). Ou seja, a produção do ser humano é, ao mesmo tempo, seu processo educativo.

Konder (2000) faz importante síntese dessa íntima relação entre trabalho e educação nas sociedades humanas. Para ele, "toda sociedade vive porque consome; e para consumir depende da produção, isto é, do trabalho. Toda a sociedade vive porque cada geração cuida da formação da geração seguinte e lhe transmite algo da sua experiência, educa-a. Não há sociedade sem trabalho e sem educação" (p. 112).

Vendramini (2007, p. 125) destaca que o campo se constitui como um "espaço de trabalho de vida, de relações sociais e de cultura de pequenos agricultores: espaço de grande exploração de trabalhadores, especialmente o trabalho temporário, sem relações contratuais, de pessoas que vagueiam pelo país para acompanhar os períodos de colheitas".

Tais condições de vida e de trabalho só podem ser plenamente compreendidas à luz da concentração da estrutura fundiária no Brasil, uma dimensão histórica formada a partir dos processos de colonização, gerando contradições até hoje não resolvidas, conforme explicita o Censo Agropecuário (IBGE, 2017) ao apresentar os dados sobre a concentração da propriedade da terra no Brasil e sobre educação. Tal problemática reverbera diretamente sobre a organização do trabalho e a formação dos sujeitos em territórios camponeses.

Os dados revelam que, dos 5.072.152 de estabelecimentos, 4,1 milhões ocupam 12,8% da área total produtiva, ao passo que 2,4 mil fazendas detêm 51,8 milhões de hectares. A negação do direito à terra reverbera na negação ao acesso à educação. Os dados da escolaridade no campo mostram que o analfabetismo e o baixo desempenho escolar atingem com maior frequência a população rural, cerca de 25,8% da população rural adulta (de 15 anos ou mais) é analfabeta, enquanto na zona urbana essa taxa é de 8,7% (MEC/Pronacampo, 2012). No campo, o tempo de escolaridade da população é de em média quatro anos, enquanto nas periferias das cidades, chega a até oito anos. No que diz respeito ao Ensino Médio, entre os jovens de 15 a 17 anos, pouco mais de um quinto nessa faixa etária (22,1%) está frequentando esse nível de ensino, contra 49,4% na zona urbana (MEC/Pronacampo, 2012).

Contudo, precisamos enfatizar a teimosia dos povos do campo em suas lutas em favor da socialização da terra, nas retomadas de territórios tradicionais, lutas em favor do trabalho livre, nas lutas em favor da educação de qualidade no campo e, no último período, pela Agroecologia. Nesse contexto, podemos citar as experiências dos camponeses organizados nos diversos movimentos sociais e sindicais do campo, povos indígenas, povos de terreiros, fundo e fecho de pasto, movimento de juventude camponesa buscando construir territórios livres da exploração do trabalho capitalista.

Taffarel alerta que a formação social ocorre de acordo "com o que é legado e com o grau de desenvolvimento das forças produtivas e sua capacidade de produção que são determinadas historicamente"; logo, a luta não é apenas um ato de vontade dos sujeitos, é condição de suas existências. A mesma autora, ao discutir a formação humana no interior das contradições capitalistas, afirma que:

> O homem não se torna ser humano sem suas atividades e relações com os demais seres humanos, com o entorno, com a natureza, sem desenvolver seus meios de produção, sem reproduzi-los, sem reproduzir a própria vida. No entanto, o padrão que se desenvolveu, por séculos e séculos, está baseado na exploração, expropriação, explotação, que se manifestam hoje na destruição da natureza, da cultura, das forças produtivas – trabalho, trabalhador, meio ambiente. O que caracteriza este sistema construído historicamente são, portanto, a produção social de bens e a apropriação privada, a concentração de renda, a propriedade privada dos meios de produção. (Taffarel, s/d, p. 2, grifo nosso)

No Brasil, as relações de trabalho e educação no contexto do modo de produção capitalista se desenvolvem, na maioria das vezes, de forma alienada, separadas dos processos de reflexão. O trabalho desenvolvido nesse bojo torna-se um ato mecânico. É negado ao(à) trabalhador(a) a possibilidade de refletir sobre o seu trabalho e sobre os processos dele decorrentes. Por isso não se consegue compreender a cadeia de relações que conformam a sociedade. Mészáros, ao discutir a educação no seio da luta de classes, nos alerta que:

> Ao pensar a educação na perspectiva da luta de classe emancipatória não poderia senão estabelecer os vínculos – tão esquecidos – entre educação e trabalho, como que afirmando: digam-me onde está o trabalho em um tipo de sociedade, e eu te direi onde está a educação. Em uma sociedade do capital, e a educação e o trabalho se subordina a essa dinâmica, da mesma forma que em uma sociedade em que se universalize o trabalho – uma sociedade em que todos se tornem trabalhadores –, somente aí se universalizará a educação. A autoeducação de iguais e a autogestão da ordem social reprodutiva não podem ser separadas uma da outra. (Mészáros, 2005, p. 17)

Analisando outro cenário, Bogo (2018) cita Marx para explicar que, na luta pela transformação social, faz-se necessário compreender as relações sociais decorrentes da apropriação privada da terra e de sua concentração e "as ideias que obscurecem a visão do processo e impedem de assentar a revolução em outras bases [...]. Isso permite acentuar que os processos de transformação não se efetivam se não houver rupturas combinadas nas diferentes dimensões das relações econômicas, políticas, sociais e culturais" (Marx *apud* Bogo, 2018, p. 130).

Os processos educativos precisam ajudar a esclarecer como a concentração de riquezas esconde os mecanismos de exploração e subjugação do trabalho. Quando os(as) trabalhadores(as) não detêm os meios de produção, são obrigados(as) a vender a sua força de trabalho e desenvolver o trabalho de forma alienada. Nesse âmbito, a luta pela Agroecologia deve estar aliada à luta pela socialização da terra, pela alteração nas formas de trabalho e, consequentemente, pela educação.

Historicamente, a diversidade das relações de trabalho e de sua exploração se articula com o padrão de poder-dominação-subalternização (Arroyo, 2012). É importante enfatizar que no campo brasileiro só predominou o trabalho livre antes da chegada dos colonizadores. De lá para cá, os(as) trabalhadores(as) foram submetidos(as) a condições brutais de exploração e violência, na condição de homens escravos ou livres, pobres dentro e fora da ordem escravocrata. Arroyo, ao refletir sobre a terra nos processos de trabalho e formação, afiança:

> Controlar, apropriar-desapropriar da terra tem operado em nossa história como um dos processos de dominação-subalternização da diversidade dos povos do campo. Pela apropriação-expropriação da terra, dos territórios, do trabalho e da renda da terra têm passado processos pedagógicos ou antipedagógicos de expropriação de saberes, valores, culturas, identidades coletivas [...] O controle sobre as terras foi e continua agindo como um dos mecanismos político-pedagógicos não apenas de controle social e político, mas de produção como subalternos, os "povos e comunidades tradicionais" e os próprios trabalhadores camponeses. (Arroyo, 2012, p. 86)

Compreender como age o capital faz parte dessa luta. À medida que aprofundamos as estratégias da classe hegemônica, podemos agir no ponto nevrálgico dos problemas, como nos ensina o MST. Para o Movimento, "os enfrentamentos com o capital, e seu modelo de agricultura, partem das disputas das terras e do território, mas se ampliam para as disputas sobre o controle das sementes, da agroindústria, da tecnologia, dos bens da natureza, da biodiversidade, das águas e das florestas" (MST, 2013, p. 32).

Apesar do avanço do capitalismo no campo por meio do agronegócio, o trabalho camponês resiste e avança nas práticas agroecológicas estabelecendo uma relação

> íntima com os ciclos da natureza, com o conhecimento tradicional ancorado na cultura, no modo como as pessoas do campo vivem e reproduzem a sua existência. Esse tipo de trabalho, que chamamos aqui de trabalho camponês, imprime uma forma de produção de conhecimento que se aproxima da perspectiva ontológica – na qual o trabalho é a essência da formação humana. (Silva, 2017, p. 4)

Silva (2017, p. 131) acrescenta ainda que, por possuir características como as enfatizadas anteriormente, o conhecimento produzido na agricultura camponesa, que se difere da Agroecologia,[3] permite estabelecer um vínculo entre trabalho e educação no qual, por meio da compreensão dos ecossistemas, se produz um conhecimento no qual se estabelecem as bases científicas e empíricas para produção da Agroecologia, como já apontou Caldart:

> Como ciência e como matriz tecnológica a Agroecologia se desenvolveu pelo diálogo entre cientistas e camponeses, na diversidade de conhecimentos e de técnicas experimentadas pela agricultura camponesa em diferentes épocas e lugares do mundo. Muitos dos avanços da ciência agroecológica foram conseguidos pela pesquisa destes agroecossistemas tradicionais, ricos em agrobiodiversidade, a maioria deles desenvolvidos por agricultores pobres, com pequenas parcelas de terra, na sua luta essencial pela sobrevivência ameaçada. (Caldart, 2017, p. 22)

Temos clareza que o capital tem agido de forma violenta e hegemônica, no entanto precisamos considerar o motor da história da luta de classes. Sabemos que o capitalismo não é interminável e as saídas que ele encontra para suas próprias crises não são inacabáveis ou absolutas. É preciso considerar o movimento das contradições e para isso a luta pela terra e pela educação emancipatória consequentemente caminha para alteração de outro modelo produtivo. Ou seja, no seio das contradições da sociedade capitalista, outras possibilidades estão sendo gestadas de forma imbricada à luta pela terra, pelo trabalho e pela educação em Agroecologia.

Nessa perspectiva, é visceral que os programas de formação dos(as) educadores(as) do campo em todos os níveis deem conta de constituir a dimensão do trabalho, da educação e da Agroecologia como processos sociais inseparáveis; pois se o debate se realizar descolado dos modelos de produção da existência corre-se o risco de a Educação do Campo se tornar uma espécie de ruralismo pedagógico ingênuo. Desse modo, questionamos qual é o lugar do debate sobre Agroecologia no PPG Educampo e suas vinculações com o tema do trabalho na educação contra-hegemônica.

A Agroecologia no mestrado profissional de Educação do Campo (PPG Educampo) da UFRB

O PPG Educampo foi aprovado junto à Capes no ano de 2012,[4] no mesmo período em que aprovamos o curso de Licenciatura em Educação do Campo junto

---

[3] Agricultura camponesa e Agroecologia não são a mesma coisa. Mas a relação orgânica entre elas se torna uma referência fundamental para pensar a reconstrução ecológica da agricultura no mundo, desde um referencial político e epistemológico vinculado ao polo do trabalho (Caldart, 2016, p. 23).

[4] Sobre a história e estrutura do PPG Educampo, ver Feitosa (2020).

ao Ministério de Educação e Cultura e o curso de Tecnologia em Agroecologia junto ao Programa Nacional de Educação nas Áreas de Reforma Agrária (Pronera), sendo este em parceria com a Escola Família Agrícola do Sertão. Ambos são frutos da presença dos movimentos e redes sociais do campo na Universidade Federal do Recôncavo da Bahia. O pensamento de Fernandes e Molina (2014, p. 43) permeia a elaboração de todos os projetos pedagógicos acima citados:

> A Educação do Campo não existe sem a agricultura camponesa, porque foi criada pelos sujeitos que a executam. Neste sentido, a concepção de campo e de educação deve contemplar o desenvolvimento territorial das famílias que trabalham e vivem da terra. A agricultura camponesa vive em confronto permanente com a agricultura capitalista. E se o agronegócio avança, também avançam os movimentos camponeses na construção de seus territórios. (Fernandes; Molina, 2004, p. 43)

O entendimento de que não existe Educação do Campo sem uma educação que enfrenta e problematiza as questões estruturais do campo brasileiro foi fundamental na definição das três linhas de pesquisa do PPG Educampo: 1. Formação de professores e organização do trabalho pedagógico nas Escolas do Campo; 2. Agroecologia, trabalho, movimentos sociais do campo e educação; e 3. Cultura, raça, gênero e Educação do Campo. Cabe destacar que cada linha, bem como os docentes e seus orientandos, guarda uma relação diferente com a concepção de Educação do Campo acima citada.

Para apresentar como a Agroecologia é abordada no PPG Educampo, visitamos sua estrutura curricular e os TCCs disponíveis no site do programa, realizando uma leitura criteriosa – analisando o título, o resumo, as palavras-chaves e a conclusão do trabalho, bem como os projetos de pesquisa de ingresso dos discentes do programa que ainda não finalizaram o trabalho de conclusão.

A pesquisa sobre Agroecologia foi gradativamente inserida no PPG Educampo a partir de pesquisadores mestrandos com vinculação orgânica com os movimentos sociais, já em seu segundo (2014) e terceiro (2015) processos seletivos, ambos na linha "Trabalho, Movimentos Sociais do Campo e Educação".

Até 2017, o programa possuía as duas primeiras linhas sem a nomenclatura Agroecologia. Neste ano, com o primeiro ajuste no projeto pedagógico do curso, o termo Agroecologia passou a compor o título da referida linha: Agroecologia, Trabalho, Movimentos Sociais do Campo e Educação.

Considerando que se tratava de um programa de pós-graduação abrigado na área da educação, tal inserção foi questionada posteriormente pelos avaliadores da Capes e pela coordenação de pós-graduação da Pró-reitoria de Pesquisa da UFRB. Mas, após vários questionamentos internos, foi mantida e abraçada pelo colegiado coordenador do curso.

Ainda em 2017, aprovamos um componente curricular optativo para abordar a temática específica, intitulado "Tópicos especiais II", que versa sobre "Concepções e Princípios da Agroecologia". Cabe destacar que o tema "Questão Agrária" é conteúdo do componente obrigatório "Concepções e Princípios da Educação do Campo"; já permeou o componente obrigatório "Pesquisa em Educação do Campo" e atravessa o componente optativo "Desenvolvimento Territorial e Conflitos no Campo". Infelizmente, o debate sobre a Agroecologia e a questão agrária ainda não é prioridade, refletindo nos TCCs.

A análise dos TCC permitiu a elaboração da tabela que revela a distribuição das pesquisas e/ou abordagens sobre Agroecologia por linhas de pesquisa e ano de apresentação da versão final do TCC.

Figura 1 – Distribuição dos TCCs sobre a temática Agroecologia – PPG Educampo/UFRB (2016-2019)

Fonte: Lima (2022)

O primeiro projeto de pesquisa aprovado no PPG Educampo foi uma demanda de estudo da Pastoral da Juventude Rural (PJR) em conjunto com a Escola Família Agrícola do Sertão (Efase), originando dois produtos elaborados pelo mesmo autor: "História da agricultura: do surgimento ao agronegócio" (Andrade, 2016) e "Agroecologia: agricultura para além do capital" (Andrade, 2016). As duas obras versaram sobre as bases ontológicas da Agroecologia e, a partir do materialismo histórico e dialético, construíram dois instrumentos da formação da juventude campesina no Nordeste. Este acúmulo, por parte do orientando e da orientadora, contribui teoricamente no trabalho de coordenação pedagógica de ambos junto ao curso de Tecnologia em Agroecologia (parceria UFRB – Incra/Pronera/Efase) e inspirou outros projetos.

Os dois projetos aprovados em 2015 dialogam com objetos semelhantes – a educação em Agroecologia, mas com bases epistemológicas e campos de atuação distintos. O primeiro trabalho foi a continuidade da pesquisa e da luta política durante a graduação, "Ecossistema Escolar: Práxis Agroecológicas e Educação do Campo" (Marques Neto, 2017). Aqui, o autor, em parceria, construiu uma experiência prático-teórica de implantação de um agroecossistema na unidade de produção do Núcleo de Estudos em Agroecologia e Educação do Campo do Cetens/UFRB, consolidando o campo de produção e de experimentação agroecológica dos estudantes da Educação do Campo[5] – *campus* Feira de Santana. O trabalho também permitiu a aproximação entre a graduação e a pós-graduação, mesmo que ofertadas em *campi* distintos. Essa unidade de produção também foi espaço para as aulas de "Tópicos Especiais II – Concepções e princípios da Agroecologia" do PPG Educampo.

O segundo trabalho, intitulado "Mulheres, quintais e saberes agroecológicos: sementes para a Educação do Campo" (Argolo, 2017), fez a aproximação das categorias *educação, campo, trabalho* e *gênero*, com foco no último. Desenvolvido a partir da pesquisa participante e com elementos da perspectiva pós-moderna, o trabalho promoveu a formação das mulheres estudantes da turma de Educação de Jovens e Adultos e se transformou em um grupo de produção. Este grupo organizou a I Feira de Agroecologia do município de Lençóis, na Chapada Diamantina, bem como permitiu a vinculação posterior da comunidade à Teia dos Povos e, mais recentemente, ao Movimento dos Pequenos Agricultores da Bahia, redirecionando o olhar para a luta de classes.

Em 2016 destacamos um projeto de pesquisa intitulado "A práxis camponesa nos terreiros da Nação Kongo-Angola: memorial biocultural como defesa do território ancestral da Comunidade de Terreiro do Campo Bantu-Indígena Caxuté" (Brandão, 2018), fruto da vivência do educando na Comunidade de Terreiro Rural Bantu-Indígena Caxuté, no município de Valença (Bahia), também vinculado à Teia dos Povos. Orientado pela perspectiva Decolonial e o Bem Viver, cosmologia do povo andino, teve por preocupação central dar visibilidade à "práxis política e cultural dos povos de matriz africana no Brasil, com destaque

---

[5] Estudantes da graduação vinculados à Licenciatura em Educação do Campo – habilitação em Ciências da Natureza ou de Matemática e ao Curso Superior em Tecnologia em Alimentos e da pós-graduação em Agroecologia e Tecnologias Sociais na Educação do Campo.

para o legado dos povos Bantu" e elegeu sete plantas nativas da Mata Atlântica, mapeando-as e estudando-as com o intuito de conservá-las como patrimônio biocultural do terreiro.

Em 2018 tivemos três trabalhos que dialogaram diretamente com a Agroecologia, todos com perspectiva crítica e com grandes implicações teórico-práticas nos ambientes de atuação laboral e política dos(as) autores(as).

O primeiro projeto aprovado na linha 1, com a preocupação temática da Agroecologia, se chama "Agroecologia enquanto estratégia de luta para fortalecimento e resistência da juventude camponesa" (Santos, 2020). De autoria de uma professora da Educação Básica do município de Amargosa (BA), o trabalho traz a Agroecologia como categoria teórica fundante para se pensar o campo brasileiro, a partir do projeto de campo da classe trabalhadora, e, ao trazer a pesquisa e o trabalho como princípio educativo, atuou também para inserir o tema no âmbito da prática escolar, a partir do componente de Biologia. Os estudantes que participaram da pesquisa foram incentivados a elaborar propostas de ações para transformar as suas realidades, mas a pandemia da covid-19 não permitiu a efetivação dos projetos.

A pesquisa "A Educação do Campo e a luta pela Reforma Agrária no Alto Sertão Sergipano" (Jesus, 2019) adotou como processo metodológico a pesquisa militante e, para além dos objetivos acadêmicos, abordou a Educação do Campo como fundamental na luta dos movimentos sociais, fazendo uso dos processos formativos para retomar a mobilização do Fórum de Educação do Campo no recorte espacial da pesquisa – a região do Alto Sertão Sergipano – contribuindo com a luta pela Reforma Agrária Popular do Movimento dos Trabalhadores Rurais Sem Terra, do qual o autor é membro. A Agroecologia aparece na conclusão do trabalho, quando é apontada enquanto necessidade dentro e fora da escola, dentro e fora da casa de cada um, sendo urgente a elaboração de processos formativos.

A dissertação "O protagonismo da juventude camponesa na luta pela UFS no Alto Sertão Sergipano" (Rodrigues, 2020) evidencia o papel da auto-organização da juventude e do trabalho de base realizado a partir dos movimentos sociais Movimento dos Pequenos Agricultores (MPA), MST e Pastoral da Juventude Rural (PJR). Contudo, após efetivada a conquista, novos desafios são revelados, como garantir a inserção dessa mesma juventude na universidade; fazer com que a produção do conhecimento dê conta da realidade local, e que a pauta da Agroecologia não fique restrita às discussões dos movimentos sociais, em especial do MPA e do MST.

A Educação do Campo na UFRB, na graduação e na pós-graduação, nem sempre faz a relação dialógica entre o trabalho na sua dimensão produtiva e a educação, o que permite o maior silenciamento do debate da Agroecologia quando poderia tê-la como centralidade. Observamos que muitos TCCs, mesmo discutindo as formas de enfrentamento ao sistema do capital, não abordam a Agroecologia como questão estruturante na contraposição ao sistema; apontam para outras chaves do entendimento da realidade, como a luta de classes, a Reforma Agrária Popular, a política pública de segurança alimentar e/ou territorial, o enfrentamento à educação empresarial ou questões pedagógicas, culturais e de gestão que atravessam a vida escolar. Outros trabalhos não trazem a Agroecologia como tema principal nas palavras-chaves ou no conteúdo de capítulo, mas apontam a sua necessidade na conclusão.

Em 2020, 2021 e 2022, tivemos mais seis projetos de pesquisa aprovados, cuja principal questão de pesquisa é a Agroecologia; são de autoria de militantes dos movimentos e das redes sociais do campo, sendo dois da linha 1 e quatro da linha 2. Eles não foram analisados aqui por não terem suas versões finais apresentadas.

Os desafios do PPG Educampo frente à pauta da Agroecologia

Passados 10 anos de sua criação, o PPG Educampo já formou 84 mestres e mestras que elaboraram diversos instrumentos teóricos e pedagógicos destinados à formação de professores e dos povos do campo. Neles, encontramos reflexões sobre o enfrentamento ao capital, à concentração de terras e riqueza, à expropriação e superexploração dos(as) trabalhadores(as), bem como o debate identitário da pós-modernidade. Ao refletir sobre as fragilidades que permeiam as estruturas educativas, o programa deseja contribuir para a emancipação dos povos, estando eles dentro ou fora da escola.

As pesquisas do programa dialogaram prioritariamente com as escolas públicas ou comunitárias, que não são necessariamente as Escolas do Campo, devido aos seus projetos pedagógicos serem descolados das bases epistemológicas da Educação do Campo. No entanto, discutiram as condições do trabalho docente preferencialmente no campo, as condições de vida e trabalho dos povos do campo, seus enfrentamentos à questão agrária via projetos educacionais e/ou grandes projetos, a demarcação territorial, os marcadores sociais de classe, raça e gênero, em especial o feminismo e a juventude no campo. O PPG analisou as políticas públicas educacionais e não educacionais e os processos de educação forjados pelos movimentos sociais.

Dezenas de trabalhos apontaram a necessidade da formação de professores, bem como da escolarização e/ou formação da base da sociedade a fim de contribuir com as lutas concretas de enfrentamento à lógica do capital. Contudo, a leitura da relação entre capital, trabalho produtivo e educação encontra-se fragilizada, assim como sobre a importância da Agroecologia como ação concreta de enfrentamento das desigualdades sociais. Mas consideramos importante destacar os sete trabalhos sobre Agroecologia já apresentados e suas implicações junto às comunidades e aos movimentos camponeses, em especial porque contribuiriam com as práticas revolucionárias em tempos de crise, transformando a Agroecologia e a Educação do Campo em instrumentos de resistência.

Também queremos destacar os dez projetos de pesquisa aprovados nos processos seletivos de 2020, 2021 e 2022, que ainda não foram finalizados e abordam a temática específica Agroecologia, sendo dois projetos na linha 1 e oito na linha 2. São números que nos enchem de esperança dada a importância do debate. Sabemos que, para fazer avançar a educação em Agroecologia, necessitamos dar passos mais largos e consistentes na elaboração teórica e na organização de experiências socioprodutivas concretas dentro e fora dos muros das universidades.

Por fim, reafirmamos três concepções fundantes deste texto, que conectam o PPG Educampo e a Agroecologia:

1. O pensamento de Pistrak (2011, p. 19), para quem "sem teoria pedagógica revolucionária, não poderá haver prática pedagógica revolucionária";

2. Não se faz Educação do Campo sem uma análise profunda dos processos de estruturação do campo. Aqui, a questão agrária ilumina nosso olhar para a relação Trabalho e Educação, elemento norteador da práxis pedagógica e da práxis agroecológica;

3. A Agroecologia é mais uma jornada prioritária, eleita pelos movimentos e redes sociais do campo, na construção de um projeto popular de sociedade e, por isso, precisa permear os projetos de Educação do Campo.

Ao dialogar com essas pautas e lutas políticas, contribuiremos e permitiremos, mesmo diante de tantos retrocessos e contradições, para os movimentos sociais pintarem a universidade de povo na construção de uma nova sociedade.

Referências

ALTIERI, Miguel. *Agroecologia: bases científicas para uma agricultura sustentável*. Rio de Janeiro/São Paulo: ASSPTA/Expressão Popular, 2012.

ANDRADE, Gilmar dos S. *Cartilha: História e surgimento do agronegócio*. Amargosa: PPG Educampo/UFRB, 2016.

ANDRADE, Gilmar dos S. *Cartilha: Agroecologia: agricultura para além do capital*. Amargosa: PPG Educampo/UFRB, 2016.

ARGOLO, Kriscia S. *Mulheres, quintais e saberes agroecológicos: sementes para a Educação do Campo*. Amargosa: PPG Educampo/UFRB, 2017.

ARROYO, Miguel. G. Trabalho e educação nas disputas por projetos de campo/Work and education in the dispute by field projects. *Trabalho & Educação*, Belo Horizonte, v. 21, n. 3, p. 81-93, 2012.

BOGO, Ademar. *Marx e a superação do Estado*. São Paulo: Expressão Popular, 2018.

BRANDÃO, Jefferson D. *A práxis camponesa nos terreiros da nação Kongo-Angola: Memorial biocultural como defesa do território ancestral da Comunidade de Terreiro do Campo Bantu-Indígena Caxuté*. Amargosa: PPG Educampo/UFRB, 2018.

BRASIL, *Programa Nacional de Educação do Campo (PRONACAMPO)*. Documento orientador. Brasília. 2012.

CALDART, Roseli S. Trabalho, agroecologia e educação politécnica nas Escolas do Campo. *In:* Caldart, Roseli (org.) *Caminhos para a transformação da escola 4: Trabalho, agroecologia e estudo nas Escolas do Campo*. São Paulo: Expressão Popular, 2017.

FEITOSA, Débora A. (org.) *Pesquisa em Educação do Campo*. Cruz das Almas: EDUFRB, 2020 (Coleção Pesquisas e Inovações).

FRIGOTTO, Gaudêncio. A dupla face do trabalho: criação e destruição da vida. *In*: FRIGOTTO, Gaudêncio; CIAVATTA, Maria (orgs.) *A experiência do trabalho e a Educação Básica*. 2ª edição. Rio de Janeiro: DP&A, 2005.

IBGE. *Censo Agropecuário 2017*. Disponível em: https://censoagro2017.ibge.gov.br/templates/censo_agro/resultadosagro/index.html Acesso em: 31 mar. 2022.

JESUS, Gidelmo S. de. *A Educação do Campo e a luta pela reforma agrária no Alto Sertão Sergipano*. Amargosa: PPG Educampo/UFRB, 2019.

KONDER, Leandro. *A construção da proposta pedagógica do SESC Rio*. Rio de Janeiro: SENAC, 2000.

LESSA, Sérgio; TONET, Ivo. *Introdução à filosofia de Marx*. São Paulo: Expressão Popular, 2008.

MARQUES NETO, Emilio. *Ecossistema escolar: práxis agroecológicas na Educação do Campo*. Amargosa: PPG Educampo/UFRB, 2017.

MARX, Karl; ENGELS, Friedrich. *A ideologia alemã*. São Paulo: Boitempo Editorial, 2007

MARX, Karl. Processo de trabalho e processo de valorização. *In*: ANTUNES, Ricardo. (org.) *A dialética do trabalho*. São Paulo: Expressão Popular, 2004.

MÉSZÁROS, István. *A Educação para além do capital*. São Paulo: Boitempo, 2005.

MST. *Programa Agrário*. Texto preparatório para o VI Congresso Nacional. 3ª edição. 2013.

PISTRAK, Moisey. M. *Fundamentos da Escola do Trabalho: uma pedagogia social*. São Paulo: Expressão Popular, 2000.

RODRIGUES, Suelaine dos S. *O protagonismo da juventude camponesa na luta pela UFS no Alto Sertão Sergipano*. Amargosa: PPG Educampo/UFRB, 2020.

SANTOS, Lílian S. C. *Agroecologia enquanto estratégia de luta para fortalecimento e resistência da juventude camponesa*. Amargosa: PPG Educampo/UFRB, 2020.

SAVIANI, Dermerval. Trabalho e Educação: fundamentos ontológicos e históricos. *Revista Brasileira de Educação*, v. 12, n. 34, jan./abr. 2007.

SILVA, Marcio Gomes da. Trabalho, Educação e Produção do Conhecimento: notas conceituais sobre os fundamentos da(s) Pedagogia(s) Agroecológica(s). *Trabalho Necessário*, ano 15, n. 27, 2017.

TAFFAREL, Celi N. Z. Formação humana, políticas públicas de esporte e lazer e lutas de classes: contribuições para a construção do projeto histórico socialista. S/d. Disponível em: www.faced.ufba.br/rascunho_digital/textos/591.htm. Acesso em: 3 out. 2010.

VENDRAMINI, Célia. Educação e trabalho: reflexões em torno dos movimentos sociais do campo. *Cad. Cedes*, Campinas, v. 27, n. 72, 2007.

VENDRAMINI, Célia. Trabalho e Educação: diversidade e lutas sociais no campo. *Trabalho & Educação*. Belo Horizonte, v. 21, n. 3, p. 81-93, set./dez. 2012.

O MST e a práxis educativa na formação de educadores(as) da Escola Luana Carvalho

Fabrício Ribeiro Caires Brito[1]
Obede Guimarães de Souza[2]
Viviane de Jesus Barbosa[3]
Zuzanna Julia Jaegermann[4]

Introdução

Todos nós somos formados o tempo todo, a formação da consciência ou conscientização (Freire, 1979) se dá a cada vivência experimentada, a cada reflexão feita, a cada sentimento. Todas as relações com outras pessoas e com o mundo compõem a nossa formação como ser humano e como educador, percorrendo por

---

[1] Educador popular e militante do Movimento Sem Terra na Bahia. Educador na Escola Técnica em Agroecologia Luana Carvalho. Graduado em Tecnologia em Agroecologia pela Universidade Federal do Recôncavo da Bahia (UFRB) e mestrando no Programa de Pós-Graduação em Educação do Campo na mesma universidade.

[2] Educador da Escola Técnica em Agroecologia Luana Carvalho e da Escola Ojefferson Santos, militante do MST, integrante do Setor de Educação na Bahia. Licenciado em História pela Universidade Federal da Bahia (UFBA) e especialista em Educação e Agroecologia pela Fiocruz.

[3] Membro do Setor de Educação do MST na Bahia, educadora na Escola Técnica em Agroecologia Luana Carvalho. Licenciada em Letras pela Universidade Estadual de Santa Cruz (Uesc) e mestranda em Letras pela Universidade Estadual de Montes Claros (Unimontes).

[4] Educadora popular e militante do MST, integrante do Setor de Educação do MST na Bahia e do coletivo de coordenação da Escola Técnica em Agroecologia Luana Carvalho (Etalc). Graduada em Sociologia, com mestrado em Ciências Sociais pela Universidade Federal do Recôncavo da Bahia (UFRB). Professora de Sociologia e Língua Estrangeira na Etalc.

toda a nossa vida e por todas as nossas dimensões. Então, como educadores(as), podemos assumir o comando de forma coletiva no nosso processo de formação? Como esse processo pode ocorrer a partir do espaço escolar, dentro do contexto de movimento social? E, ainda assim, compor uma formação na perspectiva omnilateral, politécnica e agroecológica?

Não temos a intenção de responder essas questões, mas discutir alguns elementos a partir da vivência na Escola Técnica em Agroecologia Luana Carvalho[5], que está localizada no Baixo Sul da Bahia, em Ituberá, a 15 quilômetros de estrada de chão da sede do município, no Assentamento Joseney Hipólito. Fruto da luta das famílias Sem Terra, a escola tem como objetivo atender às necessidades de escolarização, de capacitação profissional e de formação humana das famílias de agricultores e agricultoras da região. Além disso, possui o compromisso e o desafio da formação crítica, politécnica e agroecológica, contribuindo na geração de renda, no cuidado com a natureza, na difusão de tecnologias sociais, fomentando a cooperação e as relações de trabalho mais coletivas e solidárias, no processo de desenvolvimento do campo.

Refletindo sobre a formação dos(as) educadores(as) que cotidianamente trabalham na construção da escola que queremos, percebemos que ela se dá vinculada intrinsecamente à luta do MST e à práxis educativa no chão da escola e das comunidades. Essa formação, por meio dos seus espaços internalizados, proporciona um processo formativo sólido na perspectiva da Pedagogia Socialista, da Educação do Campo e da Pedagogia do Movimento, não apenas nos espaços de estudo e de formação continuada, mas, principalmente, no sentido da ação-reflexão, ou seja, práxis. Para Marx e Engels (1977, p. 12), "é na práxis que o homem deve demonstrar a verdade, isto é, a realidade e o poder, o caráter terreno de seu pensamento. A disputa sobre a realidade ou não realidade do pensamento isolado da práxis é uma questão puramente escolástica". A práxis é compreendida como a síntese entre prática e teoria, ação e reflexão; não apenas como soma de conceitos, mas de articulação dialética, em contraponto à separação imposta por uma análise fragmentadora da realidade.

Nesse sentido, da mesma forma que é importante que Escolas do Campo, como um espaço estratégico para educar a classe trabalhadora, desenvolvam metodologias que valorizem os saberes camponeses e resgatem a historicidade do território, compreendendo os processos atuais de luta e os que nos trouxeram até o ponto em que estamos, é fundamental que os(as) educadores(as) do MST se forjem neste mesmo movimento, na sua pluralidade (Arroyo, 2012) e na multiplicidade das dimensões da formação humana (Frigotto, 2012).

---

[5] Usaremos ao longo do texto também o seu nome abreviado: Escola Luana Carvalho.

Para aprofundar alguns elementos deste processo, o texto inicia a discussão com o papel do MST como sujeito pedagógico e dos cursos formais na perspectiva da Educação do Campo na formação do nosso coletivo de educadores(as). A continuação segue para aprofundar três elementos da práxis educativa na Escola Luana Carvalho: a auto-organização do coletivo de educadores(as), os desafios da formação politécnica e a construção do Projeto Político Pedagógico (PPP). Finalmente, na conclusão trazemos algumas contradições e desafios.

Escola Técnica em Agroecologia Luana Carvalho: uma história de luta

Três momentos para a metáfora da ocupação da escola. Primeiro momento: a luta pela escola na luta pela terra. Ou: somos Sem Terra sim senhores, e exigimos escola para nossos filhos! Segundo momento: a inserção da escola em uma organização social de massas. Ou: queremos estudar em uma escola do MST! Terceiro momento: a escola do MST e a formação dos sujeitos de um projeto popular de educação e de país. Ou: somos Sem Terra, somos brasileiros, temos o direito e o dever de estudar!

(Caldart, 2012, p. 153)

Essa epígrafe de Roseli Caldart apresenta algo muito importante sobre as Escolas do MST: elas brotam da luta! E, assim como as demais escolas do Movimento Sem Terra, que lutam pelo direito a estudar e pela escola pública nos acampamentos e assentamentos como uma das bandeiras centrais, a Escola Técnica em Agroecologia Luana Carvalho (Etalc) brota da luta pela terra e da construção da Reforma Agrária Popular.

A história da Escola Luana Carvalho começa no ano de 2009, quando aproximadamente 5 mil trabalhadores e trabalhadoras Sem Terra, na marcha de Feira de Santana a Salvador, pautaram a construção de nove escolas de Ensino Médio em áreas de reforma agrária, em diferentes regiões da Bahia, sendo uma delas no Baixo Sul da Bahia, especificamente em Ituberá. A obra do prédio escolar, iniciada no ano de 2010, entre idas e vindas, foi concluída apenas em janeiro de 2015. No entanto, mesmo com o prédio construído, a escola não foi colocada para funcionar.

Diante da situação, as famílias assentadas na região, organizadas pelo MST, decidiram tomar a frente do processo de luta novamente e, por meio da auto-organização coletiva (garantindo aulas, merenda, transporte, acesso à água e limpeza), ocuparam a escola durante um mês e 21 dias, até que a Secretaria Municipal de Educação reconheceu legalmente a escola, implementando os anos finais do Ensino Fundamental, ampliando a oferta da Escola Municipal Ojefferson Santos,[6] já existente no assentamento, em outro prédio.

No ano seguinte, em 2016, a situação se repetiu quando o MST foi reivindicar a implementação do Ensino Médio e técnico, por meio da Secretaria Estadual de Educação (SEC). Dessa vez, foram 22 dias de escola ocupada até que 34 educandos, que resistiram na ocupação, tiveram o seu direito à Educação do Campo garantido e puderam estudar na escola – ainda enquanto anexo ao Assentamento Josinei Hipólito,[7] criado como extensão de um colégio estadual da cidade. No processo de luta, a Escola foi batizada pelo MST com o nome de Luana Carvalho, homenageando, desta forma, uma jovem militante que conduziu o processo de trabalho de base e o levantamento de demandas para a construção da Escola, mas faleceu antes de o projeto se tornar realidade.

O envolvimento do poder público na garantia do direito de estudar no campo e no reconhecimento legal da escola (em suas duas dimensões administrativas: escola municipal e anexo estadual) foi uma conquista histórica, mas a luta não parou: as demandas para garantir condições dignas de aprender e ensinar no campo são gritantes – desde os contratos de professores, a alimentação, o transporte até o material didático mais básico, sem falar da necessidade de estruturar o curso integrado em Agroecologia ou o trabalho com outras dimensões de formação humana, fundamentais para a pedagogia do MST.

No intuito de avançar na construção do projeto de Escola e responder às lacunas existentes, em 2018 foi criada a Associação Escola, que se tornou uma ferramenta importantíssima no processo de captação de recursos, principalmente por meio de campanhas de doação e da participação em editais, o que tem garantido a nossa sobrevivência e especificidade, abrindo possibilidades de melhorar a qualidade da nossa atuação.

Atualmente oferecemos, no assentamento, turmas de Ensino Fundamental (anos iniciais e finais) e na Educação de Jovens e Adultos (EJA, anos iniciais) na Escola Ojefferson Santos, pertencente à Secretaria Municipal de Educação, com cerca de 100 estudantes; o curso técnico em Agroecologia integrado ao Ensino Médio[8] e à EJA de Ensino Médio, com cerca de 50 estudantes[9] dentro da rede estadual de educação na Escola Luana de Carvalho; e o Programa Uni-

---

[6] Ojefferson Santos foi militante e músico do MST no Baixo Sul da Bahia.
[7] Mais sobre a política de anexos da SEC, ver o ponto "Auto-organização coletiva dos(as) educadores(as) no cotidiano escolar" do texto.
[8] O curso técnico em Agroecologia ainda está em processo de implementação, subsequente ao Ensino Médio, na Pedagogia da Alternância.
[9] Levando em conta que o número de estudantes em ambas as redes diminuiu drasticamente em tempos de pandemia (2020-2022).

versidade Para Todos (pré-vestibular/Enem), em parceria com a Universidade do Estado da Bahia (Uneb), que tem estimulado a entrada da juventude do campo na universidade pública.

A história dessa luta é importante também para compreensão do processo de formação inicial da equipe de educadores(as). A maioria de nós se aproximou da escola por meio do trabalho voluntário, que, seja na época das ocupações, seja nos períodos posteriores[10], era necessário para a sobrevivência do projeto. Em uma condição profissional bem precária, a porta de entrada foi necessariamente o vínculo com os movimentos sociais que dava sentido ao nosso trabalho – principalmente com uma relação prévia com o MST ou com coletivos de Agroecologia e Educação Popular. Dessa forma, o coletivo de educadores(as) da Escola Luana Carvalho se forjou na precariedade, solidariedade, fé na luta popular e inserção na pedagogia Sem Terra – hoje, vindos(as) de assentamentos e outras comunidades, do campo e da cidade, todos(as) nos compreendemos como militantes do MST. E, nesse processo, também nos inserimos, por meio de contratos temporários, na rede estadual de ensino e, em menor medida, na rede municipal. Após o concurso de 2019, na Escola Ojefferson Santos predominam educadores efetivos que não passaram por esse processo de envolvimento e que, entre avanços e desafios, aos poucos vão se aproximando da pedagogia do MST.

Da formação do MST aos cursos formais de Educação do Campo

O MST enquanto sujeito pedagógico e a Escola Luana Carvalho

Por meio da ocupação da Escola e de todos os outros espaços de luta do Movimento, educadores(as) e agricultores(as) se juntam na construção e na luta pelo Projeto de Reforma Agrária Popular, transformando territórios e pessoas, sobretudo a nós mesmos. Nessa perspectiva, o MST se instaura enquanto sujeito pedagógico, uma vez que se legitima como "uma coletividade em movimento, que é educativa e que atua intencionalmente no processo de formação das pessoas que a constituem" (Caldart, 2012, p. 319).

Consciente de sua tarefa histórica, antes mesmo de atuar no campo da educação, o MST carrega em si uma intencionalidade educativa, mesmo porque não basta ocupar a terra para produzir alimentos, deve-se também produzir novos seres

---

[10] Nos anos 2016-2021, no curso técnico integrado ao Ensino Médio, foi remunerada, em média, apenas 58% da carga horária total necessária. No período, apenas durante seis meses (no segundo semestre de 2019) a equipe completa de educadores(as) do curso foi remunerada. Em 2022, essa situação melhorou e, pela primeira vez, foram contratados professores(as) para cobrir a carga horária completa do curso, praticamente desde o início do ano.

humanos para a construção de uma nova sociedade. Dessa forma, a Escola Luana Carvalho, por estar inserida na organicidade do Movimento Sem Terra, "também deve ajudar a produzir seres humanos ou, pelo menos, ajudar a resgatar a humanidade em quem já a imaginava quase perdida" (Caldart, 2012, p. 320). Por isso, é essencial que todas as pessoas que atuam na escola participem ativamente da construção do Movimento, desde a atuação na sua organicidade, como em assembleias e instâncias de direção, até mobilizações como marchas ou ocupações e outras atividades, como feiras de reforma agrária ou cursos de formação.

A participação nas marchas realizadas pelo MST/BA, as ocupações de fazendas, estradas e órgãos públicos, além das manifestações e dos protestos junto a outros segmentos da classe trabalhadora, são atividades importantes para a formação dos(as) educadores(as), justamente porque estes(as) representam uma estratégia educativa não formal de formação humana no processo da luta pela Reforma Agrária Popular. É uma práxis política pedagógica por meio da interação dos sujeitos com a realidade apresentada, ao mesmo tempo que a luta é instrumentalizada para educar aqueles e aquelas que fazem parte dessa manifestação coletiva. Nesse sentido, é indispensável, no processo de formação de educadores(as) a participação dessa manifestação popular que se constitui como um espaço de formação de novos sujeitos transformadores da realidade. Quem marcha e ocupa costura o amanhã e se coloca, como coletividade, na disputa concreta por direitos.

Outra atividade fundamental promovida pelo MST são as feiras da reforma agrária que objetivam mostrar para a sociedade a importância da Reforma Agrária Popular, por meio da produção de alimentos saudáveis. Por isso, todos os anos, o coletivo de educadores(as) e estudantes participa ativamente da feira, consciente do seu potencial formativo (Jaegermann; Lisboa, 2018) e instrumentalizando ambos na superação dos desafios concretos para o desenvolvimento dos assentamentos de reforma agrária em termos de geração de renda e, principalmente, na construção de novas relações de trabalho, de educação e de agricultura, sintonizados com o projeto socialista de sociedade e com a Agroecologia.

No entanto, a participação em cursos e encontros realizados pelo MST que traduzem a sua experiência educativa,[11] assim como a inserção de educadores e educadoras em instâncias de direção do Movimento (no âmbito de brigada, regional e estadual e nos setores de Educação, Formação, Produção e Secretaria do MST), são divisores de água no processo de formação militante dos(as) nossos(as) educadores(as).

---

[11] Como os cursos regionais de formação de militantes; cursos de educação e Agroecologia, em âmbito nacional e de grandes regiões; Curso Nacional de Pedagogia; Formação de Formadores; Encontros de brigada, da regional e o estadual, entre outros.

Por fim, os mutirões e as assembleias na escola, em assentamentos e outras comunidades parceiras da luta promovem um importante diálogo e convivência com as comunidades e preenchem o coletivo escolar com os elementos da realidade experimentada: seus problemas, contradições, sonhos e desejos. A vivência das assembleias como principal espaço de poder da comunidade é a experiência de poder popular, coletivo e auto-organizado, com os seus avanços e desafios. Os mutirões comunitários e escolares, a assistência técnica, a participação em festas e encontros e as visitas às famílias tecem uma relação permanente de diálogo com as comunidades e contribuem na formação de educadores cada vez mais militantes e populares.

As participações nas equipes de trabalho, nos encontros, nas marchas e nas mobilizações completam esse processo formativo que atinge educadores(as) e educandos(as) que constroem relações mais próximas, horizontais e dialógicas, que a sala de aula nem sempre consegue estimular. Assim, tecem a aprendizagem em relações de trabalho autogestionado que os coletivos planejam, executam e avaliam, nas quais todas as pessoas são sujeitos buscando a não diferenciação entre o trabalho intelectual e o manual.

Todas essas dimensões resultam do processo de formação militante permanente, que aponta para um projeto de sociedade, alternativo às relações capitalistas às quais estamos submetidos hoje. Mesmo porque, de acordo com os princípios pedagógicos do MST, *todo professor é um militante*. O educador que atua nas escolas do MST precisa se envolver verdadeiramente nas lutas do assentamento, da brigada, da regional, do estado e, sobretudo,

> deve ter preparo político e técnico. Deve ter clareza da proposta política dos trabalhadores Sem Terra e trabalhadores em geral. Deve estar capacitado para coordenar a caminhada coletiva das crianças. Deve buscar sempre um preparo melhor por meio de leitura, cursos e conversas com outros professores. (MST, 2005, p. 36)

Orientados por esse princípio, o Setor de Educação e o conjunto do Movimento conduzem os caminhos da escola e a formação de educadoras e educadores da Escola Luana Carvalho.

Cursos formais na perspectiva da Educação do Campo

O acesso das populações do campo aos cursos universitários de graduação e pós-graduação sempre compôs a pauta dos movimentos sociais do campo. Foram muitas lutas e embates desde o I Encontro Nacional de Educação e Reforma Agrária (Enera), em 1997, que resultaram em algumas políticas públicas importantes, como o Programa Nacional de Educação e Reforma Agrária (Pronera), o Programa Nacional de Educação do Campo (Pronacampo), com as Licenciaturas em Educação do Campo, além das iniciativas autônomas de institutos, fundações e universidades federais e estaduais.

Esses cursos, desenvolvidos na perspectiva da Educação do Campo, partem da premissa de que os movimentos sociais são sujeitos da sua construção e execução e, neste sentido, se colocam como espaços de formação de militantes educadores(as) e, para além da qualificação e profissionalização docente, exercem um papel importante na formulação de políticas e currículos da Educação do Campo (Arroyo, 2012, p. 361).

O coletivo de educadores(as) da Etalc transita por cursos em diferentes níveis de escolaridade, envolvendo curso técnico, licenciaturas, bacharelado, mestrado e especialização. Os cursos, na perspectiva da Educação do Campo e desenvolvidos na Universidade Federal do Recôncavo da Bahia (UFRB), Uneb, Escola Popular de Agroecologia e Agrofloresta Egídio Brunetto (Epaaeb) em parceria com a Fiocruz, Universidade Federal da Paraíba (UFPB) e Universidade Federal de Goiás (UFG), tiveram uma contribuição importante na formação dos(as) nossos(as) educadores(as) em cinco sentidos.

Em primeiro lugar, permitiram a inserção dos sujeitos do campo nas universidades e, consequentemente, a profissionalização dos(as) que já atuavam na escola e a aproximação dos(as) que eram mais distantes. Nessa direção, se destacam a Licenciatura de História pelo Pronera na UFPB, que era cursada pela própria Luana Carvalho quando faleceu e, mais tarde, pelo seu irmão que hoje é educador da escola, e da Licenciatura em Educação do Campo com ênfase em Ciências Agrárias (Ledoc) pela UFRB, que é uma importante porta de entrada na universidade para filhos(as) de assentados(as), não só da região Baixo Sul, mas também do próprio Assentamento Joseney Hipólito.

Em segundo lugar, todos eles têm tido contribuições concretas no aprofundamento de debates conceituais da nossa práxis, na construção de metodologias contextualizadoras, na aproximação com as comunidades e na reflexão sobre os caminhos pedagógicos em andamento, principalmente como resgate da memória dos assentamentos, sistematização e aprofundamento da história da luta pela escola e pela terra na região, contribuição no Projeto Político Pedagógico (PPP) e no debate do currículo escolar contextualizado.

Em terceiro lugar, os cursos na área de Ciências Agrárias e Agronomia, pelo Pronera na UFG, e de Agroecologia, pela Uneb, se destacam na formação para a Educação Superior dos nossos técnicos escolares.

Em quarto lugar, as metodologias de todos esses cursos, nessas universidades, principalmente no que diz respeito à organização do currículo em Tempos

Educativos que se alternam (Pedagogia de Alternância), potencializam a prática pedagógica dos(as) educadores(as) e o desenvolvimento da escola a partir da perspectiva da Educação do Campo. Por meio do Tempo Escola e Tempo Comunidade, metodologia que vincula os conteúdos teóricos à realidade vivida nas comunidades e na escola, se consolida a ideia da práxis.

Para quem pisa no chão da escola no cotidiano, esse processo não só ajuda a compreender a necessidade da relevância social das pesquisas, mas também ajuda a construir metodologias que dialoguem com a realidade dos(as) educandos(as) da Escola. Por outro lado, a diversidade de Tempos Educativos que compõem o currículo destes cursos, como Tempo Formatura/Mística, Tempo Aula, Tempo Leitura, Tempo Estudo (individual e coletivo), Tempo Trabalho, Tempo Reflexão, Tempo Auto-Organização (Núcleos de Base) ou Tempo Atividade Cultural, nos instiga a experimentá-los cada vez mais.

Finalmente, todos esses processos proporcionam uma aproximação institucional com os diferentes centros de ensino, estendendo e enriquecendo o vínculo existente e contribuindo de outras formas na formação de educadores(as), como no caso da UFRB, com o desenvolvimento do estágio obrigatório e residência pedagógica da Ledoc na Escola ou a contribuição dos(as) docentes na formação continuada de professores(as).

A práxis educativa da Escola Luana Carvalho e a formação de educadores(as)

Auto-organização coletiva dos(as) educadores(as) no cotidiano escolar

A falta de políticas para as escolas pequenas do campo de Ensino Médio e a não adequação dos critérios de escolas de porte pequeno à realidade do campo nos trouxeram na Bahia à situação de criação massiva dos chamados *anexos*,[12] o que resulta em uma má execução da política pública e se manifesta na negligência em contratação da equipe, no não fornecimento adequado de alimentação, material

---

[12] A política de anexos da Secretaria de Educação da Bahia (SEC) atinge escolas com menos de 120 estudantes matriculados, que é critério na rede para tornar-se Unidade Escolar Executora (Decreto n. 8.450, de 12 de fevereiro de 2003). Os anexos não dispõem de estrutura administrativa, financeira nem pedagógica própria, dependendo quase por completo da escola sede. No nosso caso, ainda, pelo fato de a escola sede ser uma Unidade Executora Urbana, o anexo não é reconhecido como uma Escola do Campo e, portanto, tem dificuldade de acessar a maioria das políticas públicas específicas para Educação do Campo. A Coordenação da Educação do Campo da SEC tem feito esforços para amenizar essa situação; no entanto, o seu poder é limitado dentro desta contradição estrutural do sistema.

didático, manutenção, na falta de investimento em estrutura, máquinas, equipamentos e insumos e na dificuldade de acesso aos recursos e às informações.

Diante das negligências expressas, desde o início foi necessária a atuação organizada de educadores(as) e agricultores(as) na luta pela conquista dessa política pública e, na mesma medida, na auto-organização para superação dos problemas e construção de alternativas. Mais que um ideário ou uma orientação no que diz respeito a princípios políticos, a necessidade de organizar-se era evidente e patente ao Setor de Educação do Movimento: ou se fortaleceria uma estrutura organizativa na escola ou, depois de um desgaste de mau funcionamento, não existiria mais a Escola.

Dessa forma, a organicidade da Escola se alinha aos princípios organizativos do MST e funciona por meio dos coletivos que possuem coordenação própria, com rotatividade nas tarefas, e que, ligados à coordenação geral da escola, ajudam a dirigir o projeto, fazendo-se cumprir os princípios da direção coletiva e da divisão de tarefas. A organicidade é construída a partir da necessidade e, ao longo dos anos, vem se transformando ao responder às demandas da realidade.

O primeiro núcleo que nasceu, em 2017, foi o da Agroecologia, com o objetivo de propagá-la no território e, de forma imediata, dar suporte ao curso técnico que tinha sido implementado com um currículo meramente teórico. Assim, iniciaram-se as práticas agroecológicas, visitas técnicas e os intercâmbios, momentos pedagógicos nos quais ações concretas são realizadas e conteúdos de diversas áreas do conhecimento são aglutinados antes, durante e depois da sua realização. Já os núcleos Pedagógico e de Gestão foram criados em tempos de pandemia, em uma urgência de construir respostas coletivas ao ensino remoto e acessar editais para manter o projeto vivo, respectivamente. Mais à frente, o desenvolvimento das tecnologias sociais no entorno escolar, a replicação dos quintais produtivos em alguns assentamentos da região e a implementação do laboratório escolar trouxeram a necessidade de criação de mais dois núcleos: Assistência Técnica e Comercialização (Ater) e Laboratório de Fitoterápicos.

Esses núcleos, somados ao Coletivo de Coordenação, estruturam a dinâmica organizativa:

> O coletivo não é e nem pode ser tratado como uma massa uniforme. No coletivo estão as pessoas, cada uma com suas potencialidades e dificuldades próprias. O coletivo educa as pessoas. [...] O verdadeiro COLETIVO é aquele que consegue trabalhar as diferenças pessoais na perspectiva dos objetivos do conjunto que estimula e desafia o conhecimento e autossuperação de cada pessoa para que ajude ainda mais o serviço do coletivo. (MST, 1992, p. 11)

Figura 1 – Organicidade do coletivo da Escola Técnica em Agroecologia Luana Carvalho em 2022

Fonte: Elaborado pelos autores.

Todos os(as) educadores(as) da Etalc, que atuam na escolarização ou fora dela, compõem algum desses núcleos e, não raramente, cumprem tarefas em alguns deles. É na prática cotidiana de construção e funcionamento dessa auto-organização, que responde a demandas concretas e parte de um Projeto Político Pedagógico específico, que se dá o processo de ação-reflexão-ação. Essa práxis se torna profundamente formativa para nós, educadores(as), que viemos majoritariamente de experiências escolares convencionais.

Ao observarmos as tarefas dos núcleos, podemos perceber que há muito mais do que apenas escolarização, mas um processo que garante que a escola cumpra a sua função social nas comunidades e que se aproxime cada vez mais de uma formação politécnica e omnilateral. Dessa forma, aos poucos e no processo de "fazimento", é construído um currículo próprio que extrapola a grade curricular das redes de ensino.

Nesse sentido, a auto-organização de educadores(as) e educandos(as) atua no sentido de resolução de problemas concretos, de construção de conhecimento, de apropriação do conhecimento escolar, de forma que todas as pessoas façam parte do planejamento, da execução e da avaliação, sem diferenciação entre o trabalho intelectual e o manual, demonstrando que o planejamento cabe aos que trabalham.

Essa relação cotidiana entre o fazer escolar, o fazer comunitário e o fazer do Movimento, de forma coletiva e auto-organizada, é fundamental como uma experiência formadora cotidiana e ininterrupta de todos nós. Assim, formam-se sujeitos proativos, dialógicos, com consciência sobre seu papel específico e a totalidade na qual está inserido e comprometido com o projeto de sociedade da classe trabalhadora.

Os desafios do cotidiano e a formação politécnica

O caminho da *politecnia* na escola começou com o fato de o Governo do Estado da Bahia ter construído a escola no assentamento sem colocar abastecimento de água. Estávamos diante de um problema concreto: a falta de água. A busca por soluções tecnológicas para essa questão nos proporcionou a articulação de conteúdos de física, matemática, construção civil, biologia, pesquisa, diálogo com as comunidades e desenvolvimento de uma tecnologia social por meio de mutirões, fazendo com que chegássemos ao atual sistema de captação e armazenamento da água da chuva.

Essa tecnologia foi desenvolvida de forma coletiva diante de um problema coletivo, indo dos cálculos específicos ao entendimento do geral, deparando-se com questões como: por que em uma das regiões com a maior pluviosidade do Brasil falta água? Por que tecnologias sociais de captação de água da chuva são pouco usadas onde chove muito? Dessa forma, fomos entendendo as causas e relações de poder que criaram e mantêm essa contradição, e depois pesquisando e desenvolvendo alternativas tecnológicas para solucionar o problema e articulando sujeitos: estudantes, educadores(as), comunidades e o Sindicato dos Petroleiros, que financiaram os materiais.

> A apropriação do saber científico e tecnológico pelo conjunto dos trabalhadores é uma conquista de sua classe que contribuirá para a transformação da sociedade em favor de seus interesses, portanto contrária aos interesses do capital. Compreendemos que é o trabalho humano o eixo em torno do qual devemos pensar e construir a Escola Politécnica porque é pelo trabalho que o homem produz o conhecimento científico e tecnológico. É pelo trabalho que o homem propiciou o desenvolvimento econômico, social e político das sociedades, num processo que, ao mesmo tempo, o modifica e é por ele modificado. (EPSJV, 2016, p. 32)

Outra ação nessa direção foi a instalação do Laboratório de Fitoterápicos, em janeiro de 2022, o qual produz e comercializa sabonete íntimo, gel medicinal, óleos essenciais e hidrolatos. O laboratório possibilita desenvolver germes na direção de uma formação politécnica ao inserir a vivência na linha de produção dos fitoterápicos e o processo de gestão de estoque, logística, financeira, de vendas e marketing, como conteúdos. Na mesma medida, proporciona reflexões e ações importantes na organização do trabalho, nos desafios da economia solidária e da contradição entre um trabalho coletivo emancipador e na atuação no mercado capitalista, ao mesmo tempo gerando renda para a escola, educadores(as) e estudantes.

Uma formação integral do ser humano é aquela feita de forma que cada pessoa possa se apropriar do conhecimento historicamente elaborado pela humanidade por meio do trabalho e do desenvolvimento de competências técnico-instrumentais inerentes ao cumprimento de funções no trabalho articuladas a uma visão crítica e engajada na transformação das relações sociais do mundo em que estamos inseridos.

Somam-se a essas o desenvolvimento de outras tecnologias sociais da escola: meliponário, fossa de bananeira ou bacia de evapotranspiração, unidade de produção de adubos, viveiro de mudas e quintal produtivo, as ações de assistência técnica, o desenvolvimento de projetos, as oficinas, as práticas agroecológicas, os mutirões, as vivências, intercâmbios, o beneficiamento de produtos, a comercialização em feiras e outros espaços compõem momentos pedagógicos que fundamentam a politecnia na Escola Luana Carvalho e, consequentemente, são centrais na formação dos(as) educadores(as).

É em torno desses desafios concretos que são organizados os estudos e os debates na formação de educadores(as), as pesquisas e, sobretudo, as ações transformadoras que esses processos consolidaram como práxis educativa. E é na auto-organização coletiva que os estudos, as pesquisas e as ações são planejados, executados e avaliados.

A construção coletiva do PPP e a relação teoria-prática

A construção coletiva do Projeto Político Pedagógico (PPP) das escolas Luana Carvalho e Ojefferson Santos iniciou em 2018 e, para além da institucionalidade,[13] é um processo prático-teórico de sistematização das experiências pedagógicas vividas no chão da escola, de experimentação de metodologias novas, da consolidação da

---

[13] Desde o primeiro encontro pedagógico para planejar a formação continuada de professores(as), avaliamos a realidade das duas escolas, que, apesar de compartilharem o prédio escolar e o vínculo com MST, 1) pertencem a duas estruturas administrativas distintas (municipal e estadual); 2) no caso da rede estadual, tem grau limitado de autonomia ao ser anexo da escola sede da cidade; 3) ambas já possuem PPP institucional (porém construído sem participação da comunidade escolar). A partir dessa realidade institucional, a construção de um PPP novo e conjunto das duas escolas não se mostrou viável, porém o processo de formação foi apontado como importante para as futuras intervenções nos documentos existentes de cada escola.

nossa concepção de escola e do seu funcionamento no cotidiano, assim como do exercício de um olhar para o futuro, no sentido de horizonte que almejamos alcançar. Portanto, ele acompanha organicamente a construção da escola em si, partindo das experiências já vividas, para refletir, sistematizar e colocar em prática as sínteses.

Assim como a metodologia adotada para desenvolver o processo, os próprios conteúdos que foram trabalhados significaram um avanço importante, principalmente no sentido de consolidar a concepção da escola que queremos e que fazemos. Retomar e sistematizar a história da luta pela escola, o seu contexto social, cultural e econômico e os princípios filosóficos e pedagógicos do MST, contando no processo com as equipes das duas escolas, representantes do assentamento e outras comunidades, foi fundamental para o avanço na unificação da escola como um todo[14] e o fortalecimento da práxis pedagógica do MST.

Já o debate mais profundo em torno dos conceitos que fundamentam a nossa prática, como o materialismo histórico-dialético, a Pedagogia do MST, o território e a Agroecologia, o capitalismo e a educação, foi realizado dentro da equipe da Escola Luana Carvalho e vinculou-se o processo à escrita do trabalho de fim do curso de especialização em Educação do Campo e Agroecologia (Fiocruz/Epaaeb), realizado por três educadores(as) da escola.[15] Neste mesmo sentido, o coletivo se aprofundou nas metodologias contextualizadoras, como o Inventário da Realidade, mapa falante, linha do tempo, práticas agroecológicas, entre outros.

O processo de estudo mais recente tem a ver com a compreensão e construção de uma proposta para os procedimentos avaliativos – formação que teve a contribuição das estudantes da residência pedagógica da UFRB –, ainda em andamento, precisando ser retomada. Os próximos temas que já apontamos como prioritários são o currículo e Tempos Educativos, BNCC e formação de educadores.

Finalmente, vale a pena destacar o I Ciclo de Formação Docente da Ojefferson Santos e Luana Carvalho, que significou uma retomada da formação conjunta das duas escolas[16] e teve o intuito de inserir os(as) professores(as) novos(as), no

---

[14] A participação ativa da Escola Ojefferson Santos na primeira etapa do processo foi muito importante para a aproximação das duas escolas que surgem do mesmo processo de luta, mas que desenvolvem graus diferentes de inserção na pedagogia do MST a partir da natureza e conjuntura das suas gestões, coordenações e equipes de trabalho.

[15] Mayara Santiago do Carmo, Obede Guimarães de Souza e Ricardo Gomes Lisboa, sob a orientação da professora Anakeila de Barros Stauffer.

[16] Interrompida em 2019, após o concurso municipal e a mudança radical da composição da equipe da Escola Ojefferson Santos, e retomada em 2021 a partir da iniciativa da coordenação pedagógica da escola, em parceria com o MST e com o apoio da Secretaria Municipal de Educação.

contexto da Escola do MST, introduzindo debates da Educação do Campo, Pedagogia do MST, Agroecologia e questão racial e, ao mesmo tempo, contribuindo no aprofundamento destes temas no texto do PPP já construído.

Todo o percurso formativo foi construído coletivamente,[17] o que contribuiu para qualificar os momentos formativos, manter a continuidade do trabalho na construção do texto em si, articular a participação de uma diversidade de sujeitos e reforçar o caráter político do documento, que se torna mais uma ferramenta de luta pelo direito à Educação do Campo e do MST, conforme a especificidade que deveria ser garantida.

Considerações finais

Essas experiências formativas acirram a contradição com o Estado, que ao mesmo tempo que viabiliza a política pública, inviabiliza-a, tanto nas dimensões estadual como municipal, seja em não remunerar toda a carga horária de aulas seja para a formação de educadores(as). Ao mesmo tempo, não libera docentes para a pós-graduação, o que impõe um currículo plenamente teórico, sem práxis social, empurrando Tempos Educativos importantes para a informalidade e sabotando o que eles mesmos oferecem.

A engrenagem estatal cria obstáculos à participação popular nas políticas públicas e inviabiliza que a classe trabalhadora organizada possa conduzi-las. Tudo ocorre no campo da disputa, com negociação e conflito permanentes, entre avanços e retrocessos. A cada troca de secretário(a), a cada eleição, se dá um recomeço, não raro em situação pior do que antes. Voltam as mesmas reivindicações. Então, aprendemos que é preciso construir a autonomia organizativa e político-pedagógica, que só é possível com alguma autonomia financeira.

Percebemos, também, uma unidade indissociável entre a formação dos(as) educadores(as) e dos(as) educandos(as), embora existam momentos específicos para a formação de educadores(as), são fundamentais os momentos formativos conjuntos. É na ação transformadora por meio do trabalho da escola em conjunto com o Movimento que a formação de educadores(as) acontece na Escola Luana Carvalho, demonstrando que não precisa ser, necessariamente, uma coisa e depois a outra.

---

[17] Além do coletivo da Etalc, o processo teve contribuição fundamental do Setor de Educação do MST e da professora Ana Lúcia Nunes Pereira da Uneb.

Referências

ARROYO, Miguel Gonzalez. Formação de educadores do campo. *In*: CALDART, Roseli Salete; PEREIRA, Isabel Brasil; ALENTEJANO, Paulo; FRIGOTTO, Gaudêncio. (orgs.) *Dicionário da Educação do Campo*. São Paulo: Expressão Popular, 2012. p. 359-365.

CALDART, Roseli Salete. *Pedagogia do Movimento Sem Terra*. São Paulo: Expressão Popular, 2012.

EPSJV. *Caminhos da politecnia: 30 anos da Escola Politécnica de Saúde Joaquim Venâncio*. Rio de Janeiro: EPSJV, 2016.

FREIRE, Paulo. *Conscientização*: teoria e prática da libertação: uma introdução ao pensamento de Paulo Freire. São Paulo: Cortez & Moraes, 1979.

FRIGOTTO, Gaudêncio. Educação omnilateral. *In*: CALDART; PEREIRA; ALENTEJANO; FRIGOTTO (orgs.) *Dicionário da Educação do Campo*. Rio de Janeiro/São Paulo: EPSJV/Expressão Popular, 2012. p. 265-272.

JAEGERMANN, Zuzanna; LISBOA, Ricardo G. O Espaço da Escola é também na Feira: a experiência de formação humana e profissional da Escola Técnica em Agroecologia Luana Carvalho. *In: Anais do II Encontro Baiano de Educação do Campo: ataque doconservadorismo e experiências contra hegemônicas*. v. 1, n. 1, Salvador: Uneb, 2018.

MARX, Karl; ENGELS, Friederich. *A ideologia alemã*. São Paulo: Grijalbo, 1977.

MST. *Dossiê MST Escola*: documentos e estudos 1990-2001, 2005.

MST. *Ocupar, resistir e produzir também na Educação*. Boletim da Educação n. 1, ago. 1992.

Formação de docentes em nível médio no Colégio Estadual do Campo Iraci Salete Strozak e na Escola Itinerante Herdeiros do Saber: aproximações com a Pedagogia Socialista

Jucelia Castelari[1]
Alessandro Kominecki[2]
Rudison Luiz Ladislau[3]

Introdução

O texto apresenta elementos do processo de implantação do Curso de Formação Docente em nível médio no Colégio Estadual do Campo Iraci Salete Strozak e na Escola Itinerante Herdeiros do Saber,[4] e traz apontamentos sobre a contribuição da Pedagogia Socialista para o curso. Essas escolas foram construídas a partir da luta do Movimento dos Trabalhadores Rurais Sem Terra (MST), que busca transformações sociais e requer uma escola além da lógica burguesa (Freitas, 2003) tecidas na especificidade da Educação do Campo dos movimentos sociais.

---

[1] Mestra em Educação, professora, pedagoga, diretora no Colégio Estadual do Campo Iraci Salete Strozak, integrante do Laboratório de Educação do Campo e Indígena (Laeci) da Unicentro.

[2] Doutorando em Geografia, mestre em Geografia Física, professor de Geografia pela Secretaria Estadual de Educação do Estado do Paraná (Seed-PR), professor pedagogo, diretor auxiliar no Colégio Estadual do Campo Iraci Salete Strozak.

[3] Especialista em Educação do Campo, licenciado em Geografia, professor do curso de Formação de Docentes e no Ensino Fundamental e Médio da disciplina de Geografia no Colégio Estadual do Campo Iraci Salete Strozak e na Escola Itinerante Herdeiros do Saber.

[4] Para dinamizar a escrita para Colégio Estadual do Campo Iraci Salete Strozak, utilizaremos Colégio Iraci; para Escola Itinerante Herdeiros do Saber, utilizaremos Itinerante Herdeiros.

A Escola Itinerante do MST foi produzida no contexto das lutas pela terra para atender crianças, jovens e adultos em situação de acampamento e leva essa denominação por sua condição de itinerância; ou seja, acompanha as famílias em caso de despejos e/ou mudanças de lugar do acampamento. A primeira oficialização dessas escolas ocorreu no Rio Grande do Sul, em 1996 (Camini; Gehrke, 2009). No Paraná, desde a aprovação legal da Escola Itinerante na rede pública de ensino, em 2003, o Colégio Iraci, por seu vínculo orgânico com o MST, foi escolhido para ser a escola base de todas as Escolas Itinerantes do estado. Porém, em 2017, contrário ao que demandava o MST, o Conselho Estadual de Educação deliberou pela separação das escolas, sendo que cada Escola Itinerante passou a ter a sua escola base dentro do próprio município. Assim, o Colégio Iraci permaneceu como escola base, respondendo pelos aspectos administrativos e pedagógicos somente da Escola Itinerante Herdeiros do Saber. Esta iniciou suas atividades com quatro unidades no território do Acampamento Herdeiros da Terra de 1º de Maio, em Rio Bonito do Iguaçu, sendo que na atualidade foram reduzidas a duas unidades: uma localizada na comunidade Central e outra na comunidade Guajuvira.

O Colégio Iraci e a Itinerante Herdeiros são resultado do processo histórico da Reforma Agrária Popular, colocada em marcha desde o ano de 1996 nesse território. Apesar do afastamento legal e territorial das demais Escolas Itinerantes do estado e das questões de ordem prática originadas por esse afastamento, a busca constante é a de permanecerem vinculadas nesse conjunto orgânico e imersas num processo coletivo mais amplo, na experiência paranaense da Educação do MST.

Essa experiência se alimenta do acúmulo teórico da Educação do MST produzido a partir de 1980, quando o Movimento se propôs a construir uma "escola diferente" (Caldart, 2004), que deveria ter como chave mestra a formação do militante Sem Terra, capaz de produzir a vida no campo, de lutar pelo acesso e pela permanência na terra. Além disso, deveria ter como princípios as lutas coletivas, o trabalho, a cooperação, a vida em comunidade e a apropriação da realidade e dos conhecimentos historicamente produzidos e acumulados.

Naquele período, a escola desejada não estava formulada ou implementada nas redes públicas e nem mesmo nos movimentos sociais. Porém, considerando a presença de crianças, jovens e adultos analfabetos nos acampamentos, e o fato de que a escola burguesa não refletia os interesses educativos da classe trabalhadora, o MST buscou na Pedagogia Socialista, na Pedagogia Freiriana e no próprio Movimento como grande educador as bases para a sua elaboração, que mais tarde foi nomeada de Pedagogia do Movimento (Caldart, 2004) – tendo sempre como premissa o compromisso com os interesses sociais e políticos dos trabalhadores Sem Terra. Foi na Pedagogia Socialista Soviética que o MST encontrou uma referência orgânica para a trajetória de formulação de um projeto educativo, uma experiência advinda de um tempo e espaço revolucionários distintos do atual, para uma educação que luta para formar revolucionários em nosso tempo histórico.

No Paraná, o MST, junto da sua base militante de professores de universidades parceiras, sistematizou a proposta dos Complexos de Estudos,[5] que, articulada ao Ciclo de Formação Humana,[6] busca alterar a forma e o conteúdo da escola clássica no Paraná. Nesta singularidade, o curso de Formação de Docentes do Colégio Iraci e da Itinerante Herdeiros, no conjunto dos demais cursos dessas escolas, também se apropria desse acúmulo teórico e vivencia na sua cotidianidade diversas aproximações com a Pedagogia Socialista.

O Curso de Formação Docente se coloca como beneficiário direto desse acúmulo teórico e prático produzido coletivamente. Ao mesmo tempo que o plano de curso é orientado metodologicamente pela Pedagogia do Movimento, ele também é objeto de estudo desses estudantes, construindo uma relação orgânica entre teoria e prática. Como escolas públicas, elas são mantidas e atravessadas por políticas públicas. Assim, as alterações promovidas nas políticas educacionais – dentre as quais destacamos, especialmente, as voltadas para a formação de docentes – causam impactos diretos na oferta do Curso de Formação Docente.

Em 1995, a Secretaria de Estado da Educação do Paraná, durante o governo Lerner (1995-2002), tentou extinguir os cursos de Magistério no estado, em meio a uma reestruturação do Ensino Médio, para alinhar a educação às políticas gerenciais com ênfase no mercado, que vinham sendo engendradas naquele período. Porém, a resistência dos educadores fez com que 14 escolas no Paraná permanecessem ofertando o curso (Gabre; Portelinha, 2020; Sapelli, 2007).

Já no ano de 2003, com mudanças na gestão federal e estadual, no governo Requião, no Paraná, respaldado pela resolução n. 02/1999 do Conselho Nacional da Educação, voltou-se a discutir a reabertura do curso para formação docente

---

[5] Os Complexos de Estudos junto com o Ciclo de Formação Humana congregam a proposta educativa do MST no Paraná na atualidade. Produzidos desde a sua base militante, porém contando com contribuições de estudiosos que se somaram ao processo, os Ciclos de Formação Humana, nesta especificidade, tiveram importantes contribuições dos pedagogos que na época estavam à frente da Secretaria Municipal de Educação de Rio Bonito do Iguaçu: Marcos Gehrke, Edson Anhaia e Cecilia Ghedin (Sapelli; Leite; Bahniuk, 2017). Destacamos ainda a importante assessoria dada ao MST por parte de Roseli Caldart, da UFRS, e Luiz Carlos de Freitas, da Unicamp, que foram fundamentais para a produção da proposta, e Marlene Lucia Siebert Sapelli, com contribuições na produção, implementação e guarda da proposta dos Complexos de Estudos (Ceciss, 2022).

[6] Para saber sobre os ciclos de formação humana, ver PPP Ceciss, 2022; Hammel, 2013; Sapelli, 2013.

em nível médio, de maneira que, além das 14 escolas que permaneceram com o curso, outros colégios abriram turmas a partir do ano de 2004, agora não mais com o nome de Curso de Magistério, passando a ser denominado de "Curso de Formação Docente da Educação Infantil e dos anos iniciais do Ensino Fundamental". Nesse movimento, o Colégio Iraci teve a autorização concedida e, no ano de 2008, iniciou a sua primeira turma.

Em 2021, o curso voltou a sofrer intervenção das políticas de governo no Paraná, quando as escolas foram tensionadas a reduzir o curso de quatro para três anos. Com isso, parte da carga horária da matriz deve ser cursada de forma não presencial e assíncrona. Também foi proposta a redução de aulas da parte específica da formação e a adoção de disciplinas orientadas pela lógica neoliberal advindas da Base Nacional Comum Curricular e do Novo Ensino Médio, instituídos pela Lei n. 13.415/2017.

Na próxima seção, vamos apresentar a trajetória do curso no Colégio Iraci e na Itinerante Herdeiros. Na seção três, são discutidas as práticas do curso e sua articulação com a Pedagogia Socialista, por meio das categorias trabalho, auto-organização, atualidade e coletividade.

O Curso de Formação Docente nas escolas de assentamento e acampamento no Paraná: uma conquista dos Sem Terra

Com a ocupação do latifúndio da madeireira Giacomet-Marodin, situado entre Quedas do Iguaçu e Rio Bonito do Iguaçu, e a efetivação das instituições de ensino estaduais e municipais nas áreas de acampamento, houve a necessidade de formação de profissionais docentes para atuar nesses espaços escolares.

Assim, em 2008, tivemos a primeira turma do Curso de Formação Docente no Colégio Iraci. A implementação do curso objetivou-se pela defasagem de educadores com formação para atuarem nas escolas de assentamentos e acampamentos. Na época, eram escassas as experiências de formação de profissionais para atuar na Educação do Campo, e essa foi a primeira instituição a ofertar esse tipo de curso em assentamentos da Reforma Agrária no Paraná.

Em Rio Bonito do Iguaçu, a partir de 1996, foram assentadas aproximadamente 1.500 famílias, o que demandou a construção de mais quatro colégios estaduais e seis escolas municipais. Como não havia quantidade suficiente de professores e funcionários com a formação exigida para contratação nesses assentamentos, grande parte dos profissionais vinha do município de Laranjeiras do Sul, a 50 quilômetros de distância, ou ainda da sede de Rio Bonito do Iguaçu, a 30 quilômetros de distância. Essa condição de difícil acesso gerava um processo permanente de rotatividade de professores, ano após ano. Pelas mesmas razões, em cada início de ano letivo essas escolas eram tidas como "últimas opções", tendo seu quadro funcional completo depois das demais escolas centrais. Essa condição teve uma leve mudança no último período devido a uma política de redução de hora-atividade que levou ao "enxugamento" das contratações de pessoal.

É nesse contexto que a comunidade escolar do Colégio Iraci fez a luta e passou a ofertar o Curso de Formação Docente Integrado ao Ensino Médio, a partir de 2005, compreendendo que a formação desses profissionais é fundamental para o desenvolvimento educacional desses territórios. Além disso, teve o intuito de romper com a lógica de retirada dos jovens do campo para estudar e se profissionalizar. No Projeto Político Pedagógico do Colégio, é registrado esse processo:

> A ideia de abrir um curso de formação de educadores/professores no Colégio Iraci Salete Strozak, normal de nível médio, surgiu em virtude da defasagem desses profissionais no campo, especialmente nos acampamentos e nos assentamentos do MST, inclusive nas proximidades da escola. (CECISS, 2017b, p. 375)

Além de garantir o acesso à Educação no Campo, buscou-se construir um Projeto Político Pedagógico de acordo com essa realidade, implementando uma prática pedagógica de valorização dos sujeitos camponeses.

Outro ponto que merece ser mencionado, como dissemos anteriormente, é que desde 2003 o Conselho Estadual de Educação reconhece a existência das Escolas Itinerantes do Paraná, sendo o Colégio Iraci a escola base – ou seja, que atua como representante legal e pedagógico dessas escolas. As Escolas Itinerantes estão localizadas nos acampamentos da Reforma Agrária do MST, havendo a demanda por educadores para atuar nelas. Nesse sentido, alguns egressos do curso também passaram a atuar nesses espaços. Desde a sua abertura, centenas de jovens já se formaram no Colégio Iraci e hoje atuam nas redes municipais e estadual de educação, dentro e fora das áreas da Reforma Agrária. Outros tantos continuaram os estudos em nível superior em outras áreas.

Logicamente, manter o curso em funcionamento sempre foi um grande desafio, estando em meio à correlação de forças com o Estado, que em várias ocasiões tentou encerrar sua oferta, pois a política da Educação Profissional no Paraná é pensada e normatizada para ser realizada nas cidades. Nos últimos anos, esse embate se tornou mais evidente a partir da instalação de governos neoliberais, com uma gestão gerencialista da educação. Um olhar tecnocrata foi lançado sobre a educação pública, na qual os números, dados, custos se sobrepõem às questões pedagógicas (Mendes; Horn; Rezende, 2020; Zago *et al.*, 2022).

Para assegurar a sua oferta, a comunidade escolar tem realizado inúmeras mobilizações no próprio assentamento, nas ruas, em frente ao Núcleo Regional de

Educação (NRE), com negociações com a Secretaria de Estado da Educação (Seed) e até mesmo junto ao Ministério Público. Em síntese, o que garante a oferta do curso é o vínculo com a comunidade e com o movimento social – neste caso, o MST.

No ano de 2021, o curso passou também a ser ofertado na Itinerante Herdeiros, representando outra expressiva conquista para a comunidade e para o MST na região. Pela primeira vez na história, um Curso de Formação Docente é ofertado em uma área de acampamento. É importante destacar que o Curso de Formação Docente na Itinerante Herdeiros sempre foi um sonho e uma necessidade para os acampados, já que frequentar o curso na escola base não é possível devido à distância entre as escolas e a ausência de transporte escolar.

O processo demandou luta e trabalho coletivo, pois o NRE de Laranjeiras do Sul, ao qual as escolas estão jurisdicionadas, entendia que teria de solicitar ao Conselho Estadual de Educação a abertura de turmas no acampamento. Faltava ao NRE o entendimento da relação existente entre escola base e escola itinerante, haja vista que, por serem entendidas pela mantenedora como uma escola só, os cursos autorizados na escola base estavam autorizados também para a Itinerante Herdeiros. Além disso, existe a exigência de possuir uma brinquedoteca e um acervo de livros com as especificidades do curso somados à precariedade das instalações da escola construída pelos próprios acampados; porém, o referido NRE via como impossível a autorização para o curso funcionar no acampamento.

No entanto, a autorização do Curso de Formação Docente na Itinerante Herdeiros foi tecida da mesma forma que os Sem Terra forjaram a Escola Itinerante: no trabalho socialmente útil, na coletividade, na auto-organização da juventude. Da mesma maneira que cada um doou uma tábua, um maço de pregos ou uma telha e seu tempo como trabalho para a produção da escola, eles também trouxeram os livros, os jogos e os brinquedos; foram feitas as pinturas das salas, produzidos suportes de livros.

Há de se destacar, também, as estratégias midiáticas que estiveram presentes na garantia do curso para a Itinerante Herdeiros. Assim, ocorreu a publicação, nas redes sociais e nos blogs, de matérias sobre as condições necessárias para a implementação do curso – a exemplo da estruturação do espaço da brinquedoteca e do acervo teórico das especificidades do curso, ambos produzidos coletivamente. Com isso, ao romper o principal argumento da mantenedora, em fevereiro de 2021, obteve-se o êxito de implementar o curso na Itinerante Herdeiros, inserida em área de acampamento do MST.

Muitos desafios estão postos para a manutenção do Curso de Formação Docente nessas escolas. Dentre eles citamos: a política vigente de desvalorização do magistério; o fechamento de turmas e escolas; e a falta de perspectiva de carreira, que impacta significativamente o interesse dos jovens pela docência. Além disso, a reforma do Ensino Médio, com a inserção dos Itinerários Formativos, também coloca questões a serem resolvidas no próximo período. Por isso, o Curso de Formação Docente, assim como a educação pública, passa por um momento de muita luta e resistência. Em tempo, cabe destacar que a juventude Sem Terra segue sonhando e lutando para conquistar, dentro do acampamento, uma Licenciatura em Pedagogia.

O trabalho pedagógico no Curso de Formação Docente e a Pedagogia Socialista

No Colégio Iraci e na Itinerante Herdeiros, o Curso de Formação Docente é integrado ao Ensino Médio e organizado em quatro anos, totalizando 4 mil horas em sua matriz curricular – 3.200 horas na Formação Básica, que contempla a Base Nacional Comum Curricular, e na Formação Específica com disciplinas dos fundamentos da educação, da gestão escolar e as metodologias de ensino e didática, e mais 800 horas de Prática de Formação. Além desse currículo oficial proposto pela mantenedora, o curso incorpora elementos do Projeto Político Pedagógico do Colégio Iraci, que tem entre os seus princípios filosóficos e pedagógicos aproximações com a Pedagogia Socialista (Ceciss, 2022).

A busca constante do curso é ofertar uma educação emancipatória. Para isso, propõe práxis que visam à formação de seus estudantes nas várias dimensões humanas (Ceciss, 2017a), a partir de várias atividades pedagógicas, dentre as quais destacamos: o Planejamento Organizado em Complexos de Estudos; o Seminário dos Pensadores; o Seminário de Educação do Campo e Infância; o Seminário de Socialização e Avaliação das Atividades de Prática de Formação; Tempo/Espaço de Avaliação/Reflexão; Aula Inaugural; Conselho de Classe Participativo; Oficina de Comunicação e Expressão; Reforço da Aprendizagem; Oficinas de Contação de História; Teatro; Brinquedos e Brincadeiras; Tempo Trabalho (auto-organização); Trabalho de Conclusão de Curso; a Produção e Fruição das Místicas; a Ciranda Infantil; e os Complexos de Estudos (Ceciss, 2022).

Nos limites deste texto, não vamos detalhar cada uma dessas práticas, elas estão descritas no Projeto Político Pedagógico do Colégio Iraci. No entanto, queremos analisar três delas com o intuito de responder a um dos objetivos deste texto: refletir sobre as contribuições da Pedagogia Socialista na experiência de formação de docentes, sendo elas o Planejamento por Complexos de Estudos, a Ciranda Infantil e o Seminário dos Pensadores, nas quais estão imersas as categorias trabalho, coletividade, auto-organização e atualidade.

Planejamento por Complexos de Estudos

Dentre as práticas no Curso de Formação Docente, queremos destacar o Planejamento por Complexos de Estudos, haja vista que da sua organização decorre o trabalho pedagógico do Curso de Formação Docente. O *complexo* representa um composto (Krupskaya, 2017), ou seja, congrega as múltiplas dimensões da formação humana, tem o objetivo de elevar a compreensão da realidade do educando com os estudos das bases das ciências e artes, com seus conteúdos, objetivos de ensino e êxitos, mediados por métodos e tempos específicos; porém, possui objetivos formativos comuns e interligados por via do estudo da realidade, sistematizada em forma de porção/categoria da realidade, presentes no Inventário da Realidade[7] (Ceciss, 2022). Para a Pedagogia Socialista Russa, a noção de *complexos* era um antídoto para o isolamento das disciplinas, haja vista que sua leitura materialista histórico-dialética propõe a interligação de um conjunto de disciplinas com o trabalho e com a vida (Sapelli; Freitas; Caldart, 2015).

O Complexo de Estudos (CE) é parte integrante do Plano de Estudos (PE). O PE representa a totalidade da intencionalidade pedagógica a ser materializada com um agrupamento de estudantes. Propõe a apropriação dos conhecimentos de maneira a compreendê-los em suas relações, contradições e possibilidades de mudança, e pode ser entendido como o currículo escolar.

O CE é produzido e retroalimentado ao início de cada ano letivo, considerando as necessidades formativas do Ciclo da Juventude. Ele é atualizado na busca constante de incorporar novas aprendizagens e avançar: "é o movimento dialético da ação e reflexão, onde o educador ao mesmo tempo que age reflete sobre a ação, ao fazê-lo instrumentalizado pela teoria pode chegar a uma nova teoria, desta forma teoria e prática se fazem juntas como práxis" (Freire, 1987, p. 38). Esse movimento da práxis não ocorre isolado nas disciplinas, colocando em marcha a categoria da coletividade – ou seja, conta com um coletivo de trabalhadores e estudantes comprometidos com o projeto educativo do curso que assume a tarefa coletivamente.

A categoria *Trabalho* é engendrada na elaboração/retroalimentação dos CEs, na qual são incorporadas atividades de trabalho socialmente útil com os estudantes. Refere-se a um trabalho prático cujo resultado é socializado com os demais estudantes ou com a comunidade. Nessa direção, citamos como exemplo a Ciranda Infantil e as atividades desenvolvidas na Prática de Formação.

Destacamos ainda, nos CEs do Curso de Formação Docente, a categoria da auto-organização dos estudantes. Para que eles assumam o seu processo de aprendi-

---

[7] Para saber mais sobre os Complexos de Estudos e Inventário da Realidade, ver Sapelli; Leite; Bahniuk, 2017 e Sapelli; Freitas; Caldart, 2015.

zagem e sua atuação frente aos processos de gestão da instituição, os educadores organizam atividades nos CEs para que os estudantes vivenciem a gestão, a produção e a execução das atividades do curso, a exemplo da Prática de Formação, dos seminários e do trabalho de conclusão do curso.

As atividades do trabalho socialmente útil (Pistrak, 2000, 2009, 2011; Krupskaya, 2017; Shulgin, 2013, 2022), orientadas nos CEs, são potencializadas pela auto-organização dos estudantes, a partir da observação e problematização da realidade. Ao analisarem criticamente as contradições presentes na oferta da Educação Básica, especialmente em uma escola de acampamento ou assentamento, a partir da visualização das suas potencialidades e de seus limites, conseguem inferir na realidade. Neste sentido, para além de uma tarefa simples de trabalho pedagógico, as atividades possibilitam compreender os processos políticos que as determinam. Estes conhecimentos contribuem para fortalecer processos de luta em prol da melhoria da educação nesses espaços.

Os CEs são avaliados ao final dos semestres pela coletividade das escolas. Essa avaliação subsidia a alimentação deles para os semestres seguintes. Eles são avaliados também nos conselhos de classe participativos, quando os estudantes do curso expressam suas percepções acerca do ensino. Nesse momento, se evidenciam também os desafios para avançar na produção e implementação dos CEs. Dentre eles, citamos a dificuldade do coletivo de dialogar, pois a maioria dos educadores possui aulas em muitas escolas, provocando uma demanda de trabalho às pedagogas, que precisam também tutelar a implementação das atividades coletivas.

Não negamos a falta de sentimento de pertencimento à coletividade por parte de alguns professores, que optam por trilhar caminhos diferentes do que assumimos nos CEs. Há de se destacar que os problemas com as faltas dos estudantes, causadas pelas péssimas condições das estradas, colocam a sequenciação dos complexos à prova a todo o momento. No entanto, mesmo com limites à sua produção e implementação, os Complexos de Estudos representam o lócus principal da organização do trabalho pedagógico do Curso de Formação Docente, sendo foco de resistência ao esvaziamento do currículo proposto pelas políticas atuais do Governo do Estado do Paraná, que está centrado em treinar para as avaliações externas (Silva Junior, 2016; Silva, 2018; Mendes; Horn; Rezende, 2020; Zago et al., 2022).

A Ciranda Infantil nas práticas de formação

As práticas de formação ocorrem desde o primeiro ano do curso, organizadas em dois tempos e espaços educativos, o Tempo Prática de Formação e o Tempo Prática de Docência. A Prática de Formação ocorre na instituição em contraturno, em preparação para a Prática de Docência, a qual consiste no tempo em que os estudantes saem da instituição para ter contato com o campo futuro de atuação profissional. Eles precisam somar no mínimo 200 horas anuais de efetivo exercício de relação entre teoria e prática.

A integração entre teoria e prática é um importante eixo do processo formativo e perpassa todo o Curso de Formação Docente, mas encontra-se fundamentalmente na Prática de Formação e de Docência. O curso se apoia em Freire na compreensão de que prática e teoria estão em uma inter-relação denominada práxis (Ceciss, 2022). "A práxis, porém, é reflexão e ação dos homens sobre o mundo para transformá-lo. Sem ela, é impossível a superação da contradição opressor-oprimido" (Freire, 1987, p. 38).

As Práticas de Formação e Docência seguem as normativas do Estado e são realizadas em instituições de ensino de Educação Básica que ofertam Educação Infantil e os anos iniciais do Ensino Fundamental, nas modalidades Educação do Campo, Educação Indígena, Educação de Jovens e Adultos ou Educação Especial. Além disso, ocorrem também nas Cirandas Infantis do MST.

A Ciranda Infantil foi criada no MST nos anos de 1990, inspirada na Pedagogia Socialista cubana, na qual são implementados Círculos Infantis. As cirandas são uma necessidade histórica, em parte causada pela ausência de políticas de Educação Infantil para o campo, mas também como uma necessidade de espaço que dialogue com a luta e a infância Sem Terra. Sua produção facilitou a efetiva participação das mulheres/mães na coletividade de trabalho e estudos nos acampamentos e assentamentos do MST (Ramos, 2010; Rossetto, 2009).

A Ciranda se tornou uma cultura organizativa nos diferentes espaços e setores do MST, que objetiva o desenvolvimento das diversas dimensões da criança Sem Terrinha (Ramos, 2010; Rossetto, 2009). Nesse espaço educativo a criança é tida [...] "como um sujeito de direito, com valores, imaginação, personalidade em formação, vínculo às vivências como criatividade, a autonomia, o trabalho educativo, a saúde e a luta pelo direito de concretizar a conquista da terra" (MST, 2004, p. 37). Educa-se a partir das brincadeiras, jogos e cantigas que são relacionadas com os símbolos, com o fortalecimento dos vínculos para a coletividade. A Ciranda Infantil pode ser permanente quando atende uma necessidade do acampamento ou assentamento, ou itinerante quando é produzida para realizar encontros, reuniões formativas ou mutirões.

A Ciranda Infantil do MST se tornou referência para estudos do Curso de Formação Docente. Assim, das 200 horas anuais de estágio, 40 horas são cumpridas nas Cirandas (Ceciss, 2022), organizadas em quatro momentos: observação, participação, elaboração e aplicação.

A observação ocorre nas Cirandas, ou nos espaços destinados à sua organização, onde os estudantes têm a oportunidade de visualizar o trabalho pedagógico desenvolvido em sua materialidade. Após a observação, participam dos momentos de estudos e planejamentos com formadores do MST, quando se realiza uma reflexão sobre o observado e são estudados potenciais encaminhamentos para as questões de ordem prática que foram surgindo.

A elaboração da prática docente é o momento de síntese entre o que foi estudado e a observação e ocorre nas aulas de práticas de estágio, nas quais, junto da coletividade – estudantes, professores, coordenadores, formadores do MST –, o futuro docente vai preparar a sua atuação pedagógica acompanhada com as crianças na Ciranda.

Podemos notar que as categorias da Pedagogia Socialista Soviética têm vínculos ativos com a Ciranda Infantil, e quando congregadas fornecem instrumentos para a sua materialização. A categoria Trabalho permeia todo o fazer, desde a necessidade da sua criação, que a torna um trabalho socialmente necessário, passando pelo seu desenvolvimento, o que insere o Curso de Formação de Docentes. Mas também diz respeito à inserção dos Sem Terrinha em processos educativos que têm o trabalho como matriz formativa. As categorias auto-organização e coletividade são a força motriz da produção da Ciranda Infantil, são os sujeitos organizados em destacamento e com responsabilidades individuais designadas pelo coletivo. Para isso, é preciso saber o que e como construir.

Alguns desafios são encontrados no trabalho com as Cirandas. O primeiro deles é a dificuldade com a autorização das famílias para as filhas mulheres viajarem aos locais de execução das Cirandas. Outro desafio grande é a inexistência de recursos financeiros por parte da mantenedora para garantir a locomoção até os espaços onde elas ocorrem. Porém, é uma experiência riquíssima de aprendizagens que necessita ser ampliada, para que todos os cursistas possam se apropriar dela.

O Seminário dos Pensadores

O Tempo Educativo do Seminário dos Pensadores é organizado anualmente e ocorre ao final do primeiro semestre letivo (Ceciss, 2022), com a participação de todos os estudantes do Curso de Formação Docente do Colégio Iraci e da Itinerante Herdeiros. Os estudantes realizam a leitura de livros escritos por autores da Pedagogia Socialista, da Educação do Campo, do pensamento pedagógico brasileiro e por estudiosos da infância.

A escolha dos livros relaciona-se com a bibliografia presente no Plano de Estudos. A busca constante é aprofundar o conhecimento das diversas teorias pedagógicas e fortalecer o pensamento crítico. Após a leitura, os estudantes produzem um resumo expandido da obra lida e um fichamento que servirá de base para a apresentação, orientados por um coletivo de educadores destacados para ajudar na organização do processo.

Aqui, evidenciamos a importância da coletividade que, por via da auto-organização dos estudantes, planejam a programação do Seminário, destacando as responsabilidades que cada coletivo vai assumir, desde a ornamentação dos espaços, a alimentação, a mística, a programação, a coordenação, a memória, a disciplina. Durante o evento, é comum observar a sinergia produzida pela coletividade, que tem início nas primeiras atividades do Seminário, com a produção da mística, que reforça a identidade Sem Terra. O contato com as leituras socialistas e marxistas potencializa a formação política dos futuros docentes e busca desenvolver a capacidade de compreensão da atualidade e dos ideais da classe trabalhadora.

Trata-se de "saber da atualidade, conhecer as principais fontes de desenvolvimento da sociedade humana, ser capaz de aplicar as suas forças na prática" (Shulgin, 2022, p. 41). E não se trata aqui de qualquer prática, mas da importância da formação do docente que vai atuar nas escolas dos assentados e acampados. Ainda reforçamos que é necessário que os professores conheçam os ideais da classe trabalhadora, mas que não basta apenas desejar construir, sendo necessário lutar por eles e construí-los efetivamente. Neste sentido, o acesso à literatura e à reflexão crítica são fundamentais.

A partir das leituras e sistematizações, os estudantes produzem um artigo de conclusão de curso, e a coletânea de textos é sistematizada em um manual intitulado "Caderno de artigos do Curso de Formação Docente". Os estudantes produzem manuais que são utilizados como fonte de conhecimentos para o próprio curso e evidenciam a experiência do Colégio Iraci. Como destaca Castelari (2021), estudantes e educadores na singularidade do Colégio não se colocam somente como receptores de manuais escolares, mas também como produtores de manuais e conhecimentos.

Considerações finais

O Curso de Formação Docente no Colégio Estadual do Campo Iraci Salete Strozak e na Escola Itinerante Herdeiros do Saber resulta da luta coletiva em garantir uma educação que atenda aos princípios da classe trabalhadora, por meio das demandas do povo Sem Terra. É fundamentado nas experiências da Pedagogia Socialista, em Paulo Freire e tem o MST como grande educador que ensina na luta. Assim, assume o trabalho como princípio educativo e, para isso, movimenta em suas práticas categorias da Pedagogia Socialista, dentre elas o trabalho, a auto-organização, a atualidade e a coletividade, fundamentais para a formação dos docentes que vão ensinar os filhos de assentados e acampados, que lutam por novas relações sociais.

A prática pedagógica escolar se organiza de forma coletiva. O Planejamento por Complexos de Estudos busca a relação permanente dos conteúdos, das metodologias e dos elementos da realidade do assentamento e efetiva o sentido útil do saber no processo de formação do sujeito Sem Terra; a Ciranda Infantil contribui com o despertar das ações coletivas e colaborativas; e o Seminário dos Pensadores, com a socialização das experiências teóricas e cotidianas.

Observa-se que, ao longo da história do curso, os estudantes egressos alimentam sonhos de continuidade nos estudos em licenciaturas. Assim, um Curso de Formação Docente em nível médio pode ter papel fundamental no fortalecimento das licenciaturas nas universidades e, portanto, na formação docente em sua totalidade. A luta pelo curso é relevante, tendo em vista que forma docentes que vão atuar, dentre outros lugares, nos assentamentos e nos acampamentos do MST, locais onde se busca alterar a forma escolar burguesa para construir uma forma escolar emancipatória. Além disso, o curso potencializa a valorização da profissão docente e projeta a juventude para prosseguir os estudos nas licenciaturas nas universidades.

Referências

CALDART, Roseli Salete. *Pedagogia do Movimento Sem Terra*. 3ª edição. São Paulo: Expressão Popular, 2004.

CAMINI, Isabela; GEHRKE, Marcos. Memórias e desafios. *In*: MST. *Escola Itinerante do MST*: história, projeto e experiências. Curitiba: SEED, n. 1, abr. 2008.

CASTELARI, Jucelia. *Produção e uso dos manuais escolares no trabalho pedagógico das professoras no ciclo de formação humana*: a experiência do Colégio Iraci Salete Strozak. Dissertação (Mestrado em Educação) – Unicentro, Guarapuava, 2021.

CECISS. *Conhecendo um pouco mais do Curso de Formação de Docentes do Colégio Estadual do Campo Iraci Salete Strozak*. Panfleto, 2017a.

CECISS. *Proposta Pedagógica Curricular do Curso de Formação de Docentes do Colégio Estadual do Campo Iraci Salete Strozak e Escola Itinerante Herdeiros do Saber*. 2017b.

CECISS. *Projeto Político Pedagógico do Colégio Estadual do Campo Iraci Salete Strozak e Escola Itinerante Herdeiros do Saber*, 2022.

FREIRE, Paulo. A alfabetização como elemento de formação da cidadania. *Obra de Paulo Freire*. Série Eventos, 1987.

FREITAS, Luiz. Carlos. *Ciclos, seriação e avaliação:* confronto de lógicas. São Paulo: Moderna, 2003.

GABRE, Viviane; PORTELINHA, Ângela Maria Silveira. Formação de docentes em nível médio no Estado do Paraná. SENPE – Seminário Nacional de Pesquisa em Educação, v. 3, n. 1, 2020.

GEHRKE, Marcos; SILVA, Luciana Maria de Matos. Pedagogia Socialista Soviética: categorias que se articulam na construção de uma nova escola para uma nova sociedade. *Revista Educere Et Educare*, vol. XX, n. XXX, jan./abr. 2018.

MENDES, Ademir Aparecido Pinhelli; HORN, Geraldo Balduíno; REZENDE, Edson Teixeira de. As políticas neoliberais e o pragmatismo gerencial na educação pública paranaense. *Roteiro*, v. 45, p. 1-24, 2020.

KRUPSKAYA, Nadezhda Konstantinovna. *A construção da Pedagogia Socialista* (escritos selecionados). São Paulo: Expressão Popular, 2017.

MAKARENKO, Anton Semyonovich. *Problemas da educação escolar*: experiência do trabalho pedagógico (1920-1935). Moscovo: Edições Progresso, 1986.

MST. *Dossiê MST Escola*: documentos e estudos 1990-2001. Veranópolis: ITERRA, 2005.

PARANÁ. Deliberação 010/1999. *Normas complementares para o Curso de Formação de Docentes*. Conselho Estadual de Educação do Paraná, 1999.

PISTRAK, Moisey Mikhaylovick. *Fundamentos da escola do trabalho*. São Paulo: Expressão Popular, 2000.

PISTRAK, Moisey Mikhaylovick. *A Escola-Comuna*. São Paulo: Expressão Popular, 2009.

RAMOS, Marcia Mara. *A infância do campo*: o trabalho coletivo na formação das crianças Sem Terra. Monografia, UFMG, 2010.

ROSSETTO, Edna Rodrigues Araújo. *Essa ciranda não é minha só, ela é de todos nós:* a educação das crianças sem terrinha no MST. Dissertação (Mestrado) – Faculdade de Educação, Universidade Estadual de Campinas. Campinas, 2009.

SAPELLI, Marlene Lucia Siebert; LEITE, Valter de Jesus; BANHIUK, Caroline. *Ensaios da Escola do Trabalho na luta pela terra*: 15 anos da Escola Itinerante no Paraná. São Paulo: Expressão Popular, 2017.

SAPELLI, Marlene Lucia Siebert. *Ensino profissional no Paraná*: aspectos históricos, legais e pedagógicos. Guarapuava: Unicentro, 2007.

SAPELLI, Marlene; FREITAS, Luiz Carlos; CALDART, Roseli Salete (orgs.) *Caminhos para a transformação da escola*: organização do trabalho pedagógico nas Escolas do Campo: Ensaios sobre Complexos de Estudo. v. 3. São Paulo: Expressão Popular, 2015.

SILVA JUNIOR, Silvio Borges da. *A política de avaliação de larga escala e suas implicações no currículo do estado do Paraná nos anos 2011/2012 (Governo Beto Richa)*. Dissertação (Mestrado em Sociedade, Cultura e Fronteiras) – Centro de Educação, Letras e Saúde, Universidade Estadual do Oeste do Paraná, Foz do Iguaçu, 2016.

SHULGIN, Viktor Nikholaevich. *Rumo ao politecnismo*. São Paulo: Expressão Popular, 2013.

SHULGIN, Viktor Nikholaevich. *Fundamentos da Educação Social*. São Paulo: Expressão Popular, 2022.

ZAGO, Laís *et al*. A formação pedagógica de docentes como processo de indução à adesão ao projeto educativo do governo do estado do Paraná. *In*: KÖRBES, Cleci *et al*. *Ensino Médio em pesquisa*. Curitiba: CRV, 2022.

As Semanas Pedagógicas das escolas de Ensino Médio dos assentamentos de Reforma Agrária do Ceará e a disputa por hegemonia

Maria de Jesus dos Santos Gomes[1]
Maria de Lourdes Vicente da Silva[2]
Paulo Roberto de Sousa Silva[3]

Introdução

É inegável o papel dos(as) educadores(as) na transformação da escola e, por extensão, a importância da formação inicial e continuada desses sujeitos nessa construção. Partindo dessa premissa, que dá unidade a esta publicação, o texto proposto objetiva compartilhar a experiência das Semanas Pedagógicas das Escolas de Ensino Médio dos Assentamentos de Reforma Agrária do Ceará – popularmente conhecidas como *Escolas do Campo* – e refletir sobre sua contribuição na disputa por hegemonia na Educação do Campo.

As Semanas Pedagógicas, em sua décima terceira edição, em 2022, constituem-se como uma estratégia de formação permanente dos(as) educadores(as) das Escolas

---

[1] Dirigente do Setor de Educação do MST. Especialista em Educação do Campo (UnB) e em Trabalho, Educação e Movimentos Sociais pela Escola Politécnica de Saúde Joaquim Venâncio (ESPJV/Fiocruz).

[2] Militante do Setor de Educação do MST. Doutoranda em Educação Brasileira pela Universidade Federal do Ceará (UFC). Professora do Instituto Federal de Educação, Ciência e Tecnologia do Ceará (IFCE).

[3] Militante do Setor de Educação do MST. Doutorando em Políticas Públicas pela Universidade Federal do Maranhão (UFMA). Professor do curso de Licenciatura em Educação do Campo da Universidade Federal do Maranhão (UFMA).

do Campo, abrangendo os diversos sujeitos que fazem parte dessa construção e envolvendo as dez escolas em funcionamento no estado do Ceará.

Apesar de serem escolas da rede pública estadual de educação, a referida formação realiza-se com relativa autonomia dos(as) educadores(as), organizados(as) sob a coordenação do Setor de Educação do MST/CE, em sistema de rodízio no chão das escolas. Abrangendo uma diversidade de sujeitos, para além de seus muros, tem como foco os desafios de implementação do Projeto Político Pedagógico (PPP) e as necessidades concretas apontadas no cotidiano da práxis educativa e na disputa pela hegemonia.

Vale ressaltar que, apesar da centralidade do texto na socialização da experiência das Semanas Pedagógicas, buscamos evidenciar as relações existentes com outras estratégias de formação, de organização política e da prática pedagógica, que explicitam sua natureza de formação permanente e sua complexidade. Para tanto, o texto segue com uma contextualização das Escolas do Campo, enfatizando o papel do MST; apresenta a Semana Pedagógica como estratégia de formação, organização e luta, discorrendo sobre sua trajetória, estrutura e organização; e finaliza com algumas considerações destacando as contribuições e os desafios desse coletivo de escolas, com ênfase na disputa por hegemonia.

As Escolas do Campo e a disputa por hegemonia na formação dos(as) educadores(as)

Antes de entrar na discussão específica sobre as Semanas Pedagógicas, convém contextualizar as Escolas do Campo, terreno no qual se tece a experiência de formação em questão em seu vínculo com a luta pela terra, e o papel do MST na organização, na elaboração e no acompanhamento dos PPPs e na formação dos(as) educadores(as).

Até 2010 não havia escola de Ensino Médio em nenhum assentamento de Reforma Agrária no Ceará. É como resultado da jornada de lutas do MST, em 2007, que as primeiras escolas são conquistadas, cinco das quais iniciaram suas atividades entre 2010 e 2011, havendo atualmente dez escolas de Ensino Médio em funcionamento e duas em fase de conclusão das obras.

Desde o primeiro momento, a formação dos(as) educadores(as) tem sido uma importante estratégia para a resistência ativa, assim como a construção de um projeto de Escola do Campo nos assentamentos de Reforma Agrária é estratégica para a disputa por hegemonia, a partir da perspectiva dos trabalhadores camponeses como classe. Assim, enquanto se erguiam os prédios escolares, o Movimento mobilizou as famílias e os(as) educadores(as) dos assentamentos envolvidos na elaboração coletiva dos PPPs e, a partir do diálogo com outras experiências de Escolas do Campo do MST e de outras organizações camponesas, buscou os fundamentos em pedagogias críticas, dentre as quais a Pedagogia do Movimento, a Pedagogia Socialista e a Pedagogia Freireana.

Compreendemos a hegemonia como uma forma de dominação ideológica de uma classe sobre outra, como a define Gramsci (2007), e que não utiliza somente a coerção, mas também o convencimento ativo. Desse modo, a formação de hegemonia de um grupo sobre outro pressupõe considerar os interesses do grupo não hegemônico, porém apenas no que não seja essencial.

No âmbito das políticas educacionais e a partir desse mesmo campo teórico, Neves (2005, p. 29) pondera:

> Sendo o Estado capitalista um Estado de classes, tende a organizar a escola em todos os níveis e modalidades de ensino, conforme a concepção de mundo da classe dominante e dirigente, embora, contraditoriamente, dependendo do grau de difusão da pedagogia da contra-hegemonia na sociedade civil, a mesma escola esteja permeável à influência de outros projetos político pedagógicos.

Portanto, é pertinente destacar que as Escolas do Campo são unidades escolares da rede pública estadual de ensino, que se encontram sob a gestão da Secretaria da Educação do Estado do Ceará (Seduc). Mais do que isso, elas fazem parte da totalidade da sociabilidade capitalista, submetidas, portanto, à sua hegemonia e sendo requisitadas a cumprir suas funções na reprodução material e social do capital, com as contradições inerentes a esse metabolismo social e à dinâmica da luta de classes. Ao mesmo tempo, são escolas localizadas em assentamentos de Reforma Agrária organizados pelo MST; resultado da luta por Educação do Campo, como parte da luta pela terra e por Reforma Agrária; e organizadas com a participação coletiva dos sujeitos do campo, da elaboração à implementação dos seus PPPs.

Junto ao processo de elaboração e formação, seguiu-se um movimento de organização, do qual se originou o Coletivo Estadual de Coordenação das Escolas do Campo, que reúne os(as) gestores(as), as representações de educadores(as), as lideranças locais e o Setor de Educação do MST, formando uma instância importante para a construção de uma unidade entre as escolas, articulação da interlocução com a Seduc em torno das pautas de reivindicações e para mobilização das lutas necessárias. Além disso, embora cada escola mantenha especificidades em seu PPP, compartilham os fundamentos e um conjunto de estratégias que dão unidade ao projeto político pedagógico coletivo, que modificam o conteúdo e a forma escolar, predominantes nas Escolas do Campo.

Dentre essas estratégias, destacamos o Inventário da Realidade, ou seja, a pesquisa diagnóstica que subsidia pedagogicamente o vínculo entre o conteúdo curricular e as questões relevantes da realidade local; a diversificação de tempos e espaços educativos, como estratégia para uma formação multidimensional; o campo experimental da agricultura camponesa e da Reforma Agrária, como um recurso pedagógico para potencializar o trabalho como princípio educativo e a educação em Agroecologia; a inserção de três componentes curriculares integradores[4] na parte diversificada do currículo, a fim de organizar pedagogicamente a pesquisa, o trabalho e a intervenção social (articulando a cultura e a luta social); e a organização coletiva dos(das) estudantes, educadores(as) e demais funcionários(as) das escolas para a gestão participativa, o trabalho cooperado e a convivência solidária (Silva, 2016).

Particularmente em relação à formação de educadores(as), várias ações têm sido implementadas, tanto por iniciativa da Seduc quanto por estratégias coordenadas pelo MST, por meio do Setor de Educação e do Coletivo Estadual de Coordenação das Escolas do Campo. Considerando as finalidades deste texto, enfatizamos as Semanas Pedagógicas, que serão mais bem apresentadas na seção seguinte, e situamos, brevemente, outras ações de formação que com elas se articulam, a fim de possibilitar uma compreensão mais ampla da formação permanente que envolve as Escolas do Campo em questão.

Com duração de cinco dias, a Semana Pedagógica é um grande evento que acontece no início de cada ano, envolvendo o conjunto das Escolas do Campo, reunindo todos(as) os(as) educadores(as), gestores(as), representantes de estudantes, técnicos(as) da Seduc e de Coordenadorias Regionais de Desenvolvimento da Educação (Credes), militantes do MST/CE, lideranças comunitárias e convidados(as) de movimentos sociais e universidades públicas. Ela ocorre para compartilhar a análise da conjuntura, fazer um balanço da caminhada das escolas e da formação em torno de temas de interesse comum, para a troca de experiências, identificando as principais necessidades organizativas, políticas e pedagógicas, apontando diretrizes para os planejamentos anuais e atualizando as pautas a serem reivindicadas nas lutas do MST, buscando avançar na implantação do projeto político-pedagógico das Escolas do Campo.

Na sequência, cada escola realiza suas jornadas pedagógicas específicas, focando o planejamento anual a partir das diretrizes apontadas na Semana Pedagógica. Esse é o momento em que fazem o acolhimento e a inserção dos(as) novos(as) educandos(as) e educadores(as), apresentando o Projeto Político Pedagógico e o Regimento Interno da Escola, recompondo sua organicidade. Em seus planos, incluem atividades específicas de estudo e formação permanente, em geral orien-

---

[4] Projetos, Estudos e Pesquisa (PEP); Organização do Trabalho e Técnicas Produtivas (OTTP); e Práticas Sociais e Comunitárias (PSC).

tadas a partir das discussões e diretrizes e com subsídio do caderno de textos da Semana Pedagógica.

Ao longo do ano, as escolas voltam a se reunir para formação e troca de experiências nos *Encontros de Polos*, envolvendo grupos de duas ou três escolas. Atualmente, as dez escolas distribuem-se em quatro polos, por proximidade, e cada polo reúne-se duas vezes no ano, alternando a escola onde o encontro é realizado, e contando com aporte de recursos da Seduc para as despesas de deslocamento e alimentação.

Os Encontros de Polos são planejados no Coletivo Estadual de Coordenação das Escolas do Campo, a partir das diretrizes apontadas na Semana Pedagógica, para aprofundamento de estudos de temas relevantes para a consolidação do projeto de Escola do Campo ou de necessidades específicas postas pelo cotidiano, contando com uma assessoria pedagógica, coordenada pelo Setor de Educação do MST.

O perfil da assessoria pedagógica requer formação acadêmica, experiência em Educação do Campo, conhecimento do projeto e da realidade das escolas a serem acompanhadas. Atualmente, a assessoria é composta por quatro pessoas, selecionadas anualmente pela Seduc por meio de um programa de bolsas de extensão tecnológica, para o acompanhamento pedagógico das Escolas do Campo e para auxiliar a elaboração e implementação dos PPPs. Essa equipe é responsável por um conjunto de ações, dentre as quais a organização das atividades de formação a partir de planos de trabalhos construídos e executados em diálogo com o Coletivo Estadual de Coordenação das Escolas do Campo, previamente submetidos à aprovação da Seduc, que os monitora e avalia anualmente.

Também ocupa relevância no processo formativo a participação de alguns representantes das escolas em cursos e demais atividades promovidas pelo MST, a exemplo dos cursos de Educação e Agroecologia, organizados pelo Setor de Educação do MST/NE; os cursos de especialização em Agroecologia, realizados pelo Pronera; o Grupo de Estudo Nacional da Reforma Agrária Popular e Educação; e, mais recentemente, o Grupo de Estudos do Nordeste sobre os Complexos de Estudo e atualização dos PPPs.

Além das iniciativas do MST, outras ações de formação são promovidas diretamente pela Seduc e pelas Credes, as quais cada escola está vinculada. Essas formações são, por vezes, sintonizadas com o projeto de Escola do Campo que vem sendo construído pelo Movimento; outras, alinhadas com a perspectiva da escola capitalista, hegemônica no sistema educacional brasileiro, o que explica várias contradições.

Contudo, há o predomínio de uma relativa autonomia nos processos formativos, inclusive na Semana Pedagógica, construídos pelos sujeitos das Escolas do

Campo, organizados por meio do Setor de Educação do MST e orientados pelo projeto de Escola do Campo, em construção pelo Movimento – ao mesmo tempo que se soma nessa elaboração – e pelas necessidades concretas do cotidiano, na resistente disputa pela hegemonia.

As Semanas Pedagógicas como estratégia de formação, organização e luta

As Semanas Pedagógicas das escolas de Ensino Médio das áreas de Reforma Agrária do Estado do Ceará, realizadas anualmente desde 2011, são uma importante estratégia coletiva de caráter político-pedagógico, organizada em diálogo e a partir da avaliação realizada com os sujeitos que constroem a experiência das Escolas do Campo.

Nesse processo de organização e construção coletiva e de mística animadora da luta, para avançar na consolidação da Educação do Campo como direito e como um novo jeito de educar, instituiu-se um permanente processo formativo de troca de experiências entre as Escolas do Campo, que acontece no chão das escolas, de forma itinerante, na qual cada escola adequa suas condições estruturais para acolher um evento massivo, organizado como um acampamento ocupando toda a escola, imprimindo elementos da forma organizativa do Movimento.

Para orientação pedagógica dos processos, a atividade conta com a elaboração de um Caderno Pedagógico, organizado pelo Setor de Educação do MST/CE, que consiste em um subsídio para estudos, que iniciam no encontro e estendem-se por todo o ano escolar. O Caderno reúne textos que visam aprofundar as discussões realizadas e orientar as reflexões dos coletivos de educadores(as) de cada escola, no processo cotidiano de ação e reflexão ao longo da jornada pedagógica.

Até 2022, ocorreram 13 Semanas Pedagógicas, construídas de forma coletiva e sistemática, no diálogo entre o Setor de Educação e a organização das escolas, com o apoio da Seduc e das Credes, que viabilizam as condições objetivas de sua realização; com um aporte financeiro destinado à alimentação e ao deslocamento das escolas e dos(as) assessores(as); e com a reprodução do material pedagógico, assegurando-se o financiamento do Estado, mas sob a direção pedagógica do conjunto de escolas e do Setor de Educação do MST/CE.

A Semana Pedagógica possui alguns Tempos Educativos que foram se definindo ao longo da caminhada e que orientam a programação a cada edição, com as especificidades temáticas e questões que ganham centralidade conforme as necessidades conjunturais. A seguir, destacamos os principais momentos que estruturam a Semana.

Organicidade: Para garantir a organização coletiva durante o encontro, cada escola se constitui como um Núcleo de Base que se reúne diariamente, no início da manhã, para as seguintes funções: avaliação do dia anterior; realização de estudos; discussões coletivas em torno da elaboração das diretrizes e pautas de lutas; e organização das tarefas necessárias, distribuídas no primeiro dia (limpeza, mística, animação, agradecimentos, entre outras). A coordenação do dia fica a cargo de um grupo de escolas, responsáveis também pela mística. E, no final da tarde, temos a reunião de coordenação da Semana, formada por toda a militância do Movimento presente no encontro e as representações de cada escola, que faz o balanço do dia e os encaminhamentos para a programação do seguinte. Esse processo de distribuição de tarefas/responsabilidades faz parte do processo formativo, contribuindo para o desenvolvimento de várias capacidades, como a trabalhar em grupo, fortalecendo a construção de coletividade; de planejar cada ação; de se posicionar criticamente; de construir o sentimento de pertença; dentre outras. Tais capacidades são extremamente importantes para a formação de um(a) educador(a) militante.

Análise de conjuntura e de contexto: Os dois primeiros painéis destinam-se à leitura crítica da realidade a partir de uma análise da conjuntura agrária e educacional brasileira e da política de Educação do Campo no Ceará, articulando a realidade local à global. Nesse momento, também se compartilha o balanço político pedagógico das Escolas do Campo, considerando a caminhada do ano anterior, a partir da avaliação coletiva prévia em cada escola, orientada por um roteiro comum. Além disso, propõem-se momentos de socialização das experiências escolares vivenciadas, a fim de partilhar e apreender lições a partir das vivências, realizadas de formas diversas. Esse processo contribui para a tomada de consciência da realidade e definição de estratégias adequadas para avançar na construção da proposta educacional.

Mesas temáticas: Momentos de estudo de temas, com painéis e debates que abordam aspectos relevantes para o fortalecimento da proposta curricular das escolas (trabalho, educação, história, cultura e luta social). Tais debates visam contribuir com a reflexão sobre a relação entre o conhecimento escolar e a realidade camponesa, situando os componentes curriculares numa perspectiva integradora.

Oficinas Pedagógicas: A partir da VII Semana, em 2017, foram acrescentadas na dinâmica formativa as oficinas pedagógicas, com exercícios reflexivos e trocas de experiências, partindo das práticas educativas das disciplinas e áreas do conhecimento, apontando possibilidades metodológicas para o trabalho docente integrado e considerando os recursos pedagógicos específicos dos currículos das Escolas do Campo. De modo geral, as oficinas são conduzidas por professores das universidades ou da Educação Básica, especialistas e militantes, articulados pelo Setor de Educação e pela Seduc, e acontecem nos vários espaços da escola (laboratórios de ciências, campo experimental, quadra esportiva, multimeios, biblioteca e outros).

Mística e atividades culturais: A Semana Pedagógica é também um momento de animação da mística, de intercâmbio cultural e de confraternização. Nesse sentido, destacam-se as místicas diárias, sob a responsabilidade das escolas que compartilham a coordenação do dia, as jornadas socialistas, a exibição de filmes e as noites culturais, sempre com a presença das comunidades do assentamento.

A mística se refere às experiências dos movimentos populares, conforme define Bogo (2012, p. 475), "como expressões da cultura, da arte e dos valores como parte constitutiva da experiência edificada na luta pela transformação da realidade social, indo em direção ao *topos*, a parte realizável da utopia".

Formação para a Juventude: Contando com a participação de uma representação dos estudantes, a Semana se organiza com atividades comuns e momentos específicos entre a juventude, destinados à discussão de temáticas escolhidas e construídas pelos jovens, sob a coordenação dos coletivos organizados das escolas e o acompanhamento do Coletivo de Juventude do MST. A participação de estudantes nas Semanas Pedagógicas tem um duplo objetivo: envolver os estudantes como sujeitos do projeto de escola e fortalecer sua auto-organização.

Orientações político-pedagógicas para o planejamento anual: São construídas na interlocução entre a coordenação da Semana e os Núcleos de Base por escolas, a partir do acúmulo dos estudos e discussões ao longo do encontro. Ao final da Semana, realizam-se as plenárias para síntese das orientações pedagógicas, que servirão como diretrizes para o planejamento anual, a consolidação da pauta de lutas e os encaminhamentos.

Os Tempos Educativos que estruturam as Semanas Pedagógicas ganham dinâmica na programação que se diversifica a cada ano, conforme podemos observar no quadro síntese que se segue.

Quadro 1 – Síntese das Semanas Pedagógicas

Semana	Programação
2011. I Semana Tema: Escola do Campo, uma escola em luta e movimento! Local: Escola de Ensino Médio do Campo João dos Santos de Oliveira, Assentamento 25 de Maio – Madalena/CE.	1. Análise da conjuntura política e agrária. 2. Estudo dos temas: organicidade da Escola do Campo e os Tempos Educativos; organização curricular a partir da realidade e de eixos temáticos; Pedagogia da Alternância, educação e trabalho, escola e comunidade, conteúdo escolar e realidade; base legal da Educação do Campo. 3. Visita de intercâmbio à EFA Dom Fragoso. 4. Detalhamento dos planejamentos geral e específico das escolas; socialização das experiências e aprofundamento das práticas e seus desafios. 5. Encaminhamentos sobre a organização do trabalho educativo nos campos experimentais; planejamento pedagógico, acompanhamento e formação continuada.
2012. II Semana Tema: Escola do Campo, uma escola em luta e movimento! Local: Escola de Ensino Médio do Campo Francisco de Araújo Barros, Assentamento Lagoa do Mineiro – Itarema/CE.	1. Avaliação da caminhada das Escolas de Ensino Médio do Campo em 2012. 2. Estudo dos temas: educação e realidade – pesquisa, trabalho e práticas sociais; planejamento; projeto popular para a agricultura; juventude. 3. Oficina de planejamento político-pedagógico das escolas. 4. Socialização dos encaminhamentos: das Credes e da equipe de Educação do Campo da Seduc; e do planejamento estadual do Setor de Educação do MST e da Seduc, para 2012.
2013. III Semana Tema: Não definido. Local: Escola de Ensino Médio do Campo Maria Nazaré de Souza, Assentamento Maceió – Itapipoca/CE.	1. Análise de conjuntura; socialização da caminhada das Escolas do Campo de nível médio em 2012. 2. Discussão sobre o projeto popular para a agricultura, Reforma Agrária Popular e Educação do Campo. 3. Estudo dos temas: os desafios de ocupar o latifúndio do saber; o trabalho e a pesquisa como princípio educativo; as práticas sociais comunitárias: organização coletiva, memória e cultura. 4. Elaboração de diretrizes para o planejamento e as práticas pedagógicas das Escolas do Campo; elaboração do projeto metodológico anual das Escolas do Campo de nível médio; planejamento de atividades comuns e pauta de lutas das Escolas do Campo.
2014. IV Semana Tema: Não definido. Local: Escola de Ensino Médio do Campo Florestan Fernandes, Assentamento Santana – Monsenhor Tabosa/CE.	1. Análise de conjuntura educacional e agrária; balanço político-pedagógico das Escolas de Ensino Médio do Campo no ano de 2013. 2. Estudo dos temas: a parte diversificada do currículo na perspectiva freireana e o Inventário da Realidade; gestão e participação dos sujeitos nas Escolas do Campo; Trabalho e Educação nas Escolas de Ensino Médio do Campo. 3. Planejamento da pauta de lutas das Escolas de Ensino Médio do campo em 2014.
2015. V Semana Tema: Não definido. Local: Escola de Ensino Médio do Campo João dos Santos de Oliveira – Madalena/CE.	1. Análise de conjuntura educacional e agrária; balanço avaliativo da caminhada das escolas em 2014. 2. Estudo dos temas: Escola do Campo – possibilidades e limites de transformação da forma escolar; Educação do Campo e cultura; Educação do Campo e pesquisa; Trabalho e Educação do Campo. 3. Construção de diretrizes para o planejamento de 2015; atualização da pauta de lutas.

2016. VI Semana Tema: Não definido. Local: Escola de Ensino Médio Padre José Augusto Régis Alves, Assentamento Pedra e Cal – Jaguaretama/CE.	1. Análise de conjuntura política, agrária, educacional; avaliação pedagógica das Escolas de Ensino Médio do Campo em 2015. 2. Retomada e análise do percurso da matriz curricular das Escolas de Ensino Médio do Campo. 3. Estudo dos temas: Agroecologia e Educação do Campo – a experiência dos campos experimentais; o Inventário da Realidade e o vínculo entre conhecimento escolar e atualidade; planejamento integrado e interdisciplinar nas Escolas do Campo. 4. Oficina de planejamento pedagógico, a partir da matriz curricular das Escolas de Ensino Médio do Campo. 5. Atualização da pauta de lutas.
2017. VII Semana Tema: Não definido. Local: Escola de Ensino Médio do Campo Filha da Luta Patativa do Assaré, Assentamento Santana da Cal – Canindé/CE.	1. Atualização da análise de conjuntura agrária e educacional, com foco na crítica à privatização da educação pública e à Pedagogia do Capital; balanço da caminhada das escolas de Ensino Médio em 2016. 2. Socialização das avaliações dos PPPs das Escolas de Ensino Médio do Campo. 3. Estudo dos temas: do Inventário da Realidade ao complexo de estudos; a Agroecologia no programa de Reforma Agrária Popular e possibilidades para educação agroecológica nas Escolas de Ensino Médio do Campo. 4. Oficina de Planejamento Integrado por área de conhecimento (Ciências Humanas; Ciências da Natureza e Matemática; Linguagens e Códigos). 5. Discussão sobre a atualidade da educação agroecológica nas escolas de Ensino Médio do campo: avanços e desafios; definição de linhas estratégicas para avançar na educação agroecológica nas Escolas de Ensino Médio do Campo. 6. Organicidade; linhas de ação e pauta de lutas.
2018. VIII Semana Tema: Construindo a resistência em tempos de golpes! Local: Escola de Ensino Médio do Campo José Fideles de Moura, Assentamento Bonfim Conceição – Santana do Acaraú/CE.	1. Análise da conjuntura agrária e educacional; avaliação do percurso das escolas de Ensino Médio em 2017. 2. Estudo dos temas: a relação teoria e prática; a organização do ensino por complexos; a organicidade das Escolas do Campo em questão. 3. Troca de saberes entre pares (sujeitos das diferentes escolas que compartilham espaços e processos). 4. Oficinas pedagógicas, por área de conhecimento: Ciências Humanas, Ciências da Natureza e Matemática, Linguagens e Códigos. 5. Balanço crítico da organicidade por escola (discussão por escola). 6. Jornada Socialista – 110 anos de Olga Benário e a luta contra o fascismo. 7. Plenária de socialização e síntese propositiva; rumos e desafios políticos e pedagógicos; pauta de lutas e encaminhamentos.
2019. IX Semana Tema: Construindo a escola pública, popular e camponesa na resistência ativa. Local: Escola de Ensino Médio do Campo Francisca Pinto dos Santos, Assentamento Antônio Conselheiro – Ocara/CE.	1. Análise de conjuntura política, agrária e educacional; desafios atuais para as Escolas do Campo: avaliação da caminhada de 2018 e perspectivas. 2. Estudo dos temas: Complexo de Estudo – porções da realidade e planejamento; juventude: desafios da juventude camponesa; didática e prática de ensino. 3. Oficinas por áreas do conhecimento/componente curricular e oficinas específicas da juventude. 4. Jornada Socialista: 30 anos do MST/CE; 5. Planejamento de 2019; Encaminhamentos.
2020. X Semana Tema: Educação do Campo: em defesa do território, da escola pública, camponesa e popular! Local: Escola de Ensino Médio do Campo Filha da Luta Patativa do Assaré – Canindé/CE.	1. Análise de Conjuntura Política e Educacional. 2. Estudo dos temas: as implicações do Novo Ensino Médio e da BNCC no currículo das Escolas do Campo; os desafios das Escolas do Campo; trajetória e identidade das Escolas do Campo. 3. Oficinas de troca de experiência entre educadores(as), sobre organização do trabalho pedagógico por áreas; e oficinas de práticas e vivências pedagógicas e didáticas. 4. Mostra das produções científicas das escolas. 5. Síntese das orientações para os planejamentos e atualização da pauta de lutas – 2020.

2021. XI Semana Tema: Afirmando o direito à Educação do Campo e cultivando a liberdade na práxis educativa – Paulo Freire vive! Local: Via Plataforma Virtual do Google Meet.[5]	1. Atualidade da conjuntura política, agrária e educacional na luta de classes no nosso país; socialização do balanço político pedagógico do funcionamento das Escolas de Ensino Médio do Campo, nas áreas de Reforma Agrária, em 2020. 2. Estudo dos temas: planejamento interdisciplinar desde as porções da realidade (Educação do Campo, Agroecologia, valores humanos e cuidados com a vida, e literatura brasileira), baseado no currículo especial durante a pandemia e as ações complementares. 3. Oficinas Pedagógicas: interdisciplinaridade a partir da Agroecologia, nas áreas de Ciências da Natureza e Matemática; Literatura Brasileira e Linguagens; currículo da parte diversificada da Educação do Campo e desafios do ensino remoto. 4. Troca de experiências entre os(as) educadores(as) por área, construindo orientações para o planejamento da área/interdisciplinar, para 2021. 5. Planejamento coletivo por área: Linguagens e Códigos; Ciências da Natureza e Matemática. 6. Atualização da pauta de lutas das Escolas do Campo de nível médio.
2021. XII Semana Tema: Educação do Campo, cultivando a liberdade na práxis educativa: Paulo Freire vive! Local: Via Plataforma Virtual do Google Meet.	1. Discussão sobre a auto-organização das escolas e organização do planejamento para o segundo semestre de 2021; socialização do trabalho com os complexos em cada escola. 2. Estudo sobre os temas: a Pedagogia da Alternância na transição do ensino remoto para o presencial; a organização do trabalho pedagógico por Complexo de Estudo. 3. Discussão sobre questões para aprofundamento e levantamento de propostas para o segundo semestre. 4. Oficinas Pedagógicas: Socialização de Experiências (Salas simultâneas) – Ciências da Natureza e Matemática; Ciências Humanas; Linguagens; Parte Diversificada: OTTP, PEP, PSC e Socialização do Camponesa/Camponês a Camponesa/Camponês (CaC). Estudo e aprofundamento teórico. 5. Planejamento das escolas; encaminhamentos para o segundo semestre de 2021; centenário de Paulo Freire; informes do coletivo LGBTQIA+ Sem Terra; atualização da pauta de lutas.
2022. XIII Semana Tema: O Projeto Educativo das Escolas do Campo frente aos desafios do contexto de pandemia e enfrentamento aos interesses do capital na educação. Local: Via Plataforma Virtual do Google Meet.	1. Análise de conjuntura política, educacional, agrária e sanitária; e balanço avaliativo das ações das Escolas de Ensino Médio do Campo em 2021. 2. Estudo sobre os temas: a especificidade da Educação do Campo e a reestruturação curricular frente ao Novo Ensino Médio – enfrentamentos e desafios; enfrentamento aos desafios da educação nas escolas em tempos de pandemia. 3. Oficina de atualização do ementário por componente curricular da Formação Geral Básica (FGB). 4. Oficinas Pedagógicas: elaboração das unidades curriculares/eletivas por área do conhecimento. 5. Lançamento do espetáculo "Guardião da Utopia", do Grupo Carcará, da Escola João dos Santos de Oliveira. 6. Definição de ações prioritárias de resistência ativa do MST a serem trabalhadas nas Escolas do Campo em 2022; atualização da pauta de lutas.

Fonte: Elaborado pelos(as) autores(as) a partir dos relatórios das Semanas Pedagógicas.

O Quadro 1 permite perceber as Semanas Pedagógicas em um movimento que remete à própria dinâmica do processo coletivo de construção e resistência na defesa do projeto de Escola do Campo. Na I Semana, por exemplo, os desafios apontavam para a organização e o funcionamento das escolas, a partir do PPP ainda em elaboração naquele momento e do desenho curricular propostos. Essa

---

[5] Em virtude da pandemia da covid-19, as Semanas Pedagógicas de 2021 e 2022 ocorreram de forma virtual.

preocupação existiu com muita ênfase, sobretudo nos três primeiros anos, e permaneceu recorrente ao longo do percurso.

A partir da II Semana, somaram-se a ênfase em torno dos fundamentos teóricos, especialmente aqueles que se referiam às matrizes pedagógicas em movimento (trabalho, cultura, organização coletiva, história e luta social) e sua implementação nos componentes curriculares da parte diversificada; e discussões sobre a organização do trabalho pedagógico, particularmente no que se refere ao planejamento didático-pedagógico, considerando os vínculos entre a escola e o campo, a teoria e a prática, o conhecimento escolar e o saber popular camponês.

Os referidos vínculos remetem aos sujeitos, aos contextos e ao projeto de campo que fundamentam essas escolas, pautando a juventude, agricultura camponesa e Reforma Agrária Popular como temas presentes, sobretudo, nas III e IV Semanas, coincidindo com o período do VI Congresso Nacional do MST, em 2014, e toda a discussão que orientou o Movimento no período.

Foi também nesse momento, por ocasião da IV Semana Pedagógica, que o Inventário da Realidade entrou na agenda de formação, muito inspirado no diálogo estabelecido com as experiências de organização do ensino por Complexo de Estudo, que vinham sendo desenvolvidas no Paraná (Sapelli; Freitas; Caldart, 2015). Essa discussão seguiu nos anos seguintes e aos poucos foi ampliando a abordagem, na perspectiva da organização do ensino por Complexos de Estudos, que entrou com mais força a partir da VII Semana, destacando a Pedagogia Socialista como referência teórica.

Embora desde o início da elaboração dos PPPs a Agroecologia seja um elemento importante no projeto dessas Escolas do Campo, sendo tema de estudos principalmente em torno da estratégia pedagógica dos campos experimentais, foi a partir da VI Semana Pedagógica que ela se tornou tema sempre presente nessas formações, ainda sob a inspiração do VI Congresso Nacional do MST, que delineou a importância estratégica que a Agroecologia assumiu na disputa de projetos de campo e na luta pela terra.

Considerando-se a rotatividade dos(as) educadores(as) em virtude dos vínculos de trabalho – predominantemente por contrato temporário –, as Semanas Pedagógicas e demais estratégias de formação sempre necessitam retornar a temas e questões, anteriormente já estudados, num movimento permanente, como se dessem dois passos para frente e um para trás, sem deixar de avançar.

A VII Semana Pedagógica foi exemplar nesse movimento, ao trazer de volta as questões e os temas relacionados à organização e ao funcionamento da Escola do Campo e às especificidades do projeto pedagógico; sobre o planejamento didático-pedagógico, os desafios do desenho curricular em questão e a organização por

Complexos de Estudos; e os temas da Reforma Agrária Popular e Agroecologia. Ao mesmo tempo, foi nessa Semana que ganhou evidência a necessidade de uma maior abordagem no âmbito da didática e das práticas educativas, introduzindo, a partir de então, as oficinas pedagógicas na programação, seguindo com esse mesmo caráter nas VIII e IX Semanas Pedagógicas.

Em 2020, os desafios da formação na X Semana ficaram por conta da reforma curricular, decorrente do Novo Ensino Médio e da Base Nacional Comum Curricular (BNCC), que tensionaram a estrutura curricular das Escolas do Campo, exigindo um esforço de compreensão das implicações dessa reforma, bem como da necessidade de afirmação e defesa do projeto de Escola do Campo, em construção.

Essa discussão foi atravessada pela pandemia da covid-19 e o ensino remoto, dando o tom principal da X até a XIII Semanas Pedagógicas. A emergência e complexidade dessas questões levaram à necessidade de duas Semanas Pedagógicas no ano de 2021, realizadas de forma virtual, e à retomada da discussão sobre os fundamentos da Escola do Campo, sua organização curricular e o seu funcionamento, uma vez que estava no cenário a ameaça às bases do que foi construído durante a caminhada, colocando a formação de educadores(as) na linha de frente da resistência. Por isso, o tema da Semana Pedagógica de 2022, "O Projeto Educativo das Escolas do Campo frente aos desafios do contexto de pandemia e o enfrentamento aos interesses do capital na educação", evidenciou a disputa por hegemonia na Educação do Campo e na formação de seus educadores(as) como uma necessidade permanente dessa construção.

Considerações, contribuições e desafios

A título de considerações, objetivando finalizar as reflexões aqui tecidas, primeiramente, reconhecemos os limites históricos de construção de uma escola que se propõe a educar para a emancipação, ancorando-se nas matrizes da formação humana – da história, da cultura, da organização coletiva, da luta social e do trabalho – na contraditória atualidade de desumanização da sociedade capitalista, sobretudo, sendo uma escola dirigida pelo Estado burguês. Contudo, sua concretização tem raízes nessa atualidade, na disputa por hegemonia, no seio da luta de classes (Caldart, 2012).

Nessa perspectiva, a Escola do Campo só existe em luta e construção permanentes: uma escola em movimento, na qual a formação de educadores e educadoras desempenha um papel estratégico na batalha das ideias. É assim que percebemos as Escolas do Campo e a importância de o MST disputar a formação de educadores(as) como uma tarefa política, permanente e complexa.

Embora se trate da formação de educadores(as) de escolas da rede pública estadual de educação, as Semanas Pedagógicas se realizam no chão das escolas, construídas coletivamente pelos(as) próprios(as) educadores(as), organizados(as) pelo Setor de Educação do MST/CE, com relativa autonomia, em uma contraditória relação com o Estado e seu projeto hegemônico neoliberal – nos limites de sua natureza e de seu papel mediador (Farias, 2000) – e na correlação de forças em cada conjuntura, exigindo um processo permanente de negociações e lutas para garantia de sua continuidade.

Não podemos ignorar que, paralelamente, o Estado mantém sua agenda de formações com outras ações orientadas pela Seduc, pelas Credes ou por aparelhos privados da hegemonia capitalista, que atuam diretamente no sistema educacional, especialmente na formação de educadores(as), na reprodução da Pedagogia do Capital e mais recentemente empenhadas com a implementação da reforma empresarial da educação (Freitas, 2018).

Consideramos, ainda, que sua realização sistemática anual – como um processo que tem centralidade na reflexão sobre a prática educativa, orientado por um projeto político pedagógico coletivo em construção que articula a elaboração, o planejamento, a organicidade e as lutas – confere a essa estratégia de formação, alinhada à epistemologia da práxis (Silva, 2018), uma importância singular na (trans)formação da Escola do Campo, em seu conteúdo e em sua forma. Ao mesmo tempo, sustenta sua continuidade, em um contexto marcado pela rotatividade dos(as) educadores(as) em virtude dos vínculos de trabalho temporários.

Abrangendo uma diversidade de sujeitos, para além dos muros das escolas, os focos são os desafios de concretização do projeto político pedagógico em construção, as necessidades apontadas no cotidiano das práxis educativas e a resistência na disputa pela hegemonia. Nessa direção, é relevante a participação dos agentes públicos dos quadros técnicos da Seduc e das Credes que, sistematicamente, participam das Semanas Pedagógicas como convidados(as), de modo que cumprem também um papel de sensibilização e de disputa da formação desses sujeitos.

Por fim, consideramos que, nos limites das possibilidades históricas, as Semanas Pedagógicas das Escolas do Campo evidenciam seu caráter de autoformação permanente de educadores(as), construída na práxis político-pedagógica das escolas e na disputa pela hegemonia, e têm como pano de fundo a necessidade histórica de resistência à Pedagogia do Capital e de sua superação, numa perspectiva para além do capital (Mészáros, 2005).

Referências

BOGO, A. Mística. *In*: CALDART, R. S. *et al.* (orgs.) *Dicionário da Educação do Campo.* Rio de Janeiro/São Paulo: Escola Politécnica de Saúde Joaquim Venâncio/Expressão Popular, 2012. p. 475-479.

CALDART, R. S. Educação do Campo. *In*: CALDART, R. S. *et al.* (orgs.) *Dicionário da Educação do Campo.* Rio de Janeiro/São Paulo: Escola Politécnica de Saúde Joaquim Venâncio/Expressão Popular, 2012. p. 257-264.

FARIAS, F. B. *O Estado capitalista contemporâneo.* São Paulo: Cortez, 2000.

FREITAS, L. C. *A reforma empresarial da educação*: nova direita, velhas ideias. São Paulo: Expressão Popular, 2018.

GRAMSCI, A. *Cadernos do cárcere.* Maquiavel. Notas sobre o Estado e a política. v. 3. 3ª edição. Rio de Janeiro: Civilização Brasileira, 2007.

MÉSZÁROS, I. *A educação para além do capital.* São Paulo: Boitempo, 2005.

NEVES, L. M. W. (org.) *A nova pedagogia da hegemonia*: estratégias do capital para educar o consenso. São Paulo: Xamã, 2005.

SAPELLI, M. L. S.; FREITAS, L. C.; CALDART, R. S. *Caminhos para a transformação da escola*: organização do trabalho pedagógico das Escolas do Campo. Vol. 3. São Paulo: Expressão Popular, 2015.

SILVA, K. A. C. Epistemologia da práxis na formação de professores: perspectiva crítica emancipadora. *Perspectiva.* Revista do Centro de Ciências da Educação. Florianópolis, v. 36, n. 1, p. 330-350, jan./mar. 2018.

SILVA, P. R. S. *Trabalho e Educação do Campo*: o MST e as Escolas de Ensino Médio dos Assentamentos de Reforma Agrária do Ceará. Dissertação (Mestrado) – Universidade Federal do Ceará, Fortaleza, 2016.

A formação de educadores e educadoras na construção da Educação do Campo no município de Açailândia (MA)

Deuselina de Oliveira Silva[1]
Francisco do Livramento Andrade[2]
Luis Antonio Lima e Silva[3]
Maria Divina Lopes[4]

Instrui-vos porque teremos necessidade de toda vossa inteligência. Agitai-vos porque teremos necessidade de todo vosso entusiasmo. Organizai-vos porque teremos necessidade de toda vossa força.
Antonio Gramsci

---

[1] Pedagoga da Terra na Universidade Federal do Ceará (UFC), especialista em Trabalho, Educação e Movimentos Sociais pela Fundação Oswaldo Cruz (Fiocruz) e em Educação do Campo na Uema. Mestre em Educação do Campo pela Universidade Federal do Recôncavo da Bahia (UFRB). Faz parte do Grupo de Articulação da Educação do Campo no município de Açailândia/MA. Atua na coordenação e formação de educadores(as).

[2] Pedagogo da Terra pela Universidade Federal do Pará (UFPA). Filósofo pela Universidade Estadual do Maranhão (Uema), especialista em Educação do Campo, mestre em Ciência da Educação e doutor em Humanidade e Educação. Faz parte do Grupo de Articulação da Educação do Campo no município de Açailândia/MA. Atua na coordenação e formação de educadores(as).

[3] Pedagogo da Terra pela UFPA, especialista em Ciências Humanas e Sociais em Escolas do Campo pela UFCS e em Educação do Campo pela Uema. Mestrando em Educação do Campo na UFRB. Faz parte do Grupo de Articulação da Educação do Campo no município de Açailândia/MA. Atua na coordenação e formação de educadores(as).

[4] Pedagoga da Terra pela UFPA, especialista em Ciências Humanas e Sociais em Escolas do Campo pela UFCS e em Educação do Campo pela Uema. Mestre em Desenvolvimento Territorial da América Latina e Caribe pela Universidade Estadual Paulista (Unesp). Faz parte do Grupo de Articulação da Educação do Campo no município de Açailândia/MA. Atua na coordenação e formação de educadores(as).

Introdução

A formação de educadores e educadoras das Escolas do Campo se configura como um desafio permanente para a efetivação da Educação do Campo, ao pretender romper com o paradigma educacional hegemônico, que desconsidera a diversidade sociocultural existente em nossa sociedade, tornando as políticas públicas meras adaptações, e não um meio pelo qual se efetivam direitos que garantem igualdade e equidade.

Essa perspectiva de ruptura com a lógica hegemônica da educação historicamente imposta aos povos do campo impulsiona o Movimento dos Trabalhadores Rurais Sem Terra (MST), em articulação com outras organizações, a seguir construindo, por meio de sua práxis, uma nova concepção de educação. A Educação do Campo, parafraseando Caldart (2009), já "é um fenômeno da realidade brasileira" e nasce como contraponto à educação rural, como fruto da luta e compreensão dos trabalhadores do campo de que a educação é um direito fundamental que pode contribuir para a emancipação humana.

> Os movimentos sociais no campo não se têm limitado a exigir Educação do Campo como direito e não como esmola, seu mérito é mais radical: denunciar o paradigma pedagógico hegemônico que os segregou, inferiorizou como inumanos, como não educáveis, não humanizáveis. Denunciar como a história da educação rural, dos povos indígenas, dos quilombolas, dos trabalhadores escravizados tem-se legitimado dessa segregação tão radical como inumanos. Desconstruir esse paradigma segregador de inferioridade, de carência originária de humanidade vem sendo um dos méritos políticos, éticos, pedagógicos dos 20 anos de Educação do e no Campo. (Arroyo, 2018, p. 21)

Essa trajetória de mais de duas décadas no cenário brasileiro teve como marco histórico a I Conferência Nacional por uma Educação Básica do Campo, realizada em 1998. Desde então, muitas experiências vêm sendo desenvolvidas e sinalizam, ainda que com limitações e desafios, rupturas com o ideário pedagógico hegemônico que fundamentou historicamente a Educação Rural. São diversas escolas de assentamentos, acampamentos, comunidades camponesas e tradicionais, nos mais diversos municípios do país, que estão nas trincheiras da construção dessa concepção de educação dos(as) trabalhadores(as) do campo.

O presente texto é um esforço coletivo de análise do percurso e da construção da Educação do Campo no município Açailândia/MA, com ênfase no processo de formação continuada de educadores e educadoras que atuam nas Escolas do Campo. Em um primeiro momento, abordamos como se dá essa construção no âmbito das escolas e na articulação com o sistema municipal de educação.

Em seguida, fazemos uma análise do processo de formação continuada de educadores e educadoras das Escolas do Campo, apontando as contradições impostas pela incidência da concepção mercadólogica nos programas de formação docente que são oferecidos pela rede municipal e evidenciando os avanços, limites e desafios atuais, apontando aspectos presentes na dinâmica das Escolas do Campo que sinalizam mudanças significativas nas práticas pedagógicas de docentes, fruto de estudos, debates e reflexões que permeiam sua formação continuada.

Caminhos da construção da Educação do Campo em Açailândia

O município de Açailândia reflete bem a desigualdade social que impera em nosso país. A concentração de riquezas se traduz nas condições de vida no campo: maior precariedade da qualidade dos serviços públicos, insuficiência na infraestrutura ofertada à população, e índices de escolaridade e de qualificação profissional pouco elevados aparecem como marcas históricas da negação de direitos às populações do campo. No entanto, na contramão deste processo, a incidência coletiva e militante na luta por uma Educação do e no Campo está presente no município desde 1996, com a chegada do MST na região, assim como a constituição dos primeiros territórios de Reforma Agrária.

Fruto da articulação, resistência e luta do MST, que possui objetivos mais amplos que a luta pela terra, em 2009 criou-se o Departamento de Educação do Campo, na Secretaria Municipal de Educação, estendendo esse debate para todas as Escolas do Campo de Açailândia. No mesmo ano, com participação do Partido dos Trabalhadores na gestão municipal, houve uma abertura política, possibilitando, pela primeira vez, a representação dos movimentos sociais na coordenação do Departamento de Educação do Campo.

A presença da Educação do Campo nas redes de ensino não é algo exclusivo de Açailândia. No decorrer das últimas décadas, diversos estados e municípios incluíram em sua estrutura organizativa a Educação do Campo, a exemplo da Coordenação-Geral de Educação do Campo, instituída no âmbito da Secretaria de Educação Continuada, Alfabetização, Diversidade e Inclusão (Secadi) do Ministério da Educação (MEC), em 2004. Essas mudanças na estrutura organizativa decorrem das mobilizações pela Educação do Campo e alavancaram um conjunto de experiências desenvolvidas pelo MST em âmbito nacional, que acabaram por conquistar aliados tanto dentro da Secretaria Municipal de Educação de Açailândia como nas Escolas do Campo.

A criação do departamento marcou o início da construção da política municipal de Educação do Campo, em curso no atual contexto, e que segue em resistência e luta para continuar existindo, o que tem exigido bastante capacidade de articulação entre as 12 escolas das áreas de assentamentos da Reforma Agrária e as

11 escolas de comunidades camponesas, levando à constituição de um Grupo de Articulação da Educação do Campo (Gaec), formado por militantes do MST, coordenadores(as) pedagógicos(as), professores(as) das Escolas do Campo. Este grupo, de caráter permanente, é responsável pela formação docente e efetivação da Política da Educação do Campo da rede municipal.

Uma das mais importantes ações do Gaec é o acompanhamento da construção dos Projetos Políticos Pedagógicos das escolas, que impulsiona a autonomia e a capacidade de desenvolver práticas educativas diferenciadas e que contemplem as reais necessidades dos sujeitos que estão inseridos no processo de educação nas Escolas do Campo. Essa ação está intimamente ligada à construção de um Plano Municipal de Formação para os educadores e as educadoras das Escolas do Campo, garantindo formações específicas.

Esse processo culminou no I Seminário Municipal da Educação do Campo, no ano de 2010, que contou com a representação massiva de educadores(as), e no qual todas as escolas partilharam as experiências desenvolvidas a partir das formações continuadas. Também impulsionou a efetivação da primeira experiência com os componentes curriculares "Educação do Campo", "Agroecologia" e "Economia Política" nas Escolas do Campo, em 2017. Com a expressão significativa dessa experiência, tanto o Grupo de Articulação da Educação do Campo como a Secretaria Municipal de Educação sentiram necessidade de legitimar o processo, a partir da construção de um currículo educacional que contemplasse as especificidades das Escolas do Campo.

O primeiro passo foi tornar a Agroecologia um componente curricular obrigatório nos anos iniciais e finais do Ensino Fundamental, e as temáticas Educação do Campo e Economia Política como eixos temáticos dentro dos componentes de História e Geografia.

Nessa direção, foi organizado o Documento Curricular Municipal de Educação do Campo, construído a partir de um inventário elaborado por educadores e educadoras das escolas dos assentamentos e das outras comunidades. A construção do Inventário da Realidade foi muito importante e contou com a participação dos diversos sujeitos que compõem as escolas, possibilitando um maior conhecimento sobre os territórios e nos dando a possibilidade de observar que as escolas já possuíam princípios orientadores baseados na práxis educativa que almejamos, como a gestão democrática, a auto-organização dos estudantes e a participação da comunidade.

O Documento Curricular traz as matrizes pedagógicas fundantes da concepção da Educação do Campo: pedagogia da luta social, a organização coletiva, o trabalho como princípio educativo, a cultura, a história, a produção material e científica. A ampla participação dos sujeitos do campo referendou a homologação desse documento pelo Conselho Municipal de Educação.

Esse conjunto de ações fortalece a articulação dos diversos sujeitos envolvidos e tem provocado o debate e a definição de linhas políticas e princípios pedagógicos que orientem a política de educação nas Escolas do Campo. Nesse sentido, o Plano Municipal de Educação apresenta como uma das estratégias para Educação do Campo:

> Consolidar a Educação do Campo, de populações tradicionais, de populações itinerantes, respeitando a articulação entre os ambientes escolares e comunitários e garantindo o desenvolvimento sustentável e a preservação da identidade cultural, a participação da comunidade na definição do modelo de organização pedagógica e de gestão das instituições, consideradas as práticas socioculturais e as formas particulares de organização do tempo; a reestruturação e a aquisição de equipamentos; a oferta de programa para a formação inicial e continuada de profissionais da educação; e o atendimento em educação especial. (2014, p. 93)

A inserção da Educação do Campo no município é um passo significativo na efetivação de uma educação que considere as especificidades e a diversidade das populações que vivem no campo, conforme a definição da identidade da Escola do Campo, que está referendada pelas Diretrizes Operacionais para a Educação Básica nas Escolas do Campo.[5]

A efetivação de uma política de educação que atenda integralmente os sujeitos do campo só é possível se a realidade retratada nos inventários das escolas e comunidades motivar a construção de projetos políticos pedagógicos vinculados às principais características e potencialidades das comunidades, auxiliando na compreensão dos desafios e das possibilidades de avanços na implementação do Documento Curricular de Educação Campo nas escolas e no município.

A formação de educadores e educadoras do campo e as razões do aprendiz

> A história nos mostra que não temos uma tradição nem na formulação de políticas públicas, nem no pensamento e na prática de formação de profissionais da educação que focalize a Educação do Campo e a formação de Educadores do Campo como preocupação legítima. Por quê? (Arroyo, 2007, p. 158)

A questão levantada por Arroyo, sobre a ausência de uma tradição no que concerne à Educação do Campo e à formação de educadores(as), está fundamentada no "paradigma do rural tradicional", alicerce da Educação Rural, que define as

---

[5] Resolução CNE/CEB n. 1, de 3 de abril de 2002.

políticas públicas educativas para os povos do campo a partir dos interesses da classe dominante.

A lógica desse paradigma, historicamente, criou no imaginário coletivo uma visão hierarquizada da relação entre cidade e campo, na qual o urbano se sobrepõe ao rural. O primeiro é tido como espaço civilizatório, do desenvolvimento, da sociabilidade, da expressão, da dinâmica política, cultural e educativa; e o segundo, como o lugar do atraso. Essa visão hierarquizada se reflete, geralmente, em políticas públicas mais precárias, fragilizadas e em alguma medida ausentes para o campo.

Em contraposição à lógica da Educação Rural, os sujeitos do campo organizados em movimentos sociais colocam, a partir de suas lutas e experiências educativas, na agenda governamental, nos espaços das instituições e da sociedade como todo, o debate da construção de projetos educativos e de formação de educadores e educadoras vinculados a um projeto de desenvolvimento do campo que confronte a hegemonia do agronegócio.

Como afirma Arroyo (2007), são os movimentos sociais os primeiros a reivindicarem um outro programa de formação docente para o campo, que inclua

> o conhecimento do campo, as questões relativas ao equacionamento da terra ao longo de nossa história, as tensões no campo entre o latifúndio, a monocultura, o agronegócio e a agricultura familiar; conhecer os problemas da reforma agrária, a expulsão da terra, os movimentos de luta pela terra e pela agricultura camponesa, pelos territórios dos quilombos e dos povos indígenas. (Arroyo, 2007, p. 167)

É válido ressaltar que, desde a concepção originária da Educação do Campo vinculada às lutas dos povos, houve avanços consideráveis tanto na sistematização teórica do conceito quanto nas experiências práticas de formação em escolas e universidades, contemplando também a legislação.

No município de Açailândia, as formações acontecem a partir de um Plano de Formação Específico construído pelo Setor Municipal de Educação do Campo, com o apoio do Gaec, articulado ao plano geral da Secretaria Municipal de Educação (SME). Essas formações acontecem quatro vezes ao ano nas Escolas do Campo, que estão organizadas em seis polos. Ou seja, as escolas mais próximas se reúnem em uma escola que sedia a formação, que acontece simultaneamente e de forma dinâmica e democrática, com a participação de todos os trabalhadores e trabalhadoras das escolas.

Os estudos e reflexões são focados nas temáticas: concepções e princípios da Educação do Campo; o currículo das Escolas do Campo; Agroecologia; Projeto Político Pedagógico; planejamento; avaliações; e outros que estão propostos no plano específico de formação. Durante as formações, nas quais também acontece a troca de experiências, são sugeridos estudos dirigidos que contribuam para a reflexão e intervenção dos educadores(as) no chão das escolas.

Entendendo que a formação deve ser continuada e oferecer aos(às) educadores(as) a capacidade de organização do trabalho pedagógico e de inovação de metodologias de ensino, atendendo às especificidades das Escolas do Campo, alguns elementos merecem destaque nas temáticas de formação de educadores e educadoras do campo:

- a implantação de currículo contextualizado, fundamentado na concepção de Educação do Campo e na Agroecologia, um currículo vivo, com práticas de ensino e aprendizagem embasadas na realidade econômica, cultural, política e social do campo;

- a valorização do planejamento participativo e da avaliação como instrumentos de fortalecimento das práticas educativas nas escolas, com vistas a avançar na melhoria da educação na sua totalidade.

Notamos que o processo de formação continuada de educadores(as) proporciona possibilidades de diálogos e trocas coletivas para superação de desafios enfrentados nas escolas, tem feito avançar a aprendizagem dos(as) educandos(as) e, também, tem contribuído com a formação humana dos sujeitos.

Nas reflexões feitas a partir dos debates sobre formação de docentes, entendemos que o(a) educador(a) precisa valorizar o estudo, para que sirva de fundamentação para sua vida enquanto profissional da educação. Desta forma, ele(a) qualifica o ensino, para que se efetive a aprendizagem dos(as) educandos(as), tornando-os(as) capazes de interpretar a realidade em que vivem para nela atuarem a fim de transformá-la, como nos ensina o mestre Paulo Freire: "o professor que não leve a sério sua formação, que não estuda, que não se esforce para estar à altura de sua tarefa, não tem força moral para coordenar as atividades de uma classe" (Freire, 1996, p. 74).

Embora o compromisso com o estudo seja imprescindível para o ofício de ensinar, quando olhamos de perto o quadro docente das Escolas do Campo de Açailândia, a realidade concreta nos impõe desafios no processo de formação de educadores(as). A maioria dos(as) educadores(as) são do próprio município e moram no campo. Alguns são filhos e filhas do campo de Açailândia, outros são militantes sociais que atuam nas escolas e contribuem com a formação continuada desse público. Ao todo, são 160 educadores(as) efetivos(as), concursados(as) entre 1999 e 2018, sendo 98% graduados(as) ou especialistas, dois mestres e somente um com Ensino Médio na área do Magistério.

Esse quadro seria bastante positivo se não fosse o fato de que os(as) docentes efetivos(as) não são em número suficiente para suprir a necessidade das salas de aula, fazendo com que o município realize, anualmente, um processo seletivo para a contratação de mais 85 educadores(as). Isso significa que cerca de um terço do corpo docente muda constantemente, produzindo uma situação de descontinuidade dos processos formativos que envolvem esses educadores e educadoras que não são efetivos.

Ser professor/educador exige viver plenamente em ação reflexiva crítica, transformadora. As práticas devem ter intencionalidades pedagógicas e políticas responsáveis, propositivas, formadoras dos sujeitos em suas várias dimensões da vida. Entendemos que somos sujeitos inacabados, portanto, precisamos estar sempre aprimorando nossas ações com novas técnicas, novos conhecimentos. Por isso, a formação continuada e coletiva, baseada nas razões do aprendiz (Freire, 1996) e no projeto de sociedade que lutamos diariamente para construir, é estratégica para a efetivação da Educação do Campo.

Cultivar e esperançar: contradições e desafios na formação docente

A escola não é um espaço neutro; é um espaço onde se evidenciam as desigualdades sociais ao mesmo tempo que se apontam as possibilidades de forjar novas existências. Por essa razão, disputar os objetivos e a concepção de escola e de produção de conhecimento segue sendo uma tarefa essencial para a classe trabalhadora do campo e da cidade. Confrontar as formas históricas de dominação e exclusão tem sido base dos conhecimentos propostos no Documento Curricular de Educação do Campo para as Escolas do Campo em Açailândia.

O município se destaca pela experiência com a mineração, a partir da siderurgia e da expansão do agronegócio por meio do monocultivo de soja e eucalipto, o que implica uma forte incidência das empresas Vale e Suzano no que se refere à proposição de currículo e propostas de formação.

Enfrenta-se um cotidiano contraditório para a implementação e efetivação do currículo da Educação do Campo no município; essas empresas têm influência e recursos, apresentam propostas com roupagem bonita, repletas dos aspectos culturais da região, mas no fundo estão pautadas por uma lógica de mercado, guiada pelos mecanismos das chamadas *pedagogia das competências* e da *qualidade total* (Saviani, 2007). Essa lógica de mercado que se fortaleceu com a aprovação da atual BNCC, que direciona e define quais habilidades e competências devem ser ensinadas a cada ano escolar e, com isso, direciona também o formato de avaliação e a base da formação docente.

Desta forma, compreende-se que a aprovação do Documento Curricular Municipal de Educação do Campo é uma conquista, porém, insere-se numa correlação de forças pouco favorável pela política educacional que está em curso no MEC e pela forte incidência das empresas na proposta de formação de educadores e educadoras no município.

Existem múltiplos desafios que atravessam a formação docente nas Escolas do Campo de Açailândia, pois as fundações e os institutos representantes do agronegócio e da mineração atuam nas escolas a partir de propostas de leitura, biblioteca, horta, pomar e realizam uma discussão sobre preservação ambiental descolada do debate de projeto de vida e existência no campo. Essa bonita roupagem apresentada pelas empresas e legitimada pelo município muitas vezes impossibilita o discernimento e a reflexão crítica entre o corpo docente e o conjunto da comunidade escolar. Geralmente as portas das escolas são abertas com muita alegria e expectativa para esse tipo de proposta.

Neste contexto, disputar um projeto de educação voltado para a emancipação humana se torna ainda mais necessário e estratégico e muito mais desafiador. Na formação permanente de professores(as), o momento fundamental é o da reflexão crítica sobre a prática. Como afirma Paulo Freire (1996), é pensando criticamente a prática anterior que se pode melhorar a próxima prática.

Por isso, nas formações sobre a importância do Documento Curricular Municipal de Educação do Campo, educadores e educadoras são instigados a ver a escola e as suas contradições, a observar o seu entorno, se atentar para o que ocorre na comunidade, a extrapolar a sala de aula como ambiente educativo. Entende-se que o jeito que a escola é e funciona, o que nela acontece e como se relaciona com a realidade devem ser parte dos processos formativos.

É certo que a real efetivação de uma proposta curricular que disputa concepção de escola, projeto de campo e de sociedade depende de diferentes fatores conjunturais e estruturais. Todavia, o fato de as escolas terem uma comunidade, um conselho escolar, estudantes e docentes que compreendam, defendam e acreditem no projeto de Educação do Campo expresso no documento, já é parte dos objetivos se realizando, e um campo de disputa e de fazer pedagógico contra-hegemônico se fortalecendo. Por isso, é fundamental que essas formações sigam estimulando a cultura da participação e da auto-organização entre docentes e discentes.

Observa-se que a formação docente incide no fazer cotidiano das escolas. Percebe-se uma dedicação coletiva para que esses ambientes não sejam uma idealização, mas algo pensado a partir das reais necessidades de educandos e educandas, tornando-se motivação para uma aprendizagem qualificada e comprometida, buscando articulação entre conteúdos universais e temas de estudo que se apresentam na realidade.

Por meio da observação do ambiente escolar, das caminhadas pelos espaços da comunidade, dos passeios, das excursões, dos piqueniques, das místicas, dos mutirões de cuidado com a vida e com o belo, fica evidente que as vivências proporcionadas por esse tipo de atividades são tão ou mais potencializadoras da aprendizagem quanto as realizadas em sala.

O currículo das Escolas do Campo compreende o trabalho em sua dimensão educativa. Mesmo que nesta sociedade o trabalho seja quase sempre degradante, fruto da exploração, o desafio tem sido organizar experiências formativas que envolvam a horta, o jardim, as oficinas de produção diversa, a participação em mutirões solidários, tais como arborização e embelezamento da escola e comunidade, e momentos de mística/celebração. Estes são espaços de motivação do exercício de aprender e ensinar, acreditar, imaginar, sonhar e projetar superações e conquistas no plano individual e coletivo. Espaços onde educandos e educandas são estimulados à criação e reflexão.

Cada atividade busca passar mais do que um conhecimento ou um conteúdo, mas um sentimento, uma mensagem de esperança, fortalecendo a ideia de que a história é construída por cada educando(a), educador(a) e demais trabalhadores(as) da escola, por cada povo, a seu modo, em cada tempo. As escolas impulsionam produções científicas, artísticas, debate de valores, relação entre trabalho e mercado, sistema produtivo. Essas temáticas contribuem para ampliar a visão e compreensão dos(as) educandos(as), educadores(as) e da comunidade sobre o cuidado com a terra, com a vida, o funcionamento da sociedade e as possibilidades de transformá-la.

Apostar na formação teórica e prática de educadores e educadoras é, a um só tempo, contribuir para a qualificação, o preparo, para a capacidade imaginativa e segurança desses sujeitos, que são os principais envolvidos na implementação de uma proposta educativa.

Compreende-se que, além de planejar e dar boas aulas, educadores e educadoras necessitam ter apropriação do conteúdo, conhecer bem as necessidades de cada educando e educanda. Também precisam entender que aprender a ler, escrever e gostar de estudar são valores socioculturais que precisam ser estimulados e que podem ajudar a projetar a transformação da realidade, pautando novas formas de sociabilidade que superem a exploração, a opressão, a destruição e possibilitem outras formas de relação entre ser humano e natureza.

Considerações finais

Vivemos um contexto de evolução acelerada da ciência e das tecnologias, ao mesmo tempo que se amplia a precariedade da vida da população e a destruição da biodiversidade – e é urgente que possamos refletir e agir sobre este processo. Nesse sentido, consideramos que a formação de educadores e educadoras do campo no município de Açailândia tem partilhado saberes necessários para transformar a escola em um lugar de produção e socialização de conhecimentos. Assim, será possível apontar caminhos para outras formas de existir, nos quais, em vez da mercantilização da vida e dos bens naturais, haja foco em projetos de vida que busquem superar a exploração e a opressão baseados em uma relação de equilíbrio entre ser humano e natureza.

Por meio dos processos formativos, potencializa-se a discussão sobre o acesso ao conhecimento, às técnicas e tecnologias como direito e como forma de combater as desigualdades e assegurar as gerações atuais a possiblidade de sonhar e projetar o futuro.

Por fim, as formações buscam refletir o ensino e o espaço escolar como um lugar capaz de ajudar na compreensão, interpretação e no desvelamento crítico da realidade. Os espaços de formação proporcionados no município possibilitam a problematização da desterritorialização dos sujeitos que vivem e sobrevivem do campo, das diferentes formas de violências que enfrentam no cotidiano e a falta de perspectiva imposta pela ação destrutiva das empresas do grande capital.

Esses processos formativos também apontam possibilidades de resistência e existência digna, fazendo uma opção cotidiana pelo cuidado coletivo e pela projeção de novos horizontes, buscando desenvolver trocas formativas que estimulem práticas de humanização e solidariedade entre educadores e educadoras e os demais sujeitos envolvidos no processo educativo, empenhando-se em garantir que o conhecimento partilhado seja abrangente, crítico e propositivo. Com isso, instigam o comprometimento da comunidade escolar com o projeto educativo que está sendo construído no campo do município de Açailândia. E que estes e estas assumam o compromisso de preparar com amor e com apropriação científica consistente o lugar onde viverão e estudarão os que irão nascer.

Referências

ARROYO, Miguel Gonzalez. Políticas de formação de educadores(as) do campo. *Cadernos CEDES*. v. 27, n. 72, 2007. p. 157-176. Disponível em: https://doi.org/10.1590/S0101-32622007000200004. Acesso em: 6 jul. 2022.

BRASIL. Ministério da Educação. *Base Nacional Comum Curricular*. Brasília, 2018.

BRASIL. Ministério da Educação. Conselho Nacional de Educação. *Diretrizes Operacionais para a Educação Básica nas escolas do campo*. Resolução n. 1, de 03/04/2002. Disponível em: http://portal.mec.gov.br/index.php?option=com_docman&view=download&alias=1380 0-rceb001-02-pdf&Itemid=30192. Acesso em: 6 jul. 2022.

CALDART, Roseli Salete. *Educação do Campo*: notas para uma análise de percurso. Rio de Janeiro, v. 7 n. 1, p. 35-64, mar./jun. 2009.

CARVALHO, Ademar de Lima. *A formação de professores em tempos de incertezas*. Encontro de Pedagogia. Cáceres: UNEMAT, 2007 (palestra).

FREIRE, Paulo. *Pedagogia da autonomia*: saberes necessários à prática educativa. São Paulo: Paz e terra, 1996.

MARANHÃO, Secretaria da Educação do Estado. *Documento Curricular do Território Maranhense*: para a Educação Infantil e o Ensino fundamental. Rio de Janeiro: Fundação Getúlio Vargas, 2019.

MACEDO, Valcinete Pepino de. *Formação de professores do contexto das mudanças educativas*. 25º Simpósio Brasileiro e 2º Congresso Ibero-Americano de Políticas e Administração da Educação. São Paulo: Anpae, 2011.

SENA, Adailson dos Santos. *Formação continuada e o processo de desenvolvimento profissional de professores*. Disponível em: https://meuartigo.brasilescola.uol.com.br/educacao/formacao-continuada-processo-desenvolvimento-profissional.htm. Acesso em: 6 jul. 2022.

SECRETARIA MUNICIPAL DE EDUCAÇÃO DE AÇAILÂNDIA. *Plano Municipal de Educação – 2014-2024*. Açailândia, 2014.